LES ULTRATERRESTRES

Titre original : *The Rise of the Ultra Runners – A Journey to the Edge of Human Endurance*
Publié en Grande-Bretagne par Guardian Faber

Guérin, Chamonix – guerin.editionspaulsen.com
Les éditions Paulsen sont une société du groupe Paulsen Media.

Adharanand Finn

Les Ultraterrestres

Traduit de l'anglais
par Jean-Philippe Lefief

Guérin
éditions Paulsen

« N'arrête jamais de te battre pour savoir.
Et tu sauras, par toi-même »

Geoff Oliver, 85 ans,
après avoir couru 124 kilomètres aux 24 heures de Tooting

Prologue

Me voilà affalé à terre, le dos contre un monticule de sable, le regard perdu derrière mes lunettes de soleil jaunes aux verres crasseux. En dehors du ciel, il n'y a rien d'autre à voir que du sable. Du sable parsemé de touffes d'herbe sèche. Une étendue désertique, traversée par une vague piste. Des traces de pneus laissent supposer que la civilisation n'est pas bien loin. Mais je suis immobile. Mes jambes sont comme deux bielles rouillées que je traîne depuis des jours. C'est bon de les étendre. Quand je cours, chaque foulée me cisaille le pli de l'aine, juste à la jointure entre le tronc et la jambe, mais assis comme je le suis, la douleur à peine perceptible et ma position seraient presque agréables.

Mes pensées ont cessé de m'appartenir. Mon moi profond, ce qui me constitue, est juste assis là, ensablé, trop épuisé pour réfléchir. Mais les gouverneurs de ma conscience, ceux qui veillent à me maintenir en vie, sont en plein débat.

Je ne peux pas passer ma journée assis là. Je commence à manquer d'eau. Le soleil est trop ardent. Je suis allé trop loin. « Pense à la distance que tu as parcourue. Des kilomètres et des kilomètres à travers cette étendue de sable désespérante. La fin, la plage, la mer ne sont qu'à quelques encablures. Tu peux y arriver. Il n'y a qu'à mettre un pied devant l'autre. Tu n'as pas fait tout ce chemin pour abandonner si près du but. »

J'essaie vaguement de me souvenir des stratégies que j'ai utilisées pour arriver jusqu'ici. Quand les choses ont commencé à se compliquer, dans la deuxième étape, je me suis mis à m'encourager :

– Vas-y mon gaillard ! Tu peux le faire ! Montre-leur. C'est pas le désert qui va arrêter Mister Finn !

Je m'appelais vraiment *Mister Finn*. La course me faisait déjà dérailler.

Lors de la cinquième étape, celle de nuit, les bravades ont cédé la place à l'apitoiement :

– C'est bon. T'en fais pas. Tu vas y arriver. Tout va bien se passer. Contente-toi d'avancer.

Tout est calme et obscur autour de moi. Le sable, terriblement mou sous mes pieds. Mais j'en suis venu à bout. Quarante-deux kilomètres en 7 h 30. Mais je l'ai fait.

Maintenant, tout près du but, je n'ai plus aucune volonté. Mes voix intérieures sonnent creux. Je n'avance plus.

– Tu es là pour ça. Lève-toi et traîne-toi jusqu'à l'arrivée. Mais à quoi bon ? Qui a fixé ces règles ineptes ? Rien ne t'oblige à t'y plier comme un bon chien.

C'est captivant. En allongeant les jambes et les pieds, je couche les brindilles qui m'entourent pour les rendre moins piquantes. J'ai du sable plein les chaussures. Elles sont trois pointures trop petites. Ça fait des jours que je les supporte. C'est un petit tracas parmi d'autres.

– Ce qui serait vraiment courageux, reprend mon génie intérieur, c'est de faire ce qui te plaît, pas ce qu'on attend de toi. Tout le monde te dira qu'il faut aller au bout, que personne n'abandonne si près du but, mais tu n'es pas comme tout le monde. Tu suis tes propres règles. Tu n'as rien à prouver. Si tu veux arrêter, arrête.

Rester planté là, immobile, passerait presque pour un acte de rébellion. Je suis en train de devenir le James Dean du désert. On finira bien par venir me chercher. Ils tenteront de me convaincre de rallier l'arrivée mais je ne jouerai pas le jeu. Je vais leur montrer. C'est moi qui fixe mes propres règles.

– Hé, Finn !

Je lève le nez. Deux Allemands, un vieux couple de sexagénaires, sont penchés sur moi. Je ne saurais pas dire s'ils sourient ou s'ils grimacent.

– Tout va bien ? me demande gentiment Gudrun.

Elle a l'air choquée.

– Allez, debout ! Suis-nous ! braille Hansmartin.

Sans même m'en rendre compte, je me lève et leur emboîte le pas. Encore m'enliser dans ce sable, le pli de l'aine à vif. Vêtements, sac à dos, foulard... Tout est gorgé de sueur et me colle à la peau. Depuis des jours, le soleil cogne et me vide lentement, desséchant à la fois mon corps et mon esprit. Mais j'avance à nouveau dans les pas décidés d'Hansmartin. Personne ne parle. Ils sont presque aussi épuisés que moi, mais on tient bon. Ce n'est que de la marche pourtant, avec leurs bâtons, ils vont à bonne allure. J'observe les ballottements du sac à dos d'Hansmartin qui se fraye un chemin dans le sable inégal. Au bout d'un moment, je commence à me sentir mieux. Les forces reviennent peu à peu dans mes jambes. Mes pensées s'éclaircissent. Sans même le vouloir, je me remets à trottiner.

– Ah, bien, bien ! dit-il. Vas-y. On se retrouve à l'arrivée.

Et me voilà parti. Les dunes s'élèvent aussi haut que des montagnes, ce sont les plus hautes de la course, mais je sens presque l'odeur de la mer. Je retire mes lunettes et les glisse dans une poche. Le sable est blanc. J'escalade la longue pente instable, puis dévale l'autre versant à grandes enjambées. Je suis excité comme un gosse courant vers la mer.

Plusieurs fois, je crois être arrivé, pourtant une nouvelle dune se dresse devant moi, mais je suis shooté à l'adrénaline. Je sens que l'arrivée approche. Elle m'appelle. Et puis, soudain, j'y suis. Une arche gonflable. Des tentes. Des gens ballottés par les vagues. Je suis l'un des derniers finishers et les autres en sont tous déjà à se reposer, à préparer leur repas ou à laver leur linge. Deux coureurs néerlandais m'aperçoivent au moment où je passe la ligne et m'offrent une salve d'applaudissements inaudibles, mais le goût des acclamations leur est passé depuis longtemps. Un photographe assoupi s'arrache à son siège installé à l'ombre et braque son appareil sur moi. Il me demande comment je vais.

– C'est pour la vidéo de la course, dit-il.

Je ne sais pas quoi répondre. Après tout ce que j'ai vécu, je devrais déborder d'émotions, mais les mots ne me viennent pas.

– C'était dur...

Voilà tout ce que je trouve à dire.

– Sacrément dur.

Là-dessus, je retire mon sac à dos, me dirige droit vers la plage et me jette dans l'eau fraîche de la mer d'Oman.

Je me dis que jamais plus je ne ferai un truc aussi stupide.

1

L'Oman Desert Marathon a été mon premier ultra. C'était 165 kilomètres de sable brûlant. Je ne l'ai pas vraiment fait par envie. L'idée m'en est venue lorsqu'un rédacteur en chef du *Financial Times* m'a contacté pour me demander d'écrire un article sur la course. Ma première réponse a été un « non » ferme.

Je me suis toujours considéré comme une espèce de puriste de la course à pied. J'avais autant d'admiration pour quelqu'un qui court le mile[1] en moins de quatre minutes que pour celui qui fait le tour du monde en courant. Pour faire le tour du monde en courant, il faut de la détermination, de l'obstination, une bonne dose de prévoyance et beaucoup de temps libre. Mais pour être vraiment rapide, il faut avoir un don, être persévérant, cultiver son précieux talent pendant des années. Voir des athlètes tels que Mo Farah, David Rudisha ou Eliud Kipchoge fournir des efforts surhumains avec grâce, puissance et maîtrise m'a toujours semblé poétique. À mes yeux, ils faisaient de la course à pied une splendeur.

L'ultra, en revanche, c'était pour moi la maltraiter jusqu'à ce que mort s'ensuive, ou presque. Sacs à dos, bâtons, alimentation, lampes frontales... Tout ça noircissait le tableau. C'était différent. Admirable et courageux, certes. Fou et insensé, peut-être. Mais ce n'était plus de la course à pied.

1. 1 mile = 1609,344 mètres. Les distances citées dans ce livre ont été traduites en kilomètres aussi souvent que possible, mais certaines références symboliques ont été conservées : par exemple 100 miles, soit environ 160 kilomètres, ou 50 miles, environ 80 kilomètres (NdT).

Je me sentais vexé quand les gens qui m'interrogeaient sur ma pratique semblaient plus impressionnés par les distances que par les temps. Pour moi, la distance n'avait aucune signification si on ne connaissait pas le temps. Dans mon esprit, n'importe qui pouvait aller loin en trottinant, voire en marchant. Je ne trouvais pas ça très méritoire.

Un jour au bureau, un collègue, qui savait que je courais, a abordé le sujet à la machine à café.

– Tu fais du triathlon, c'est ça ?

– Non.

– De l'ultra, alors ?

– Non plus.

Il semblait perplexe.

– Juste des marathons ?

***

Courir un marathon était autrefois une vaste entreprise. Les gens étaient impressionnés. Ils vous demandaient parfois votre temps et, s'il était inférieur à 3 heures, vous aviez droit à une moue admirative. Mais ils se sont habitués et il faut en faire plus, des choses plus extrêmes, pour avoir la satisfaction de voir les gens hocher la tête en disant : « Quel enfer ! Faut vraiment être dingue. Autant que ça t'arrive à toi qu'à moi »... sans chercher à en savoir plus. Le marathon est devenu un truc de petit joueur. Nous sommes entrés dans l'ère du « juste un marathon ». Le *running* s'affiche désormais avec le pompeux préfixe *ultra*. Cent miles dans le désert ? N'importe qui serait impressionné.

Sauf moi, on dirait. Quand je voyais les gens marcher dans les vidéos qu'on trouve sur les sites d'ultra, j'en avais des haut-le-cœur. À la lettre M, sur un blog intitulé « L'ultra de A à Z », c'était écrit : « Marcher : mode de déplacement rarement avoué, mais communément utilisé lors des ultramarathons. On parle parfois de rando-course pour ne pas perdre totalement la face. »

Pour moi, coureur de 10 kilomètres qui faisait des séances de piste tous les mardis avec mon club, l'ultra, c'est-à-dire tout ce qui fait plus de 42,195 kilomètres, n'impressionnait que ceux qui ignoraient tout de la course à pied. Moi, je connaissais. J'ai dit « non » pour Oman.

C'est ma femme, Marietta, qui m'a fait reconsidérer les choses.

– Les gens payent cher pour faire ce genre de courses, non ? Toi, on t'invite et tu fais la fine bouche. Moi qui croyais que tu aimais courir...

C'est vrai que ces grandes courses par étapes sur plusieurs jours ne sont pas données. Il faut en plus ajouter l'équipement. C'est un gros investissement personnel, pas seulement en matériel, mais en temps. Pourquoi les gens y participent-ils ? Sûrement pas uniquement pour impressionner leurs collègues à la machine à café.

Plus je cherchais à comprendre, plus je me disais que courir dans le désert, dormir sous les étoiles, venir à bout de 100 miles d'étendues sauvages par mes propres moyens pouvait être une formidable aventure, même si ce n'était pas mon genre de course.

Vu sous cet angle, c'était beaucoup plus tentant, voire irrésistible. Je n'avais qu'à mettre provisoirement au placard mon côté puriste de la course à pied. C'était une occasion de me reconnecter à la nature, à la planète, de passer un moment dans un lieu sauvage. Qui sait ? J'allais peut-être apprendre des choses sous le soleil du désert. J'allais peut-être en revenir différent. Et puis, mon côté « vrai coureur » n'avait pas grand-chose à perdre. À mon retour, je serais même affûté comme une machine de guerre. En somme, c'était gagnant-gagnant. J'ai donc rappelé le rédacteur en chef.

– Je sais que ça a l'air assez dingue, a-t-il reconnu. Ça dure six jours, mais tu peux très bien n'en faire que deux ou trois.

Pas question. J'étais désormais décidé à vivre l'expérience à fond. L'idée s'était emparée de moi et m'attirait à elle. Je voulais savoir ce qu'on vit quand on relève un tel défi et qu'on en vient à bout. Pour un authentique coureur tel que moi, ça ne pouvait pas être si difficile.

* * *

Je suis arrivé à Mascate à une heure du matin avec une dizaine d'autres coureurs, dont Gudrun et Hansmartin, le couple d'Allemands que j'avais rencontré dans l'avion. Nous nous attendions à être conduits directement à l'hôtel. J'ai donc été un peu surpris quand l'organisateur est venu nous annoncer qu'il allait falloir attendre le bus jusqu'à 9 heures.

– Vous n'avez qu'à aller au café, a-t-il suggéré sur un ton désinvolte, comme s'il s'adressait à des enfants.

Son anglais n'était pas fameux et je me suis demandé un moment si je n'avais pas mal compris.

– Rester huit heures au café ?! j'ai demandé, en montant un peu haut dans les aigus.

Il devait se moquer de nous. Nous devions courir 100 miles dans le désert. Il nous fallait une bonne nuit de repos. Mais il a haussé les épaules et réajusté sa casquette en prétendant ne pas comprendre.

Décidé à lui dire que je travaillais pour le *Financial Times*, que ça ne pouvait pas se passer comme ça, je me suis retourné pour chercher du regard le soutien des autres coureurs, mais il n'y avait plus personne. Le hall des arrivées était vide. Où étaient-ils passés ?

Après avoir battu en retraite, j'ai réalisé qu'une fois l'information enregistrée, ils avaient calmement déroulé leurs tapis de sol et leurs sacs de couchage quelque part dans l'aéroport, pour y dormir à même le sol, ce qui m'a laissé pantois. Quelque chose m'avait-il échappé ? Est-ce que, ça aussi, ça faisait partie de l'ultra ?

Le bus est finalement arrivé 3 heures plus tôt que prévu et on nous a conduits à un hôtel tout confort, dans une oasis nichée au creux d'immenses dunes de sable, mais l'attitude des autres coureurs face à ce petit contretemps allait souvent me revenir en mémoire lors des courses folles que je m'apprêtais à enchaîner ensuite les unes après les autres.

* * *

Autour de l'hôtel, les dunes étaient si hautes qu'on pouvait louer des snowboards pour les descendre, mais les gens du coin préféraient visiblement les sillonner dans des quatre-quatre rutilants. Les coureurs, eux, le faisaient évidemment à pied et, ce soir-là, tous les concurrents ont émergé un à un de leurs chambres pour aller contempler le coucher de soleil au sommet. En petits groupes, nous sommes restés là un moment à faire timidement connaissance sous un ciel immense et clair, caressés par une brise chaude. Puis, à la nuit tombée, nous nous sommes lancés dans une descente effrénée, pleine d'éclats de rire et de roulés-boulés.

Le lendemain, il allait falloir le faire pour de vrai pendant des heures dans la fournaise avec six jours de vivres et de matériel sur le dos.

Les organisateurs, via le rédacteur en chef du *FT*, m'avaient vendu la course comme un ultra « gérable » pour un débutant. C'était un peu comme le célèbre Marathon des Sables en plus facile, m'avaient-ils assuré. Avec ses 250 kilomètres dans le Sahara, le MdS est l'une des épreuves les plus réputées. Elle passe pour être « la course la plus dure au monde », mais plusieurs coureurs d'ultra que je jugeais dignes de foi m'avaient garanti que ce n'était pas le cas. Forfanterie à part, ce n'était quand même pas une mince affaire. N'ayant aucune intention de me lancer dans une épreuve de cet acabit, j'avais été ravi d'apprendre que la course d'Oman était moins exigeante. Un MdS *light*, en somme, comme je l'avais entendu dire. Bien qu'elle ait lieu dans le désert, on ne court pas dans du sable mou mais sur une terre archi cuite au soleil, m'avaient dit les organisateurs. Et puis 100 miles en six jours, ce n'est pas la mer à boire. Ce serait un peu comme un stage d'acclimatation à la chaleur.

Sur la ligne de départ, dans la petite localité de Bidiyah, j'étais donc plutôt détendu. Ce n'était pas une course mais une aventure. Pour la première fois de ma vie de coureur, la vitesse n'était pas une préoccupation. J'étais juste là pour apprécier l'expérience. Il n'y avait aucune pression. Puisqu'il n'y avait pas de raison de forcer l'allure, je n'avais qu'à trottiner et, au fond de moi, j'étais convaincu de pouvoir le faire à l'infini. Mettre tranquillement un pied devant l'autre ne pouvait pas être bien difficile. La chaleur m'inquiétait un peu et la présence d'une pompe à venin, d'un couteau et d'un miroir pour faire des signaux lumineux dans le matériel obligatoire n'était pas non plus très rassurante. Annoncer à tout le monde que j'allais courir dans le désert, comme une espèce de superhéros, pendant les semaines qui avaient précédé, m'avait bien plu, mais l'idée que j'allais peut-être me mettre en danger m'est apparue brutalement. Est-ce que j'allais être capable de m'en sortir s'il arrivait quelque chose ?

Les habitants étaient venus assister au départ, sur la place du village. Nous avons eu droit à une danse traditionnelle et une joyeuse agitation s'est emparée de la foule, où les hommes en longues robes blanches portaient de coûteux poignards et des iPhones glissés sous la ceinture.

L'air sérieux malgré ce charivari et sans un regard pour les danseurs, Elisabet Barnes, une Suédoise, semblait concentrée sur ce qui l'attendait. Nous avions sympathisé la veille au soir, à l'hôtel. Elle vivait en Angleterre et venait de remporter le prestigieux Marathon des Sables. Au dîner, un couscous et des légumes grillés que nous avions dégustés assis sur des coussins, je lui avais demandé quelques tuyaux.

– Tes guêtres, tu les as agrafées ou collées à tes chaussures ? m'avait-elle demandé.

Elisabet est propriétaire d'une boutique de course à pied dans l'Essex. Elle connaît bien son affaire. Mes guêtres étaient clipsées à mes chaussures. Est-ce que ça posait un problème ? Elles étaient vendues comme ça et j'avais trouvé ça génial.

– Bah, ça devrait le faire, avait-elle répondu en essayant tant bien que mal de cacher son inquiétude. Tu t'es beaucoup entraîné dans le sable ?

– Euh... Pas du tout, mais on m'a dit que c'était surtout de la terre sèche.

Son sourire était teinté de perplexité.

– Sans doute, a-t-elle repris. Combien pèse ton sac ?

Je n'en avais pas la moindre idée. Elle a pris une profonde inspiration. Je lui ai raconté que l'organisateur avait voulu m'effrayer en me déconseillant d'emmener des photos de ma famille. « Vous finirez par les enterrer dans le sable, m'avait-il assuré. Les gens coupent même le manche de leur brosse à dents pour gagner du poids. » Elle avait continué à manger sans réagir.

– C'est pas sérieux ? C'est ridicule, pas vrai ?

À l'expression de son visage, j'avais compris qu'elle n'était pas de cet avis. Je m'étais soudain senti complètement dépassé.

– Bien sûr, ce n'est pas une nécessité, m'avait-elle expliqué. C'est juste que ça donne le sentiment d'avoir fait le maximum pour s'alléger, de n'avoir rien négligé. Ça aide à se sentir prêt mentalement.

En somme, je ne m'étais pas entraîné dans le sable, mes guêtres étaient inutiles, mon sac probablement trop lourd et je n'avais même pas coupé le manche de ma brosse à dents. Mais ça ne pouvait pas être si difficile... Gudrun et Hansmartin avaient la soixantaine. Il y avait même une Française non-voyante d'une bonne cinquantaine d'années. Si j'y allais doucement, en trottinant tranquillement, tout se passerait bien.

Au petit trot, salués par les enfants, nous avons quitté Bidiyah et ses arbres. Nous n'en verrions plus un seul pendant six jours. Bien calé au milieu du peloton, derrière une nuée de sacs à dos bringuebalants, je faisais attention à ne pas m'emballer. C'était tout juste de la course à pied. J'observais mon ombre où se détachait le repose-tête fixé au sommet de mon sac à dos, que j'avais piqué dans l'avion. C'était un coup de génie. Ça ne pesait pratiquement rien et ce serait très pratique pour dormir. Je n'avais peut-être pas de guêtres étanches, mais j'avais un oreiller.

Il n'y avait que soixante-quinze coureurs au total et le peloton a commencé à s'étirer. Pendant la première heure, nous sommes restés dans une plaine sablonneuse puis, après le premier point d'eau, le tracé s'élevait dans les dunes. Le sable y était mou, instable, soufflé. Pas facile d'y marcher, encore moins d'y courir. Le sable fin de ces dunes tout droit sorties d'une aventure de Tintin s'infiltrait dans les chaussures quelle que soit la façon dont les guêtres y étaient fixées. Et les miennes tenaient à peine.

Quand nous sommes arrivés dans ces dunes, la température avoisinait les 40 °C. À la peine, m'enfonçant à chaque pas, j'étais de plus en plus lent. Je m'attendais toujours à être rattrapé par des coureurs plus expérimentés, mais il n'y avait personne en vue. Sans doute avaient-ils les mêmes difficultés.

Après plusieurs heures de galère et de jurons, j'ai dévalé la dernière dune avec soulagement avant d'entamer la portion finale, plate jusqu'à l'arrivée, mais cette première journée s'était avérée plus dure que je ne m'y attendais.

Cet après-midi-là, assis dans ma tente bédouine, je me suis convaincu qu'on nous avait envoyés dans les dunes dès le premier jour pour nous montrer ce que c'était, pour démarrer sur les chapeaux de roues, mais j'étais sûr que la suite allait se dérouler sur la terre sèche qu'on nous avait promise et qu'on devinait çà et là entre les dunes.

Tout le monde devait se dire la même chose, parce que vers 16 heures, un cri a retenti aux abords du camp. Que se passait-il ? Les gens sortaient de leur tente et montraient quelque chose du doigt en hochant la tête.

– C'est une blague ! a dit l'un des concurrents.

– Impossible ! a ajouté un autre.

Au sommet de la dune la plus haute, on pouvait voir la première marque de balisage de l'étape suivante. Il allait falloir grimper tout là-haut dès le début du deuxième jour. Ce n'était pas parti pour s'arranger.

Et ça ne s'est pas arrangé. Chaque jour, j'étais certain que le suivant nous apporterait un peu de répit, mais il était encore plus dur que le précédent. Du sable à l'infini, la chaleur qui me tuait à petit feu... L'énergie revenait parfois. J'ai même vécu des moments d'euphorie. Lors du quatrième jour, j'ai réalisé que je faisais partie du top 20 et, soudain décidé à en découdre, je me suis juré de faire toute l'étape sans marcher. J'y suis presque arrivé. Quand le sable devenait trop mou, je passais à une toute petite foulée. J'allais très lentement, mais c'était quand même plus facile et plus rapide que la marche. Je m'enfonçais moins. Je m'adaptais aux ondulations des dunes. Ça commençait à rentrer. Je n'allais pas me laisser abattre.

J'ai fini la quatrième étape en brandissant un poing rageur et suis allé m'asseoir avec les plus rapides pour attendre la fin du long calvaire des autres. Le point positif, quand on court plus vite, c'est qu'on est exposé moins longtemps à la chaleur étouffante. C'est presque plus facile. Le lendemain, nous ont dit les organisateurs, le tracé allait être plus roulant et le sable plus ferme. Ils le disaient tous les jours, mais, cette fois-là, j'ignore pour quelle raison, je les ai crus. Je voyais déjà ça d'ici : une route bien ferme, du début à la fin. J'allais la survoler.

La cinquième étape était la plus longue de la course – précisément un marathon – et se déroulait essentiellement de nuit. Les vingt premiers devaient partir 2 heures après les autres. Dans l'après-midi, on nous a rassemblés pour faire l'appel des membres du top 20. J'en faisais partie. Numéro 17. Finn le dur. Me cherchez pas ! En retournant à la tente, j'ai dû faire un effort pour ne pas avoir l'air trop content de moi. Les vieux de la vieille trouvaient la course brutale, et moi, j'allais fort, malgré ma préparation bâclée.

Beaucoup de gens participent à ce genre de courses pour les relations qui s'y créent. Courir ensemble dans le désert pendant une semaine forge des liens solides. Parmi ceux de la tente 2, comme on nous appelait, il y avait une majorité d'Italiens, dont la mère d'un joueur de foot de *Premier League*, mais aussi un ingénieur en biotechnologie belge, une Sud-Africaine pétillante de vie et Rob, un Britannique comme moi, qui était militaire.

Plusieurs occupants de la tente 2 faisaient partie du top 20, mais mon ami Dino venait d'en sortir. Il n'avait pas l'air de s'en soucier. Il se moquait de son classement. Ce qui l'intéressait, c'était de vivre une expérience, de bavarder et de faire des photos. Il tenait salon presque tous les après-midi sous la tente. Quand tout le monde était rentré et installé, il nous parlait de tous les coins du monde où il était allé – plus de deux cents pays en tout, disait-il, souvent en dressant la liste – la plupart du temps pour des courses de dingues. Il racontait ses bisbilles avec des bandits mexicains, sa rencontre avec des crocodiles au Botswana, sa chute dans des crevasses en Islande, toujours avec beaucoup de verve, une bonne dose d'humour et pas mal de mimiques.

Quelques mois plus tard, Dino m'a envoyé la vidéo d'une interview sur la course d'Oman qu'il avait donnée à la chaîne Sky Sports

Italia – ce type passait sa vie à donner des interviews. Il y racontait que dans sa tente, il y avait la mère d'un joueur italien de Liverpool et un Anglais lui aussi de Liverpool. C'était de moi qu'il parlait. Je ne suis pas de Liverpool mais j'y ai vécu et j'aime ce club. Bref, il parlait de nos longues discussions de l'après-midi sur les joueurs mythiques, les grandes heures et l'hymne de Liverpool – *You'll Never Walk Alone* – que les supporters chantent les jours de match.

Il racontait ensuite qu'au cours d'une des étapes, alors qu'il était seul et quasi à bout de forces sous un soleil de plomb, il s'était mis à fredonner doucement cette chanson en marchant et, perdu dans ses pensées, il ne s'était pas rendu compte que je l'avais rattrapé. Ayant reconnu la chanson, je me suis mis à la fredonner avec lui. Ses lunettes à verres miroirs se sont braquées sur moi, son visage s'est fendu d'un grand sourire et, tout en marchant, nous nous sommes mis à chanter *You'll Never Walk Alone* à tue-tête comme deux joyeux supporters.

« Vous savez, disait-il à celui qui l'interviewait, quand on fait des choses dingues, on rencontre des gens dingues. » Je ne sais pas s'il parlait de lui, de moi ou de nous deux mais ça me plaît. L'ultra est effectivement un truc de dingues qui amène à des états de dingues et, en voyant cette vidéo, j'ai commencé à comprendre que ça attire des gens particuliers, sans doute un peu givrés, mais également ouverts, amicaux et sincères. C'était en tout cas ce que disait Dino.

* * *

Vers 15 heures, j'ai retrouvé les coureurs du top 20, l'équipe des cracks de l'ultra, pour aller acclamer le gros du peloton qui prenait le départ, Dino en tête. Nous les avons regardés se carapater sur le sable comme des fourmis, puis nous sommes allés nous préparer sous nos tentes.

Mon sac s'était allégé avec la diminution des vivres et semblait plus facile à transporter. Je me disais que j'allais survoler l'étape, d'autant que le sol serait plus ferme.

Mais le sol n'a jamais été plus ferme, et tandis que la nuit tombait, le sable archi-piétiné de l'interminable piste devenait de plus en plus mou. J'avais l'impression de m'enfoncer lentement dans le sol. J'ai compris que j'avais trop donné la veille, que mes jambes n'étaient plus d'attaque. L'un des médecins de la course m'avait *strappé* le pli de l'aine, mais la douleur devenait vraiment intense. Mes deux tendons d'Achille, eux aussi douloureux, me mettaient au supplice à chaque pas.

Sur cette étape, j'étais de loin le plus lent des vingt coureurs de tête. Nous étions partis à la tombée de la nuit comme un groupe de chasse lancé aux trousses des échappés, mais je m'étais vite retrouvé seul à l'arrière. J'avais dû courir pendant des heures à la lumière des phares de la voiture-balai. L'entendre constamment derrière moi brouiller le silence du désert m'exaspérait, mais au moins, elle m'obligeait à avancer.

J'avais malgré tout commencé à rattraper des gens du groupe plus lent. J'étais à peine plus rapide qu'eux, je bavardais un peu en marchant jusqu'à ce que je trouve l'énergie nécessaire pour me remettre à courir un moment.

Plus la nuit avançait et moins je courais. Je devais revoir régulièrement mon estimation du temps qu'il allait me falloir. Cinq heures, six, puis sept... Je me demandais même si j'allais atteindre l'arrivée. De temps en temps, je m'arrêtais, j'éteignais ma frontale et je contemplais la nuée d'étoiles au-dessus de ma tête. Un petit être perdu aux confins d'une planète lancée à travers l'espace... voilà ce que j'étais. Me soucier de mon classement aurait été ridicule. Tout le monde se fichait bien de ma vitesse, moi y compris. C'était un soulagement de le réaliser. Je n'avais qu'à marcher sans me presser et profiter de la splendeur de cet univers en expansion. Mais je me disais aussi que, si je ne me pressais pas un peu, j'allais y passer toute la nuit, alors je me remettais à trottiner. Pour finir, le son de l'eau secouée à chaque foulée dans ma bouteille, comme un tambour synchronisé avec ma respiration, m'a fait entrer dans une espèce de transe. Je ne voyais rien d'autre que le cercle de lumière projeté au sol devant moi, une lueur au bout d'un long tunnel sombre. Floc ! Floc ! Floc ! Je courais encore et encore vers la lumière.

J'en suis finalement venu à bout. Un marathon en 7 h 34. Quelque mois plus tôt, j'en avais couru un en moins de 3 heures. Quelle régression ! La compétition, le top 20, c'était fini pour moi. J'avais touché le fond, mais j'en étais sorti vivant. J'en avais terminé. Et, à ce moment-là, c'était tout ce qui comptait. Ça n'allait pas durer. Il était une heure du matin. L'étape suivante, la dernière de la course, commençait dans 8 heures. Il fallait que je dorme.

J'ai traversé le camp assoupi clopin-clopant. Ce soir-là, j'étais le dernier à arriver à la tente 2. Je n'avais qu'une envie : me glisser dans mon sac de couchage et disparaître, mais je pouvais à peine me baisser pour retirer mes chaussures, alors je suis resté là, le regard perdu dans l'obscurité pleine de corps endormis, comme un coureur zombie. Rob et Dino étaient couchés mais, me voyant planté là, ils se sont levés pour me donner un coup de main. Rob m'a préparé une boisson de récupération pendant que Dino délaçait mes chaussures. Ils n'ont pas dit un mot. Eux aussi avaient eu une nuit difficile. Ce n'était pas la peine de parler. Nous avions tous vécu la même chose. Nos visages en portaient les stigmates.

J'enfilais le t-shirt propre que Rob m'avait passé – le seul que j'avais était trempé de sueur – lorsqu'un hurlement à glacer le sang a retenti. Les gens se sont mis à crier, surtout en italien. Les faisceaux des lampes balayaient l'obscurité. Incapable de bouger, je suis resté à grelotter dans mon sac de couchage, priant pour que rien de grave ne soit arrivé.

En rentrant dans sa tente après s'être traîné dans le sable pendant 10 heures, un pauvre gars s'était assis sur un scorpion. Je ne sais pas si je m'en serais remis.

Les médecins l'ont soigné immédiatement, et après un court instant de stupéfaction, quelques allées et venues au clair de lune, un moteur qui démarre quelque part, il était en sécurité sous la tente médicale. Chose incroyable : quelques heures plus tard, alors que le jour se levait, il est venu prendre avec nous le départ de la dernière étape.

J'étais à l'arrière du peloton. La lumière était vive. Allez, va falloir tout donner une dernière fois ! Mais je n'avais plus envie de me battre.

« La flamme s'est éteinte », m'avait dit un coureur néerlandais qui avait renoncé à courir à la fin de la deuxième étape. L'esprit de compétition, l'envie de rallier l'arrivée le plus vite possible s'étaient taris en lui. Sans une bonne raison pour le faire, sans ce feu intérieur qui pousse à avancer, l'envie de continuer s'épuise rapidement. Je savais désormais ce qu'il avait voulu dire. Ma flamme s'était éteinte. Moins d'une vingtaine de foulées après le départ, je me suis résolu à ne plus courir, à me contenter de marcher. Je n'avais plus aucune énergie. Mes jambes étaient détruites, à chaque pas, le pli de l'aine me tirait des larmes, malgré le bandage, et il restait 22 kilomètres de sable mou.

Ce fut la plus longue galère de ma vie. Malgré ma lenteur, chaque pas était une torture. Le soleil était haut et tapait comme une masse. Je m'arrêtais à tout bout de champ pour m'asseoir. Pourquoi me presser ? J'avais tiré un trait sur la compétition. Pourtant, l'arrivée m'attirait. La mer aussi. Je me voyais déjà piquant une tête et batifolant dans les vagues.

C'est quelque part le long de ce chemin de croix que Gudrun et Hansmartin m'ont trouvé. Et sauvé.

Plus tard, quand je suis rentré au camp après ma baignade, l'ambiance avait changé. Les gens étaient joyeux, décontractés. Les tensions d'après-course des jours précédents avaient disparu. Étendus sur nos sacs de couchage, le regard tourné vers la mer, nous nous sommes mis à penser à la maison, à nos jobs, à nos vies de citadins enfermés, à la vie après le désert brûlant, inhospitalier et vorace. Peut-être était-ce une illusion, mais la joie, le soulagement d'en finir me semblaient teintés d'un peu de tristesse.

Cette course s'était en fait avérée très dure, pour un premier ultra. Beaucoup, parmi les concurrents, avaient déjà couru le Marathon des Sables et la plupart avaient trouvé celle-ci plus difficile avec ses interminables étendues de sable mou.

– À côté, le Marathon des Sables, c'est une promenade de santé, a même dit Gudrun, qui est une habituée des deux épreuves.

– On aurait dit les Alpes, à la fin, sauf que c'étaient des montagnes de sable, a renchéri Elisabet la Suédoise.

Elle avait gagné toutes les étapes et a pu accrocher l'Oman Desert Marathon à un palmarès déjà bien fourni. Après tout ce que j'avais vécu, il me semblait qu'il fallait venir d'un autre monde pour jouer la gagne et remporter ce genre de courses. Cinq ou six hommes et femmes formant un petit groupe très fermé étaient partis chaque jour bille tête, prêts à tout donner, attentifs à leurs rivaux, lançant des attaques, élaborant des stratégies. Les autres avaient juste essayé de rester en vie pour rallier l'arrivée.

* * *

De retour chez moi en Angleterre, j'ai continué à réfléchir à l'attrait de l'ultra. J'y étais venu pour son côté romantique, pour l'aventure, pour traverser le désert à pied, mais il y a des moyens plus simples d'apprécier la beauté et la majesté du monde. Le faire à dos de chameau ou sous forme de treks, par exemple, doit apporter la même dose d'aventure sans générer les mêmes souffrances, les mêmes déboires, le même combat. Pourtant, tout le monde, moi y compris, avait l'air satisfait et heureux de l'avoir fait. Une harmonie tranquille régnait dans le camp après la dernière étape. Avions-nous déjà oublié les peines et les souffrances, ou les souffrances avaient-elles contribué à cette satisfaction ?

Une après-midi, pendant la course, l'un des concurrents néerlandais avait cité Dean Karnazes, le coureur d'ultra et auteur, qui dit que les gens confondent le confort et le bonheur. « Le bonheur se mérite », avait-il ajouté solennellement. J'étais resté à écouter, à observer les abords du camp, à penser aux efforts énormes que demande l'organisation d'une telle course, le montage, le démontage puis le transport du camp dans un lieu si inhospitalier, la somme que chaque coureur avait dépensée pour être là, le voyage pour atteindre un site aussi isolé, pour courir pendant des heures dans le sable et la fournaise... Était-ce à tout cela que nous devions notre bonheur ?

Un jour, au beau milieu de la course, Gudrun s'était demandé :

– Mais pourquoi faire ce genre de choses alors qu'on est si bien chez soi ?

– Précisément parce que nous sommes si bien chez nous, lui avait répondu son mari Hansmartin.

Si le bonheur ne provient pas du confort, faut-il le chercher dans l'inconfort ? Ceux qui, comme nous, ne connaissent pas de souffrances ont-ils besoin de s'en inventer ? Est-ce un moyen d'apprécier davantage notre confort ou de faire de nous des êtres plus forts, plus accomplis par la souffrance ?

Alors que je m'interrogeais, je me suis rappelé de notre arrivée à Mascate, du moment où on nous a annoncé qu'il allait falloir attendre 8 heures à l'aéroport. Après la course, je me suis dit qu'en pareille situation, je serais désormais moi aussi certainement prêt à dérouler mon sac de couchage pour piquer un somme. Passer quelques heures à attendre dans un aéroport ne me paraissait plus si terrible. Après une semaine de course dans le désert, quelque chose avait changé en moi.

2

Je ne suis pas tout à fait accro mais plutôt intrigué. J'ai envie d'en savoir plus sur le monde de l'ultra. Quelques semaines après Oman, me voilà à nouveau en contact avec Elisabet. On m'a chargé de l'interviewer pour le *Guardian.* Elle vient me rejoindre au siège du journal, dans le centre de Londres. Assis sur des canapés en cuir, nous buvons nos expressos alors que les gens font la queue pour acheter leur sandwich de midi. Je lui demande comment elle a commencé l'ultra.

C'était une marathonienne assidue, qui s'entraînait en fonction de ses contraintes professionnelles – elle avait un job bien payé dans le quartier de la finance, me dit-elle.

– Je continuais à progresser, mais j'ai commencé à me demander ce que je pourrais faire d'autre. Je pouvais essayer d'améliorer encore mon temps au marathon, ce qui était un défi de taille, ou bien allonger la distance et je me suis dit que ce serait intéressant à explorer.

Son passage à l'ultra s'est fait plus vite que prévu en raison d'une série d'événements inattendus. En peu de temps, son père est décédé, la maladie d'Alzheimer a été diagnostiquée chez sa mère et son mari a attrapé un cancer.

– Tout ça m'a fait réaliser que la vie est très courte et qu'il faut en profiter, qu'on ne peut pas rester là à attendre.

Elle a donc quitté son job à la City et s'est mise en quête d'aventure. Pour financer ses projets, elle a ouvert une boutique de course à pied, mais après ses victoires au Marathon des Sables et à Oman, la presse a commencé à s'intéresser à elle et les sponsors se sont présentés.

Voyager pour aller courir est devenu plus facile, ce qui lui a permis de multiplier les défis. Le saut dans l'inconnu s'était avéré payant.

Ce qu'elle me dit m'émeut. Ça me rappelle ce que j'ai ressenti quand j'ai décidé de courir mon premier marathon. L'idée planait depuis des années, mais je me cantonnais à des distances plus courtes en me demandant ce qui me retenait. Soudain, le moment est venu. La vie avait changé. J'ai donc couru un marathon.

Depuis, je lorgne sur un trail en montagne. Un long trail bien tarabiscoté. J'ai 42 ans. J'ai couru quelques jolis marathons. Le moment est peut-être venu d'aller voir plus loin, de chercher à comprendre ce que les gens trouvent dans cette pratique, ce qui les pousse à courir des distances aussi folles.

Ça m'intrigue tellement que je finis très vite par appeler mon éditeur.

– Je crois que j'ai trouvé mon prochain sujet.

Je suis allé au Kenya et au Japon pour écrire des livres sur deux cultures tout à fait singulières de la course à pied. Cette fois, j'ai envie de m'intéresser à un phénomène mondial et multiculturel dont je commence tout juste à réaliser l'énorme importance. À quoi ressemble le monde de l'ultra ? Qui sont les gens qui le pratiquent ? Qu'est-ce que ça signifie ? La meilleure façon de la savoir, c'est de m'inscrire à une autre course.

* * *

Au cours de la dernière décennie, l'ultra s'est développé à une vitesse stupéfiante. C'est même devenu l'une des disciplines sportives à la plus forte croissance.

Le site runultra.co.uk répertorie les ultras les plus prestigieux au monde. Quand il l'a lancé, il y a douze ans, me dit Steve Diederich, son fondateur, on y trouvait cent soixante courses à l'échelle mondiale. Il en compte aujourd'hui mille huit cents, ce qui représente une augmentation de 1 000 %. Sur le site allemand DUV, on trouve les résultats de nombreuses courses plus modestes et sa base de données colossale remonte au premier Londres-Brighton, une épreuve de 89 kilomètres, courue en 1837. Sur les dix dernières années, le site enregistre aussi une progression de 1 000 % du nombre d'ultras à l'échelle mondiale.

Andy Nuttall, rédacteur en chef du magazine *Ultra*, s'est plongé plus profondément dans les statistiques de DUV et a découvert qu'au Royaume-Uni, la progression a été encore plus importante. En 2000, 595 personnes y ont terminé un ultra. En 2017, elles étaient 18 611.

On retrouve le même phénomène partout. Les données collectées par le magazine *Ultrarunning* en Amérique du Nord montrent que le nombre de courses et de *finishers* augmente depuis 1981. La discipline explose également en Asie. Selon Nic Tinworth, directeur d'une course qui se déroule à Hong Kong, le nombre d'ultras y est passé de six à plus de soixante en dix ans.

– Il y a quelques années, dit-il, on pouvait s'inscrire le jour même à Hong Kong. Maintenant, les dossards partent en quelques minutes pour les courses les plus populaires.

Les épreuves qui refusent le plus de monde, telles que l'Ultra-Trail du Mont-Blanc, en France, ou la Western States 100, aux États-Unis, ont dû instaurer des systèmes de tirage au sort pour faire face à la demande. Diederich gère les inscriptions britanniques au Marathon des Sables. Bien qu'elles coûtent 4 250 livres (4 860 euros), elles partent chaque année en quelques minutes, dit-il.

Qu'est-ce qui peut bien pousser tous ces coureurs à se donner autant de mal ? J'ai vécu à Oman une espèce de révélation qui m'a changé durablement, mais j'ai l'impression qu'il me reste encore pas mal de choses à découvrir. J'ai explosé dans les deux dernières étapes. Je n'ose pas imaginer l'effet que ça me ferait si je tenais le coup jusqu'au bout d'une telle épreuve. Je me souviens avoir été frappé par une photo de la coureuse d'ultra espagnole Azara García, qui a sur la jambe un tatouage où on peut lire :

Le diable m'a chuchoté à l'oreille : « Tu n'es pas assez forte pour résister à la tempête. »

J'ai chuchoté à l'oreille du diable : « Je suis la tempête. »

Et si c'était cela, l'attrait de l'ultra, aller si loin dans l'effort qu'on se trouve face à face avec le diable, qu'on tombe plus bas que terre mais qu'on se relève et qu'on en revient. Suis-je capable d'affronter la tempête, d'y faire face quelle qu'elle soit, quoi qu'elle puisse m'infliger, de la surmonter par la force de ma volonté ? Moi, le journaliste du *FT* qui se plaint du retard de son bus, j'ai bien envie de connaître la réponse.

Je dois avouer que c'est surtout très séduisant pour mon ego. Devant un documentaire sur le rôle de la course à pied dans l'évolution de l'homme, j'entends un professeur d'anthropologie du Hunter College de New York déclarer : « Certains êtres humains sont même capables de courir 100 miles d'une traite. » Il le dit comme si c'était à peine croyable, comme s'il s'agissait de surhommes, et je vois mon ego me faire un clin d'œil avec cet air arrogant qui signifie : « Bien sûr que tu peux le faire. »

Comme le dit la comédienne et coureuse d'ultra américaine Michelle Wolf dans une interview accordée au magazine *Runner's World*, « ça donne l'impression d'être *badass* ».

En discutant avec d'autres coureurs d'ultra, j'ai pourtant le sentiment que ce qui leur plaît, ce n'est pas seulement la satisfaction de surmonter la difficulté, de rallier l'arrivée, mais aussi la sensation d'abandon qu'on éprouve quand on se jette dans la tourmente, quand on s'approche tout près du gouffre. C'est ce que les *ultra runners* chevronnés appellent « se mettre dans le dur ».

En cherchant à quelle course je pourrais bien m'inscrire, j'essaie de me faire une idée de chacune et j'ai à chaque fois la boule au ventre. On dirait que chaque ultra se doit d'avoir son clip bien *clean*, plein d'images imprenables et bouleversantes. À un moment ou à un autre, on y voit toujours quelqu'un qui semble à bout de forces, au bord des larmes. Les coureurs ressemblent plus aux rescapés d'un cataclysme qu'à des sportifs. Ce n'est pas un hasard si on choisit ce genre d'images pour faire la promotion des courses. Les gens veulent ressentir cette détresse, ils veulent flirter avec l'autodestruction.

Beaucoup de coureurs d'ultra me disent avoir été inspirés par *Ultra Marathon Man*, le premier livre de Dean Karnazes. Il y décrit minutieusement le processus de destruction d'un 100 miles, comment tout se met petit à petit à débloquer, aussi bien physiquement que mentalement, jusqu'à ce qu'il ne reste plus rien, au point qu'il doit littéralement ramper. Je le lis et j'en frémis. Je ne veux pas me faire mal à ce point. D'autres l'ont lu et se sont dit : « C'est ce que je veux faire. »

Un peu craintif mais convaincu par mon ego d'être de taille, je me mets en quête d'une course qui puisse me faire pleinement ressentir ce qu'est l'ultra, une course qui me plonge au cœur de ce sport en pleine croissance, qui m'en révèle les secrets et me permette de le comprendre.

C'est assez difficile de se faire idée précise de ce sport qui part un peu dans toutes les directions. En l'absence d'autorité de tutelle, organisateurs, groupes d'intérêt et gardiens autoproclamés des valeurs de l'ultra s'en disputent le contrôle et cherchent à se tailler une part de la manne financière de plus en plus importante qu'il génère. C'est un peu le Far West, une terre encore sauvage que ses découvreurs défendent farouchement pour ne pas la laisser aux mains de « marques » et « d'étrangers » selon eux incapables d'en comprendre les codes. Pour beaucoup, ce qui fait l'intérêt de l'ultra, c'est sa simplicité, son minimalisme, la possibilité d'aller se perdre comme un pionnier dans des espaces infinis, d'affronter les environnements les plus extrêmes sans rien d'autre qu'une gourde et une veste de pluie.

Pour certains anciens, l'afflux de nouveaux pratiquants est déjà sacrilège. Beaucoup délaissent les grandes courses pour aller relever des défis plus discrets. Ceux qui, comme eux, détestent encore plus les départs massifs et les dotations publicitaires que les longues nuits d'hypothermie au pied d'une paroi glacée, se tournent vers un autre phénomène en pleine expansion : les *Fastest Known Times*, qui consistent à réaliser le meilleur temps connu sur un parcours prédéfini, par exemple d'un bout à l'autre de la Nouvelle-Zélande, sur un sentier de randonnée réputé, tel que l'Appalachian Trail aux États-Unis, ou même jusqu'au sommet de l'Everest.

Mais j'y reviendrai plus tard. Pour le moment, je cherche des courses. Ça me convient très bien. J'en ai déjà couru beaucoup. Je veux juste allonger la distance.

Quand les gens parlent d'ultra, le mot *roulant* revient souvent. Certains trails le seraient plus que d'autres. Ça ne signifie pas qu'on puisse courir du début à la fin, à moins d'être l'une des superstars de la discipline, mais juste que les sentiers sont suffisamment dégagés, les montées et les descentes suffisamment gérables pour qu'on puisse théoriquement le faire, pour qu'on puisse courir sur la majeure partie du parcours. Certains n'aiment pas les tracés trop roulants. Ils préfèrent à l'inverse les courses qu'on dit *techniques*, celles où les chemins sont trop accidentés, les ascensions et les descentes trop raides pour qu'on puisse y courir librement, où il faut être attentif à chaque pas et parfois même utiliser les mains.

Ma préférence va incontestablement aux courses roulantes. Je n'ai rien contre marcher dans les portions difficiles, je veux bien crapahuter dans les rochers, mais je veux aussi pouvoir courir.

Le monde de l'ultra est un arbre aux multiples branches. La plus ancienne, en tous cas au Royaume-Uni, est celle du *fell running*, qu'on appelle *hill running* en Écosse et *mountain running* en Irlande. Ce sont des courses qui vont du mile à l'ultra. Elles se déroulent dans la montagne, sur des tracés la plupart du temps non balisés, ce qui requiert souvent des notions d'orientation. La première *fell race* connue a eu lieu en 1040 à l'initiative du roi d'Écosse Malcom Canmore, qui l'a organisée à Braemar, dans l'Aberdeenshire, pour recruter un messager.

Malgré sa longue histoire, le *fell running* reste une branche confidentielle de la discipline. Ses racines locales et sa simplicité pragmatique font partie de son charme et sont jalousement préservées. J'aimerais beaucoup essayer, mais pour mes débuts dans l'ultra, j'ai envie de quelque chose de plus reconnu, de plus universel, de ce qui fait le succès de ce sport.

Parmi les autres branches de l'ultra, il y a celle des courses par étapes, telles que le Marathon des Sables, qui attirent les foules et se déroulent généralement dans des lieux exotiques, inhospitaliers, comme les déserts, la jungle ou l'Arctique. Elles sont chères et demandent une grosse organisation.

Certains, dans le monde de l'ultra, les considèrent avec dédain, notamment à cause de leur prix et de la fréquentation qui en découle. « Des vacances pour PDG », voilà comment un ultra trailer me les présente. Ayant moi-même fait l'expérience du désert, j'ai pu me rendre compte de la difficulté et des exigences de ces courses, mais j'ai pu constater aussi qu'on passait une bonne partie de nos journées à récupérer sous la tente et, malgré mon manque d'entraînement, je suis resté à proximité de la tête de course presque tout le temps. Le côté vacances ne me déplaît pas, mais je suis sûr qu'on peut trouver des courses plus dures et plus relevées.

Certaines sont effectivement si dures et si extrêmes qu'elles semblent former à elles seules des catégories à part. C'est le cas de la Spine Race, qui suit le Pennine Way[2], dans le nord de l'Angleterre, sur 431 kilomètres... d'une seule traite... en janvier... Il y a aussi la Badwater 135, qui part de la vallée de la Mort, en Californie – l'un des lieux les plus chauds au monde, où la température a déjà atteint 54 °C pendant la course –, ou la Barkley, un 100 miles extrême et sans balisage dans un massif perdu du Tennessee, une course tellement dure que trente-cinq ans après sa création, quinze personnes seulement l'ont terminée. On peut citer aussi l'ultra le plus long du monde : la Self Transcendence 3 100, qui consiste à faire 3 100 miles, soit près de 5 000 kilomètres, autour d'un pâté de maisons new-yorkais.

Une autre branche de l'ultra, où il s'agit de courir, consiste à faire des distances fixes, par exemple 100 kilomètres, sur un tracé à peu près plat, ou à courir pendant un temps déterminé. Ces courses, qui sont les plus proches du marathon, ont leurs championnats du monde et leurs records. Elles m'intéressent mais, au même titre que le *fell running*,

---

2. Sentier de grande randonnée qui va d'Edale, dans le nord du Derbyshire Peak District, à Kirk Yetholm, dans le sud de l'Écosse (NdT).

elles ne sont pas pour grand-chose dans le développement phénoménal de l'ultra. Elles n'attirent guère plus que dans les années 1980 ou 1950, ni même qu'en 1870, époque à laquelle elles ont connu leur âge d'or.

Si ces courses en boucle passent aujourd'hui pour les moins attrayantes et les moins prestigieuses, elles étaient à l'époque les plus grands événements sportifs au monde.

Cela peut paraître étrange, mais au XIXe siècle, l'ultra était incroyablement populaire. Des foules immenses venaient acclamer les coureurs de six-jours qui s'affrontaient sur des petites pistes couvertes, à Londres ou à New York, notamment au Madison Square Garden. Les vainqueurs empochaient ce qui représenterait aujourd'hui des centaines de milliers de livres, et parmi les spectateurs, la bonne société côtoyait le petit peuple venu parier, boire et s'encanailler.

La discipline a notamment été popularisée par un Américain nommé Edward Payson Weston. Tout a commencé pour lui en 1861. Ayant perdu un pari sur l'élection présidentielle de l'année précédente, il a dû faire à pied et en dix jours les 770 kilomètres qui séparent Boston de Washington pour assister à l'investiture d'Abraham Lincoln.

Tandis qu'il marchait, précédé par la nouvelle de sa tentative, des foules de plus en plus nombreuses venaient le voir passer dans les villes qu'il traversait. L'engouement était tel qu'une fois arrivé à Washington, où il manqua l'investiture de quelques heures, il fut invité le soir même au bal que donnait le président et eut droit à une poignée de main d'Abraham Lincoln en personne.

Encouragé par ce succès, Weston entreprit par la suite des marches de plus en plus difficiles. Très soucieux, aux dires de tous, de la mise en scène de ses exploits, il marchait parfois en jouant du clairon ou à reculons pour amuser les foules. En 1870, sa renommée était telle qu'il décida de se produire en salle et de faire payer les spectateurs. C'est ainsi que naquit la passion pour les épreuves de six jours, durée qui permettait de ne pas empiéter sur le sacro-saint Jour du Seigneur. Dans les années qui suivirent, il se livra à une série de *mano a mano* très disputés et très suivis avec un Américain d'origine irlandaise nommé Daniel O'Leary.

Les six-jours atteindront leur apogée en 1878 avec la création, à l'initiative de Sir John Astley, un lord britannique, d'un circuit international composé de cinq courses richement dotées dont le trophée était une ceinture d'or et d'argent portant l'inscription *Long Distance Champion of the World*.

D'autres *pedestrians*, tels qu'on les appelait à l'époque, s'étaient illustrés dès le début du XVIIIe siècle. Si les courses, qui atteignaient souvent les 1 000 miles, déplaçaient déjà les foules, il fallait respecter scrupuleusement la règle du *heel-to-toe*, qui impose d'avoir toujours un pied au sol, comme dans les compétitions de marche athlétique modernes. Plus proches de l'ultra d'aujourd'hui, les six-jours des années 1870, qui ont popularisé le style libre, autorisaient les concurrents à courir, à marcher et à se reposer quand ils le désiraient.

Les épreuves de lord Astley étaient les plus grands événements sportifs de l'époque. Largement couvertes par une presse enthousiaste, elles attiraient de nombreux parieurs. La première eut lieu en 1878 à l'Agriculture Hall d'Islington, un faubourg de Londres. Dix-sept Anglais s'y mesurèrent à O'Leary, le vieux rival de Weston, qui l'emporta en parcourant 837 kilomètres.

La deuxième se déroula la même année au Madison Square Garden de New York, qui pouvait recevoir trente mille spectateurs. O'Leary s'imposa à nouveau, s'adjugeant une prime de 10 000 dollars (près de 300 000 euros d'aujourd'hui) ainsi qu'une part des recettes et des paris.

La troisième, organisée en mars 1879, toujours au Madison Square Garden, fut dotée d'un premier prix de 20 000 dollars. Le succès était tel que des registres de performances mis à jour heure par heure étaient affichés dans les bars, les épiceries, les hôtels et chez les barbiers de la ville, tandis que les journaux new-yorkais tenaient quotidiennement la chronique de la course.

Il fallut attendre la quatrième épreuve pour qu'Edward Weston, pionnier de la discipline, s'octroie enfin le titre officieux de champion du monde. La course était de retour à Islington et l'Américain s'imposa en portant le record du monde des six-jours à 885 kilomètres.

Dans les années 1880, la discipline finit toutefois par décliner avec l'émergence de nouveaux sports. Celle du cyclisme fut particulièrement décisive, selon Matthew Algeo, auteur du livre *Pedestrianism : When Watching People Walk Was America's Favorite Spectator Sport*[3].

– Les six-jours cyclistes ont assez vite pris le pas sur les six-jours de marche parce que c'était beaucoup plus spectaculaire, m'a-t-il expliqué. Du jour au lendemain, la vitesse est passée de 6 à 30 kilomètres à l'heure et les accidents étaient plus impressionnants.

Malgré le désintérêt du public, certains pratiquants continuèrent à repousser les limites du possible. Le dernier grand exploit de l'ère victorienne fut accompli par George Littlewood, un Anglais de Sheffield, qui parcourut 1 002 kilomètres lors d'une épreuve organisée à New York. Son record allait tenir quatre-vingt-seize ans. Il ne sera battu qu'en 1984 par le Grec Yiannis Kouros, légende vivante de l'ultra, qui le portera sept ans plus tard à 1 036 kilomètres.

Bien qu'elles aient eu leur heure de gloire, les épreuves à plat et en boucle ne constituent plus qu'une part modeste de l'ultra. La branche la plus en vogue, celle qui fait tout le prestige de la discipline et produit les plus grandes stars, est désormais l'ultra trail en montagne. Des monstres sacrés tels que Kilian Jornet et Jim Walmsley s'y affrontent sur des distances allant jusqu'à 100 miles. À la différence de celle d'Oman, ces épreuves se courent d'une traite. Un coup de pistolet retentit et le premier arrivé l'emporte. Pas question de passer l'après-midi à bavarder avec Dino. C'est « Go ! Go ! Go ! » jusqu'à l'arrivée.

Et la plus grande de toutes, le Graal de l'ultra trail en montagne, c'est l'Ultra-Trail du Mont-Blanc (UTMB). Chaque année, à Chamonix, dans les Alpes françaises, la crème de l'ultra trail s'y retrouve pour

3. Les pedestrians : quand regarder les gens marcher était le spectacle sportif favori des Américains (non traduit).

le clou de la saison, la course des courses. La remporter, c'est entrer dans la légende de la discipline.

Le parcours de 171 kilomètres suit un célèbre sentier de randonnée qui fait le tour du plus haut sommet d'Europe occidentale en passant par l'Italie et la Suisse. Plus j'en entends parler, plus je vois de vidéos de l'énorme départ, avec ses deux mille coureurs et son hymne poignant, ses aubes incroyables, ses sommets jaillissant des nuages et plus je me dis que, si je participe un jour à un autre ultra, ce sera celui-là.

J'essaie donc de m'inscrire sur le site Internet. Et c'est là que les choses se compliquent.

L'UTMB a un tel succès qu'on ne peut pas s'inscrire comme ça. Il faut d'abord se qualifier en courant trois autres ultras appelés courses qualificatives, mais ce n'est pas tout, puisque ça ne donne droit qu'à participer au tirage au sort et qu'il y a en gros une chance sur trois d'obtenir un dossard.

La liste des courses qualificatives est établie par les organisateurs. Au départ, l'idée était, semble-t-il, de réserver l'épreuve à des coureurs sérieux et entraînés, mais cette louable intention n'est plus qu'un lointain souvenir, et tout ce qu'il en reste, c'est un système très arbitraire.

Ce que beaucoup trouvent gênant, c'est que, pour faire partie de cette liste, les organisateurs n'ont pas à passer de tests de sécurité, ni à démontrer que leurs courses sont aussi difficiles qu'ils le disent ou qu'ils sont suffisamment scrupuleux et honnêtes. Non, il suffit de payer.

« L'idée n'est plus d'exiger un minimum d'expérience, mais de générer du profit et de contrôler ou de régenter tout le trail européen », dit Lindley Chambers, président de la Trail Running Association (TRA) britannique, qui n'est clairement pas un fan.

Selon un directeur de course qui refuse de payer pour obtenir les points UTMB et n'a pas souhaité être identifié, voilà comment les choses se sont passées : « Quand l'UTMB a instauré son système à points, pratiquement tous les ultras du Royaume-Uni ont marché. Beaucoup de courses formidables qui se suffisaient à elles-mêmes sont soudain devenues des «épreuves qualificatives» et se sont vendues comme telles plutôt qu'avec leurs propres arguments. »

Puis, lorsque les points sont devenus une condition du succès de ces courses, poursuit-il, l'UTMB s'est mis à les faire payer : « C'était suffisamment bon marché pour que les organisateurs préfèrent le faire plutôt que de perdre des inscriptions, mais suffisamment élevé pour faire une jolie somme quand on additionne toutes les courses du monde. »

Quand ils payent pour leurs points, ils deviennent membres de l'International Trail Running Association (ITRA), qui se présente comme une instance indépendante, à but non lucratif vouée à la promotion de la discipline. C'est pourtant elle qui attribue les points.

Dans le monde sans pitié des forums consacrés à l'ultra, ce système de points est l'un des principaux motifs d'indignation pour les organisateurs. « Plutôt m'arracher les yeux à la petite cuiller que de payer l'UTMB pour que mes courses aient des points », a écrit récemment l'un d'eux.

Tout le monde n'est pourtant pas de cet avis. Beaucoup sont même ravis de payer pour attirer les coureurs en quête de points et considèrent que le surcroît d'inscriptions couvre très largement la dépense.

Nic Tinworth s'y est converti pour ses courses de Hong Kong à la demande des concurrents. « Les coureurs semblaient choisir les courses et les classer en fonction du nombre de points », explique-t-il.

L'un des problèmes, c'est que les épreuves peuvent être rayées de la liste d'une année sur l'autre, quand elles oublient de s'acquitter de leur adhésion ou refusent de le faire. Les coureurs qui les ont faites avec l'intention d'être qualifiés pour l'UTMB découvrent alors *a posteriori* qu'ils ne le sont pas.

C'est ce qui est arrivé à la Hardrock 100, l'un des ultras les plus réputés des États-Unis, quand les organisateurs ont décidé de ne plus payer pour être une course qualificative. C'était d'autant plus problématique que Kilian Jornet, triple vainqueur de l'UTMB et plus grande star de la discipline, comptait sur les points de la Hardrock. Le règlement de l'UTMB stipule clairement que tous les coureurs, y compris ceux de l'élite, doivent avoir le nombre de points requis. Quand ils ont découvert que la Hardrock n'avait pas payé, les membres de l'ITRA ont envoyé un mail aux organisateurs pour les prier poliment de le faire et de permettre ainsi à Kilian Jornet d'aller courir en France.

« Nous n'aimions pas ce système, que nous trouvions assez répugnant, dit David Coblentz, président du directoire de la Hardrock 100. Ils ne viennent pas voir à quoi ressemble votre course. Il suffit de leur envoyer un fichier GPX qu'ils font passer par un algorithme pour vous attribuer vos points. C'est juste une façon de gagner de l'argent. »

Il faut payer chaque année, même quand le tracé et le fichier GPX ne changent pas, souligne-t-il : « Ça me restait vraiment en travers de la gorge. »

Les organisateurs de la Hardrock 100 et ceux de huit autres courses américaines ont alors publié une lettre ouverte pour dire qu'ils ne paieraient plus et pour justifier leur décision.

L'ITRA a répondu via une autre lettre ouverte dans laquelle elle insiste sur son statut d'association à but non lucratif indépendante de l'UTMB et assure que son rôle se limite à promouvoir le développement de la discipline (par la recherche médicale, l'expertise en matière de sécurité ou l'instauration de normes internationales), ce qui n'a pas convaincu la Hardrock de faire marche arrière. « Nous n'avons plus jamais entendu parler d'eux », ajoute Coblentz.

En fin de compte, la controverse n'a pas empêché Kilian Jornet d'être au départ de l'UTMB, cette année-là. La plus grande épreuve de la discipline ne pouvait, semble-t-il, se passer de sa plus grande star. Dans sa lettre, l'ITRA dit avoir décidé « d'ajouter rétroactivement [la Hardrock], à titre exceptionnel, à sa liste de courses permettant aux coureurs de se qualifier », que sa cotisation ait été acquittée ou non.

Tout ce battage en dit long sur la situation de l'ultra et sa croissance exponentielle. Au-delà des splendides comptes Instagram et des incroyables exploits des coureurs, se déroule une véritable ruée vers l'or et tous les prospecteurs cherchent à mettre la main sur le filon. Tout comme l'ITRA et les grandes courses, équipementiers sportifs et multinationales de l'outdoor cherchent à se tailler leur part du gâteau en parrainant les événements-phares et les stars de la discipline que des campagnes publicitaires impeccables et virales montrent fonçant dans des décors de rêve au bord de fantastiques précipices. L'ultra est un marché encore largement inexploité et incontrôlé, dont la croissance ne montre aucun signe de faiblesse. Alors que les coureurs puisent de plus en plus profond dans leurs ressources, d'autres se précipitent dans les galeries grandes ouvertes de la mine d'or pour s'approprier ses richesses.

Je veux, malgré tout, courir l'UTMB. Quelques mois après l'interview d'Elisabet, alors que ma fascination pour l'ultra continue à croître, j'assiste au départ de la course sur Internet. C'est un vendredi après-midi et je suis dans les bureaux londoniens du *Guardian*. Sur mon écran, plusieurs centaines de femmes et d'hommes aux corps ciselés par la montagne et à l'air nerveux apparaissent rassemblés sur la place principale de Chamonix. Les notes d'un air émouvant retentissent dans toute la vallée et les voilà partis, d'abord à travers les rues de la ville, puis dans la montagne.

Ma journée de travail terminée, je me fraye un chemin jusqu'à Paddington Station à travers les rues encombrées de Londres pour attraper le train qui me ramène chez moi, dans le Devon. Samedi matin, au réveil, après une bonne nuit de sommeil, je pense à tous ceux qui courent encore dans la montagne. J'y pense à nouveau dans la soirée. Sur Internet, j'apprends qu'un orage a éclaté sur le parcours. Après 24 heures de course... C'est dur. Que peuvent-ils bien avoir dans le crâne ?

Dimanche matin, je pense à nouveau à eux en allant courir tranquillement une quinzaine de kilomètres autour du parc. Le fait qu'ils n'en aient pas encore fini me paraît dingue, mais je trouve que cela a quelque chose de merveilleux et une envie étrange commence à me démanger. Il faut que je fasse cette course. Elle me fait l'effet d'être l'épicentre, le cœur battant de l'ultra trail, la clé du mystère. Si je veux y participer, je vais devoir me plier à ses règles, c'est-à-dire courir quelques-unes des épreuves qualificatives.

* * *

Dans les semaines qui suivent, je passe des heures sur Internet à établir mon programme, à regarder les vidéos des courses : des gens nerveux blottis les uns contre les autres au départ, souvent dans l'obscurité, puis progressant lentement dans des paysages désolés ou vertigineux. La musique s'emballe quand la caméra suit les coureurs au fond des gorges, sur des plages tropicales désertes, dans une tempête de neige. Des plans serrés montrent des gens qui pleurent, qui s'étreignent, qui titubent, puis tout s'achève par des scènes à donner le frisson de coureurs épuisés franchissant la ligne d'arrivée. Cette fois, ce sont des larmes de joie, des enfants enlaçant les jambes crottées de leurs parents, puis le champ s'élargit, révélant un décor homérique, ensuite le logo de la course apparaît tandis que les cordes attaquent le final.

Au bout d'un moment, les distances qui s'affichent perdent leur sens : 100, 200 kilomètres, 3 000 mètres de dénivelé, barrière horaire à 36 heures... Ce ne sont que des chiffres. Les vidéos démontrent que c'est faisable. Inscrivez-vous et vous verrez bien.

C'est drôle de voir la tête que les gens font quand je dis que je me suis inscrit à une course de 100 kilomètres.

– Ce n'est pas une distance énorme... en voiture, dit ma collègue Kate, qui court souvent avec moi.

Elle a raison. Dans quoi me suis-je embarqué ? Pourtant, la vidéo... regarde-la encore une fois. Ces gens ont l'air normaux. On voit même souvent un courageux assez âgé aller au bout. Si lui y arrive...

Sans même m'en rendre compte, je programme des voyages pour toute l'année, en Californie, en Italie, en Afrique du Sud, mais tout doit commencer assez modestement à deux pas de chez moi, dans le Devon, par un « petit » ultra de 54 kilomètres sur une portion du fabuleux South West Coast Path, qui en fait un millier. C'est à peine plus qu'un marathon. Ce sera un bon début.

3

Je me suis donné six mois pour arriver en forme au South Devon Ultra, qui a lieu en février, mais à Noël, je n'ai toujours pas réussi à augmenter mon volume d'entraînement. Ma séance la plus longue n'a pas dépassé 2 heures. Je dois me lever plus tôt. D'après ce que je vois sur les réseaux sociaux, où je suis de plus en plus de coureurs d'ultra, c'est à ce moment-là qu'ils s'entraînent pour ne pas empiéter sur leurs autres obligations. Mais c'est plus facile à dire qu'à faire. Dans la réalité, quand le réveil sonne à 6 heures au beau milieu de l'hiver, alors qu'il fait bien chaud sous la couette et que la fatigue qui va et vient par vagues dans tout votre corps vous cloue encore au lit, vous vous dites facilement : « J'irai plus tard. Ce sera parfait. Je dois me reposer. Le sommeil est important, lui aussi. Dormir, c'est bien. »

Mais une fois la journée entamée, le temps me file entre les doigts. Je dois conduire mes trois enfants, Lila, Uma et Ossian, à l'école, on m'attend au bureau, je dois manger, me doucher... Je suis déjà épuisé. Je me dis que j'en ferai deux fois plus demain matin. Je me lèverai à 5 heures pour faire une sortie longue. Je pourrai courir 3 heures avant que tout le monde soit debout.

Mais je ne le fais pas. Et je continue comme ça.

Il m'arrive quand même de courir. Les bonnes semaines, je fais une soixantaine de kilomètres, mais ce n'est pas suffisant pour que je commence à me prendre pour un coureur d'ultra.

Voilà où j'en suis quand mon frère, qui vit à Édimbourg, me met au défi d'aller courir avec lui un trail de 40 kilomètres en Écosse.

Ça me parait être une bonne occasion de voir où j'en suis côté forme, de faire une longue séance en terrain difficile. C'est un bon tremplin pour mon premier ultra. Cela dit, ce n'est pas un défi du genre : « Faisons un truc ensemble pour voir ce que ça donne », mais plutôt une confrontation à mort.

* * *

J'ai deux frères et je suis l'aîné, mais il y a peu de différence d'âge entre nous. Je me suis toujours senti obligé de garder un temps d'avance, ce qui était assez compliqué pour moi. Je me souviens très bien du jour où mon frère Jiva, qui n'avait que 3 ans, a su nager avant moi, qui en avais 2 de plus. Cinq minutes et un torrent d'émotions plus tard, je savais moi aussi nager.

J'ai vécu le moment le plus humiliant de ma vie sportive le jour où mes deux frères sont passés avant moi au niveau supérieur du club de natation. Ce jour-là, j'ai arrêté la natation et me suis mis à courir.

J'étais plus doué pour la course à pied. Heureusement pour moi, c'est dans ce domaine que notre rivalité fraternelle a le plus tendance à s'exprimer. Nous avons fait ensemble un nombre incalculable de courses, toutes âprement disputées. Même nos séances d'entraînement finissent toujours par tourner à la confrontation. On se jure au départ qu'il n'y aura pas de compétition, mais à un moment ou à un autre, il y en a toujours un qui place une attaque. Je ne veux pas dire qu'il accélère parce qu'il se sent bien, mais qu'il attaque pour « gagner ». Jiva est spécialiste de ces « attaques », qu'il place parfois au tout début de la séance, pour nous cueillir à froid.

Mes frères sont tous les deux bons coureurs. Jiva, le plus jeune, a fait de la compétition au niveau départemental quand il était à l'école et Govinda a couru le marathon en 3 h 12, mais j'ai toujours été le meilleur des trois. Enfin presque. Les rares fois où ça n'a pas été le cas font maintenant partie du folklore familial. C'est notamment arrivé en 1997 à Northampton. J'ai d'abord été doublé par Jiva, puis Govinda nous a dépassés tous les deux. C'était juste une sortie du dimanche sans importance, mais aucun des deux ne m'avait encore jamais battu. Plus de vingt ans après, ça revient régulièrement sur le tapis lors des réunions familiales.

Quand Govinda me met au défi d'aller courir le Great Wilderness Challenge, dans les Highlands écossais, je sais donc pertinemment que ce ne sera pas une partie de plaisir. Comme il s'est mis récemment à courir en montagne , je sais aussi qu'il a envie de se mesurer à moi. Toutes mes victoires ont eu lieu sur du macadam bien lisse et rassurant. Cette course – un trail vallonné – n'est pas encore mon terrain de prédilection mais, si je veux devenir coureur d'ultra, il faut bien que je m'y mette et l'idée de courir contre mon frère est un excellent stimulant.

Du jour au lendemain, je me mets à m'entraîner dans les collines du parc national de Dartmoor, à deux pas de chez moi. Mes premières tentatives ne sont pas très concluantes. Après une quinzaine de kilomètres, je suis déjà à la peine, presque incapable de faire autre chose que marcher. D'après ma montre, j'ai tenu une allure que je considère à peine comme de la course, alors que j'ai l'impression d'avoir fait de gros efforts sur la lande. Ce n'est pas dû qu'au dénivelé, mais au terrain chaotique et détrempé qui casse le rythme. Il m'arrive même de m'énerver. Parfois, un caillou me fait trébucher ou mes jambes s'entrechoquent, je manque de m'étaler et me mets à pester : « Mais quelle idée idiote ! » Quand un bout de route se présente, j'ai l'impression d'être chez moi, de retrouver ce que je connais. De revenir à la course à pied.

Ce n'est certes pas facile pour moi mais c'est encore plus dur pour Jiva. Il vit à Londres et, entre son job et sa maison remuante, il n'a pas une seconde à lui. Et plus nous en apprenons sur la course, moins elle nous paraît être à prendre à la légère. Jiva a couru un jour le marathon d'Édimbourg pratiquement sans entraînement, mais se mettre dans le dur sur le front de mer, ce n'est la même chose que dans les Highlands. La veste imperméable est obligatoire, tout comme la carte et la boussole en cas de pépin. Bref, ce n'est pas une coursette.

Au bout d'un moment, il finit par comprendre qu'il n'est pas assez entraîné et renonce à y participer. Ce sera donc une confrontation directe, un *mano a mano*, entre Govinda le montagnard et moi.

* * *

La veille de la course, nous partons d'Édimbourg dans la soirée en direction des Highlands pour arriver en vue de Poolewe, au nord-ouest d'Inverness, sous une pluie battante. La montagne massive et silencieuse se dresse dans l'obscurité de chaque côté de la vallée. Plus nous approchons, plus le vent souffle fort. À travers les fenêtres, nous scrutons nerveusement le paysage sans dire un mot.

Le lendemain matin, il pleut toujours et, quand nous nous présentons au départ, on nous annonce de mauvaises nouvelles. Il fait tellement mauvais que les organisateurs doivent modifier le tracé pour éviter les portions les plus dangereuses. L'un d'eux, qui était allé vérifier l'état du parcours à la veille de la course, a été emporté par un torrent et se trouve maintenant à l'hôpital. Nous apprendrons sa mort quelques semaines plus tard. Il ne faut pas plaisanter avec la montagne et, en ce qui me concerne, je ne suis pas fâché d'apprendre que ce ne sera pas 40 kilomètres dans ce que les Highlands ont de plus rude et de plus sauvage, mais 30 sous la forme d'un aller-retour sur la portion la plus barbante du tracé, d'après ce qu'en disent les habitués.

Personne n'est satisfait de ce changement et je m'efforce d'avoir l'air moi aussi déçu, mais au fond, je suis enchanté. Trente kilomètres à plat, c'est beaucoup mieux pour moi. Non seulement il y a moins de risques de devoir marcher, mais le point fort de Govinda, c'est la montagne. Sa mine est déconfite. Il sait parfaitement ce que je pense.

Le Great Wilderness Challenge n'est qu'une petite course locale et nous sommes à peu près soixante-dix au départ. Je me sens remonté et, en observant ceux qui m'entourent derrière la ligne, je commence même à croire à mes chances de victoire. Le niveau n'a pas l'air très élevé.

Govinda tente de se calmer en respirant profondément. Je me dis qu'il est trop stressé, ce qui me rend encore plus confiant. J'ai l'impression que c'est dans la poche.

D'après ce qu'on nous a dit, la course commence par un sentier étroit où il est difficile de doubler. Nous partons donc tous les deux très vite. Le premier kilomètre me paraît trop fougueux, trop rapide, mais Govinda est devant moi, je décide donc de rester au contact. Je ne peux pas le laisser partir. Le chemin est détrempé, plein de cailloux, il tourne, monte, descend... Impossible de trouver le rythme.

Après 3 kilomètres, Govinda se trompe et s'engage sur un mauvais chemin. Je le double d'un bond. Très vite, il est sur mes talons. Pas besoin de me retourner, je l'entends patauger. Sa présence juste derrière moi me pousse à accélérer. Je me sens bien, alors je force l'allure dans les montées à travers bois. Le son de ses pas commence à s'éloigner et, chaque fois que j'ose jeter un coup d'œil en arrière – je ne veux pas lui faire ce plaisir trop souvent –, il est un peu plus loin.

Aux alentours du 8e kilomètre, je vole littéralement, filant dans un décor menaçant. Le terme *barbant* s'avère tout à fait relatif. Le paysage est sauvage et magnifique. L'admirer n'est toutefois pas facile. Je dois impérativement garder les yeux rivés au sol, sur ce sentier gorgé d'eau et cahoteux. Le moindre faux pas pourrait être désastreux.

Je commence à me détendre. C'est presque dommage que Govinda ne se soit pas battu davantage. J'en suis évidemment ravi mais c'est presque trop facile. Nous en sommes déjà à la mi-course. C'est du gâteau.

Au pied d'une descente raide juste avant le demi-tour, quelques coureurs me rattrapent. Le regard braqué au sol, je ne peux pas voir de qui il s'agit, mais je sens qu'ils meurent d'envie de doubler. Plutôt que de les ralentir, je m'écarte dans l'herbe, sur le bord du chemin pour les laisser passer. Un, deux trois... Les voilà devant moi.

– Allez, Dhar ! lâche le dernier.

– Hein ?

C'est Govinda.

Ils font demi-tour et reviennent vers moi. Govinda passe sans un regard. Quand je commence à grimper à mon tour après avoir fait volte-face, mes jambes me paraissent soudain lourdes. Je ne parviens même pas à trouver la force de m'accrocher à lui. Je ne peux que le regarder creuser l'écart avec aisance, comme quelqu'un qui place son attaque au bon moment. Je n'en peux plus. Je suis vidé.

Je tâche de résister vaillamment. Je me dis vaguement qu'il pourrait exploser, que je pourrais revenir, mais je sais qu'il y a peu de chances. Dans un accès de bonté, je me dis aussi que ce ne serait pas juste. Je me résigne à faire ma propre course, mais il me reste 15 longs kilomètres.

Quand je franchis la ligne d'arrivée, Govinda, déjà changé, est là pour m'acclamer. Il m'explique ensuite que, convaincu que j'allais revenir, il a poursuivi son effort. En fin de compte, il m'a pris 15 minutes. C'est une raclée.

Plus tard, sur le chemin du retour, il téléphone à sa femme. Je les entends :

– Alors, comment ça s'est passé ?

– J'ai gagné, répond-il.

– Tu as gagné la course ?

Non. Il n'a pas gagné au classement général. Il a gagné la course qui comptait. Il a battu son grand frère.

Bien joué, Govinda, mais ce n'est pas un très bon début pour moi. Je me dis qu'il faut aller courir plus souvent dans les collines, pour apprendre à monter et à descendre sur des sentiers glissants et boueux. Pour m'entraîner avec un sac sur le dos. Cette course ne faisait que 30 kilomètres, mais elle n'avait rien à voir avec un marathon sur route.

Heureusement, comme je vis dans le sud du Devon, j'ai la lande et 160 kilomètres de sentiers côtiers pour m'entraîner. Il faut juste que je prenne le temps d'y aller. Je dois me lever plus tôt.

Quelques semaines plus tard, quand vient le moment de courir mon ultra, je me sens plus en forme, mieux affûté, mais je n'ai toujours pas fait plus d'un marathon d'une traite. Même à Oman, l'étape la plus longue ne faisait pas plus de 42 kilomètres. C'est donc à proprement parler mon tout premier ultra. Mon corps tiendra-t-il ? Il n'y a qu'une façon de le savoir.

* * *

La veille de la course, quelqu'un vient frapper à ma porte. Je l'ouvre et, derrière, apparaît un homme à l'allure saisissante : 1,80 mètre, épaisse barbe rousse, longs cheveux ramenés en tresse sur le front et sourire éclatant.

C'est Tom Payn, un bon ami à moi[4]. Il est venu de l'Essex pour courir avec moi. Il a, lui aussi, l'intention de participer à l'UTMB et s'est lancé dans la chasse aux points. Nous allons pouvoir faire équipe.

J'ai rencontré Tom au Kenya. Il était alors le quatrième meilleur marathonien britannique. C'était en 2011 et il venait de quitter un travail de bureau dans une entreprise de filtration d'eau de Portsmouth pour tenter d'accomplir son rêve de qualification aux Jeux olympiques de Londres. Il a ensuite vécu six mois dans un camp d'entraînement kényan de la petite bourgade d'Iten où il devait se contenter de douches froides, d'un trou creusé dans le sol en guise de toilettes, d'une minuscule chambre qu'il devait partager et de riz aux haricots à chaque repas. Son allure n'était pas aussi saisissante qu'aujourd'hui mais il avait une bonne bouille et il était d'une nature généreuse et enjouée, qui le poussait toujours à prendre les choses du bon côté. C'était une bonne chose, parce qu'au retour de ce séjour de six mois dans la vallée du Rift, il avait perdu dix minutes au marathon et n'a pas pu se qualifier pour les Jeux.

– En fait, j'ai couru mon marathon le plus lent juste après le Kenya, dit-il.

Évidemment déçu, il s'est senti un peu perdu sur le plan sportif.

– Je ne voyais plus vraiment quoi faire.

4. Lire *Courir avec les Kényans* et *The Way of the Runner : A Journey Into the Fabled World of Japanese Running* (NdA).

Mais une page de sa vie était tournée et il était hors de question de reprendre le train-train de son job de bureau. Avec ses contacts au Kenya, il a été engagé comme agent d'athlètes, ce qui consistait à faire venir des coureurs kényans de l'élite, à s'occuper d'eux, à s'entraîner avec eux et à les coacher lors de grandes courses. Il vivait même dans un appartement de Londres où les athlètes étaient hébergés quand ils venaient courir en Europe. Mais ça ne marchait toujours pas très fort pour lui sur route et, quand il vient me rejoindre dans le Devon, son record au marathon, établi quand il travaillait dans un bureau de Portsmouth, est toujours de 2 h 17.

Il est toutefois éclatant de vitalité. Beaucoup de choses ont changé depuis son retour du Kenya. Il s'est notamment mis à l'ultra et a rencontré Rachel, sa compagne. Ces deux événements ont eu d'énormes conséquences pour lui.

– En fin de compte, dans la vie que je menais, la course à pied et l'entraînement étaient devenus des obligations, pas des envies, ce qui a conduit à une retraite anticipée, m'explique-t-il, alors que je prépare un plat de pâtes à ma façon, dans la petite cuisine de notre *cottage*. Quand je me suis remis à courir et à faire de l'ultra, je me suis promis de le faire uniquement pour le plaisir et le plaisir est revenu.

Le passage à l'ultra s'est fait presque par accident.

– Peu de temps après ma « retraite », dit-il, l'idée m'est venue d'aller en courant de chez moi, à Londres, jusqu'à la maison de mes parents, à Tiptree, dans l'Essex. Je ne me rendais pas vraiment compte de la distance mais je savais que c'était plus qu'un marathon. Pour la première fois depuis mon inscription au club d'athlétisme local, à l'âge de 9 ans, je n'avais pas de plan d'entraînement à suivre, ce qui me permettait d'aller aussi loin et aussi vite – ou lentement – que j'en avais envie.

Un matin, il s'est levé, il a enfilé ses chaussures, a pris un sac à dos avec quelques barres énergétiques et une gourde, et s'est mis en route.

– Je me sentais libre. Il n'y avait pas de pression. J'allais doucement quand ça me chantait et j'accélérais un peu quand je me sentais bien. J'ai assez vite dépassé la distance du marathon, puis les 50 kilomètres.

En arrivant à Chemlsford, j'étais bien, mais j'avais un peu mal aux pieds, et quand j'ai aperçu le train, je n'ai pas pu résister. J'y suis monté pour faire les 25 derniers kilomètres.

L'ayant aussitôt regretté, il a remis ça la semaine suivante et a fait les 90 kilomètres jusqu'à Tiptree en 7 heures et quelques.

– C'était une grande satisfaction d'avoir fait une telle distance à pied et je me suis assez vite inscrit à mon premier ultra, le Ring O 'Fire, une course de 217 kilomètres sur l'île d'Anglesey.

Il l'a gagnée avec plus de 3 heures d'avance.

Le marathon restait toutefois sa priorité, et un an plus tard, il s'alignait sur une épreuve à la mode parrainée par Adidas dans le sud de Londres.

Avant la course, Tom aperçut une femme qu'il avait vue sur la piste où il s'entraînait.

– On a échangé quelques mots et je me suis dit : « Tu ferais bien de gazer ce soir. »

Décidé à l'impressionner, Tom fit le nécessaire pour gagner.

– Je suis retourné la voir pour le lui dire mais elle n'a pas semblé très impressionnée.

Les choses se sont mieux passées à leur deuxième rencontre, lors d'une course par élimination baptisée Wings for Life. Les coureurs s'élancent et une voiture, qui part une demi-heure plus tard, les suit d'abord à 15 kilomètres-heure puis accélère petit à petit. Quand elle les rattrape, ils sont mis hors course et ramenés au départ où ils peuvent voir les autres sur un écran géant. Tom a évidemment gagné.

– Comme j'étais le dernier à courir, tout le monde me regardait, explique-t-il.

C'était le héros du jour. Rachel commençait à l'admirer.

– Elle a mis quelque chose sur Facebook avec une légende du genre : « Hourra pour Tom Payn ! » et m'a tagué. Après la course, elle est venue vers moi et m'a pris dans ses bras. Je lui ai alors demandé de sortir avec moi.

Rachel et Tom ont depuis décidé d'un commun accord de démissionner, d'acheter une Coccinelle jaune, de s'installer en France et de faire de l'ultra à temps plein. Ah ! Ils sont tous les deux devenus vegans. Et se sont fiancés. C'était il y a quelques années. J'ai suivi tout ça sur les réseaux sociaux. Je voyais la chevelure de Tom s'allonger, son sourire s'élargir, tout comme le paysage coloré où se déroulait sa vie. Tom et Rachel ont même acheté un appartement à Chamonix, capitale européenne de l'ultra et théâtre de l'UTMB, où ils vivent l'été, quand les conditions sont propices à la course à pied et qu'ils louent pendant la saison de ski. Ils vont alors courir au Kenya ou au Maroc.

– Pourquoi le Maroc ? je lui demande.

– Nous sommes assez impulsifs, dit-il. On a tendance à suivre notre instinct. On cherchait un endroit chaud pour aller passer février et mars et on s'est demandé où on serait le mieux. Quand on est arrivés là-bas, il gelait.

Malgré ce froid inattendu, leur instinct ne les a pas trop trahis. Quelques mois avant de venir me rejoindre, Tom a été sélectionné pour les championnats du monde de trail. Il rêvait de porter le survêtement aux couleurs de la Grande-Bretagne depuis l'enfance et c'est au moment où il n'y croyait plus que c'est enfin arrivé. Sa mère et Rachel sont allées le voir courir au Portugal.

– C'était le plus beau jour de ma vie, dit-il, la voix mal assurée. J'en ai pleuré à l'arrivée.

* * *

Le lendemain matin, nous quittons la maison à 6 heures en voiture pour aller au départ de la course en passant par de petites routes. C'est moi qui suis censé faire le guide mais, plus préoccupé par le choix de la musique d'avant-course, je passe mon temps à me tromper.

Le parking officiel se trouve dans une vaste zone résidentielle, en bordure d'un village situé à quelques kilomètres de la côte. C'est comme si un débarquement se déroulait en silence au petit matin. Les rues d'habitude tranquilles grouillent de voitures, les portes s'ouvrent les unes après les autres, des hommes et des femmes en collants et tenues de course à pied en descendent. Les habitants qui ne sont pas au courant passent une tête derrière leurs rideaux en se demandant ce qui peut bien se tramer. Au bout de la rue, des gens attendent les cars qui doivent les amener au départ.

Quelques-uns tentent d'entamer la conversation.

– Vous avez vu ce qui est tombé hier ?

Mais personne n'a vraiment le cœur à bavarder. Un gros effort nous attend. Tom mâchouille une pâte de fruit. Six jours plus tôt, il a fait le lièvre pour les meilleures féminines sur les 30 premiers kilomètres du marathon de Marrakech, qu'il a fini en mode « jogging » en 2 h 35. Il se dit fatigué et assure qu'il n'a pas d'ambitions pour cette course.

– Parfois, je démarre très fort sur les premiers kilomètres avant de lever le pied, dit-il.

– C'est pour impressionner la concurrence ?

– Possible, dit-il en s'esclaffant.

Tout autour de nous, les gens le jaugent. Au premier coup d'œil, on voit que Tom est rapide. Il est évidemment maigre et sec mais ce n'est pas tout. Il a l'air de venir d'une autre planète. Il ne porte aucune trace de la grisaille accumulée au fil de longues journées de travail, qui nous donne à nous un teint blafard et creuse nos cernes. Il a l'air d'un superhéros de dessin animé, avec sa chevelure flamboyante et son teint éclatant.

Dans la tente des inscriptions, un bénévole lui demande son nom de famille.

– Payn, répond-il.

Même son patronyme est celui d'un superhéros, malgré son côté un peu sinistre.

– C'est un nom bien choisi pour un coureur d'ultra, remarque le bénévole.[5]

Avec tout le temps qu'on a perdu sur la route, il est trop tard pour nous échauffer, d'ailleurs on nous appelle déjà au départ. Dans le sillage

5. En anglais, *Payn* sonne comme *pain*, douleur (NdT).

de Tom, je me faufile jusqu'à la ligne et me cale juste à côté de lui, sous l'arche de départ. Je profite quelques instants de son aura, bien conscient des regards anxieux qui sont braqués sur lui.

– À nous de jouer, je lui dis, en posant une main affectueuse sur son épaule.

Le compte à rebours a déjà commencé. Trois ! Deux ! Un ! C'est parti, direction Chamonix et son UTMB.

* * *

Tom file à travers les prés comme s'il avait oublié de fermer le gaz. Tout le monde renonce à le suivre et l'observe creuser l'écart avant de disparaître pour de bon derrière la haie qui borde le champ.

Soucieux de ne pas m'enflammer dès le début, je prends mon temps, trottinant tranquillement dans la première montée.

Nous débouchons en haut d'une falaise d'où la mer apparaît, immense et bouillonnante. Les vagues déferlent et viennent se briser sur les rochers, quelque part en contrebas. C'est une journée assez calme mais le sol est détrempé et glissant. La côte a été battue toute la semaine par les vents et la pluie, et les sentiers sont gorgés d'eau. Il y a quelques jours, la météo annonçait des trombes et des vents dangereusement violents. Heureusement, la tempête s'est dissipée, mais son passage a laissé des traces sous nos pieds.

Mes chaussures de trail sont malheureusement faites pour les sols secs et durs, pas pour la boue. Je les ai choisies parce qu'à l'entraînement, je fais pas mal de route, et sur les surfaces dures, les vraies chaussures de trail sont aussi inconfortables que des crampons de football. Je pensais que ce serait un bon compromis mais je glisse et je dérape à tous bouts de champs. Je décide d'ores et déjà que ma priorité, c'est de finir la course sans m'ouvrir un genou sur un caillou.

Sur les 15 premiers kilomètres, courir à une allure relativement lente me permet, quand je peux lever le nez sans risques de m'étaler, d'apprécier la vue sur les falaises abruptes, les plages au fond des criques, la mer agitée qui nous enveloppe de ses effluves et projette ses embruns jusque sur le sentier.

Aux alentours du 15e kilomètre, la fatigue commence sérieusement à se faire sentir. J'attrape une boulette protéinée dans mon sac et en avale quelques bouchées. L'une des choses les plus évidentes que j'ai apprises dans le cadre de l'enquête sur l'ultra que je viens d'entamer, c'est qu'il s'agit d'un « concours du plus gros mangeur où il faut parfois courir un peu ». Au cours d'un ultramarathon, on finit toujours par être à court d'énergie. Il faut alors refaire le plein. Sur les formats les plus courts, des gels énergétiques peuvent suffire, cependant sur la durée, il y a un risque d'écœurement. Mieux vaut manger de véritables aliments, mais ce n'est évidemment pas aussi simple que ça en a l'air. Manger en courant demande non seulement pas mal de dextérité mais risque aussi de poser des problèmes digestifs. Il faut donc s'entraîner et trouver quel type de nourriture vous convient le mieux. Au bout de 10, 20 ou 30 heures de course, le simple fait de mastiquer ou de saliver suffisamment pour pouvoir avaler peut devenir difficile.

Pour le moment, manger n'est pas un problème. Ce que je redoute le plus, c'est que l'un de mes récents bobos se réveille. Je ressens presque toujours un petit quelque chose lors de mes sorties et j'ai peur de me retrouver assis au bord du chemin, comme à Oman, jusqu'à ce que quelqu'un vienne me dire : « Allez, tu vas y arriver ! »

Mais jusqu'ici, les jambes vont bien et je commence même à doubler du monde. J'aurais peut-être dû aller plus vite. Je réalise que je dois être aux alentours de la 8e place et me fixe, pour je ne sais quelle raison, l'objectif de finir dans le top 10. L'idée me vient d'elle-même à l'esprit mais elle est aussitôt gravée dans le marbre. Objectif : le top 10.

Je passe alors en mode compétition. Quand deux coureurs me doublent alors que je me soulage dans un fourré, je repars aussitôt pour retrouver ma place. Au ravitaillement, tandis que d'autres remplissent leurs gourdes où attrapent quelques biscuits, je passe sans m'arrêter, creusant l'écart.

Après une vingtaine de kilomètres, le parcours nous ramène dans les terres, via des champs boueux, puis de vieux chemins carrossables et des routes pavées toujours ouvertes à la circulation. D'autres concurrents courent parfois avec moi et nous échangeons quelques mots. Être capable de bavarder au beau milieu d'une course me fait bizarre. Les côtes, la boue et la durée de la course finissent par faire mal aux jambes mais on est rarement à bout de souffle, comme cela arrive dans les courses plus courtes.

On bavarde donc jusqu'à ce que l'un ou l'autre prenne le large dans une descente ou s'arrête pour boire un coup. Je suis alors à nouveau seul dans les prés, parmi les arbres, ou les vaches. À un moment, je me retrouve au milieu d'une chasse à courre. Du haut de leurs montures, les cavaliers dans leurs vestes rouges m'observent avec dédain tandis que je me fraye un chemin parmi les chiens excités, en espérant qu'ils ne me prendront pas pour un animal blessé.

J'arrive au 40ᵉ kilomètre après 4 heures et quelques de course et, sans vraiment savoir pourquoi, je décide alors de changer d'objectif : l'essentiel n'est plus de finir dans le top 10 mais en moins de 6 heures. Je commence maintenant à souffrir, mes foulées sont de plus en plus courtes, comme si mes jambes étaient entravées par un élastique, et je me fiche bien de me faire doubler, comme ça arrivera forcément, mais il faut que j'aie quelque chose en ligne de mire.

Quelques semaines plus tôt, j'ai remarqué que le record féminin de la course était de 6 h 06 et quelqu'un qui avait vu l'un de mes tweets au sujet de l'épreuve m'a suggéré d'essayer de le battre. Je ne connais même pas cette personne, mais son tweet me revient de lui-même à l'esprit. Je renonce donc à l'objectif du top 10 et le remplace par celui de finir en moins de 6 heures. C'est un joli chiffre rond. Tout ce que j'ai à faire, c'est de courir les 16 derniers kilomètres en moins de 2 heures. Je suis sûr d'en être capable. Tant pis si on me double.

Pourquoi ai-je tant besoin d'un objectif ? Pourquoi ne pas continuer simplement à courir ? Pourquoi ne pas me contenter de finir ? Je n'en sais rien, mais s'il ne s'agit que de finir, je peux très bien le faire en marchant. Au fond de moi, je sais pourtant que je serais déçu. Je dois donner le maximum. C'est pour ça que je suis là. Il faut que je me batte, que je rivalise avec les autres, sans quoi ce ne serait qu'une longue promenade, une journée au grand air, et ce ne serait pas satisfaisant. Il s'agit d'une course et je dois concourir.

Les kilomètres qui suivent sont complètement plats, le long d'une plage dégagée. Le village qui se trouve à l'extrémité ne semble pas se rapprocher, malgré mes efforts. J'ai mal aux jambes, ma foulée se raccourcit, je me traîne. Je dois avoir l'air horrible. Le défi devient aussi mental que physique. Je dois chasser les pensées négatives, comme une ménagère chasse les souris à coups de balai.

« Peut-être que je ne suis pas taillé pour ce genre de trucs... Pourquoi chercher à passer pour un dur si je ne le suis pas ? Qu'est-ce que ce serait bon d'arrêter ! »

« Allez ! vas-y ! Bouge-toi ! Avance ! »

Le fait que mon corps tienne le coup me galvanise. Rien n'a lâché. Après 4 h 30 d'efforts, je cours toujours, ce qui me réconforte également.

Après la longue plage, il faut remonter sur la falaise, puis redescendre. Je commence vraiment à en baver dans les montées, qui me contraignent presque toutes à de petits pas de tango à la limite entre marche et course.

Le tracé nous fait cruellement passer par l'arrivée au 43e kilomètre, avant de nous en infliger 11 de plus dans une dernière boucle. L'émotion m'envahit alors que je traverse le petit village côtier de Beesands en longeant l'aire d'arrivée. Je veux voir Marietta, qui a promis de venir assister à la fin de la course. J'ai soudain besoin d'une étreinte, de m'entendre dire que je peux le faire, mais je ne la vois pas. Les larmes me viennent presque quand j'aperçois notre voiture sur le parking, alors que Marietta reste invisible. Pour ne rien arranger, personne ne m'encourage. Des gens se dirigent vers l'arrivée, d'autres sont occupés à se garer, à acheter du *fish and chip* ou à attacher leur chien. On dirait que je suis invisible. J'en pleurerais presque. C'est trop tôt pour ça, je me dis en me ressaisissant.

Au début de la dernière boucle, je me fais doubler une première fois, puis une deuxième. Je n'ai aucune envie que des tas de gens me dépassent, surtout après tout ça, alors je cours en serrant les dents. Quelques kilomètres d'ascension à une allure désespérante sur le bord des falaises mettent mon objectif de 6 heures en péril mais je tiens le coup. Bon sang, mais cette course va-t-elle finir un jour ? J'ignore pourquoi, mais plus personne ne me double. Où sont-ils passés ? Je commence à craindre de voir apparaître une silhouette derrière moi. Je suis comme un condamné en cavale espérant ne pas être repris, mais quand je me retourne, je ne vois heureusement personne à l'horizon.

J'ai les pieds en compote, plus une goutte d'eau à boire, mes jambes sont comme deux tiges de fer fixées à mes hanches dont le mécanisme s'est enrayé. J'essaie de les actionner en balançant les bras, mais elles bougent à peine. Puis, arrivé au sommet d'une énième montée boueuse, j'aperçois un merveilleux panneau. Il porte l'inscription « Dernier kilomètre ». Je me retourne. Toujours personne en vue. Je me vois déjà étendu dans l'herbe après m'être écroulé une fois la ligne d'arrivée franchie.

Je force l'allure. Il ne reste que de la descente. Quand je déboule dans le pré où tout a commencé quelques heures plus tôt, je me retrouve au beau milieu des coureurs qui finissent le marathon et le semi-marathon organisés au même moment. Comme je tiens à finir en courant vraiment, je me mets à sprinter dans la descente en me frayant un chemin dans la foule. Laissez passer le coureur d'ultra ! Ça y est. Je passe la ligne en trombe et je m'écroule dans l'herbe tendre. Marietta est là.

– Bien joué ! Bien joué !

Elle me sourit en prenant des photos. C'est terminé.

– Tom est sur le point de recevoir son prix, dit-elle.

J'aperçois l'homme à la chevelure de feu vêtu d'une veste d'un jaune éclatant.

– Et notre vainqueur, qui a creusé un énorme écart de 23 minutes avec le 2e, est Tom Payn ! annonce le speaker.

Timide salve d'applaudissements. Je me redresse. On l'a fait. On l'a sacrément bien fait.

Me voilà donc officiellement coureur d'ultra. J'ai finalement atteint les deux objectifs que je m'étais arbitrairement fixés : j'ai fini 10ᵉ en 5 h 51. C'est un très bon début. J'ai mal partout mais je suis en un seul morceau. Nous descendons en boitillant jusqu'au front de mer pour acheter des frites avant de regagner péniblement la voiture pour prendre le chemin du retour. Tandis que nous sortons du parking, un coureur de l'ultra est en train de le traverser. Je me souviens être passé là sans recevoir le moindre encouragement alors qu'il restait 11 kilomètres à faire. Je hurle par la fenêtre ouverte :

– Allez ! Tu y es presque !

Le type me fixe. À mes traits tirés, à la médaille qui pend à mon cou, à la barquette de frites, il devine sans doute que je rentre chez moi après avoir fini la course.

– Enfoiré ! dit-il avec le sourire.

4

Quelques semaines après mon ultra sur la côte, je retrouve Elisabet Barnes, cette fois lors d'une séance d'entraînement. Il faut que je sache ce qu'est une sortie longue pour un coureur d'ultra. L'idée est d'aller reconnaître une portion du Country to Capital, un ultra de 72 kilomètres entre Chiltern Hills, dans le Buckinghamshire, et Little Venice, dans le centre de Londres.

Dès notre arrivée à l'aéroport d'Oman, Elisabet s'était distinguée de la bande de coureurs excités. Elle était clairement là pour gagner. Au lieu de scruter avidement les lieux avec des yeux de touristes et de blaguer nerveusement comme nous tous sur notre manque d'entraînement, elle agissait méthodiquement, interrogeait les organisateurs, écoutait attentivement leurs réponses.

Pendant la course, alors que nous finissions chaque étape en hochant la tête de dépit, avant d'aller nous effondrer, les coureurs de l'élite tels qu'Elisabet restaient impassibles en franchissant la ligne et s'attelaient sans délai à la préparation de leurs boissons, de leur repas, toujours focalisés sur la récupération, prêts à repartir le lendemain.

Elisabet s'était retrouvée par accident dans une tente occupée essentiellement par de jeunes Omanais. Elle avait jeté ses affaires dans un coin sans chercher à savoir avec qui elle allait la partager, alors que nous autres avions tout fait pour rester entre amis ou avec ceux dont nous venions de faire la connaissance. Nos colocataires étaient ensuite restés les mêmes tout au long des six jours de course. Ayant sympathisé avec le seul autre Anglais, je m'étais, moi, précipité dans la même tente que lui. Ça s'est avéré être un bon choix. Nous passions nos après-midi à plaisanter et à nous raconter des histoires. Dans sa tente, Elisabet était la plupart du temps seule, à cuisiner, à dormir ou à observer le désert, sans chercher à se mêler aux discussions des hommes.

Comme elle n'est pas complètement asociale, elle était ravie d'échanger quelques mots quand l'occasion se présentait, mais elle s'aventurait rarement dans le camp pour y chercher de la compagnie. Elle semblait apprécier son coin et, surtout, elle économisait son énergie.

J'avais découvert que nous avions couru cette année-là le marathon de Londres exactement dans le même temps – 2 h 50 – et je m'étais dit que nous pourrions faire course commune. Je pensais même que ce serait un bon moyen pour moi de ne pas partir trop vite. Plusieurs études ont montré que les femmes sont plus douées que les hommes pour gérer leur allure. Sans avancer de réelle explication, la plupart laissent entendre que les hommes surestiment leurs capacités, alors que les femmes ont plutôt tendance à les sous-estimer. L'une de ces études, qui porte sur les *finishers* du marathon de Houston, a permis de confirmer l'hypothèse en comparant les temps effectivement réalisés avec les prédictions des coureurs. Elle conclut que la mauvaise gestion des hommes « s'explique en partie par (leur) excès de confiance ».

J'en suis moi-même souvent victime. Au début d'une course, j'ai tendance à me prendre pour Superman, à penser que rien ne peut m'arrêter. Ma récente déconvenue du Great Wilderness Challenge, que j'imaginais même pouvoir gagner au classement général, n'en est que la dernière illustration en date.

Chaque jour, à Oman, je partais donc avec Elisabet pour éviter de m'emballer, mais après quelques minutes, j'étais déjà distancé. Le sable privait mes jambes de leurs forces, m'empêchant pratiquement de courir, alors qu'Elisabet creusait irrésistiblement l'écart, survolant le sol meuble de sa petite foulée rasante comme un engin de chantier miniature. Chaque jour, elle finissait loin devant moi, parfois avec plusieurs heures d'avance. Nos performances, similaires au marathon, n'avaient plus rien de commun dans le désert.

Ce sont des mois plus tard que nous nous retrouvons à la gare londonienne de Marylebone pour notre séance d'entraînement. Avec son t-shirt et son bandeau orange, elle n'est pas difficile à repérer parmi les complets noirs et gris. Nous quittons Londres en train pour nous rendre au départ du Country to Capital, qui doit avoir lieu la semaine suivante. Elisabet y a participé il y a plusieurs années et a battu le record, mais cette fois, ce ne sera pour elle qu'une séance intense en vue d'autres objectifs. Bien qu'elle soit spécialiste du désert et prétende détester les côtes comme la boue, elle vise elle aussi la course du Mont-Blanc, l'UTMB. Difficile de l'ignorer quand on commence à être un bon coureur d'ultra. C'est un peu l'apothéose de la saison, la course des champions. Pour s'y préparer, elle doit participer cette année à l'Everest Trail Race, une petite course de 100 miles par étapes au Népal.

Comme je m'étonne qu'elle ait prévu des courses en montagne, elle me raconte que l'un de ses premiers ultras a été la Petite Trotte à Léon (PTL), la plus longue des courses proposées dans le cadre de l'UTMB, qui consiste en un tour du Mont-Blanc de 300 kilomètres plus technique que l'original. C'est aussi une course d'équipe, qu'elle a faite avec son mari, davantage pour vivre une expérience que pour la performance.

– Nous n'aurions même pas dû essayer, dit-elle.

Ils ne l'ont pas terminée.

– Avec le recul, je me dis que nous aurions pu finir, mais nous avons pris des décisions irrationnelles après avoir dormi 2 heures en quatre jours, ce qui nous a valu des hallucinations.

À l'entendre raconter la course, j'ai l'impression qu'ils ont eu de la chance de s'en être sortis vivants. Une nuit, un groupe qui se trouvait en amont dans un éboulis a fait dévaler une pierre.

– On ne pouvait rien faire parce que quand on bouge brusquement sur ce genre de terrain, on glisse, on tombe et on risque de se tuer. Nous étions à quelques dizaines de centimètres l'un de l'autre et la pierre est passée entre nous deux.

Elle n'a pas couru en montagne depuis longtemps mais l'UTMB l'enthousiasme.

– C'est toujours intéressant de repousser ses limites, dit-elle. Si on réussit à tous les coups, on ne sait pas où elles sont.

Depuis notre dernière rencontre, elle a couru à nouveau le Marathon des Sables, mais elle a dû se contenter cette fois de la 4e place. Elle dit avoir eu des soupçons au sujet d'une concurrente, dont le sac semblait trop léger, qui devait faire porter des choses à une « mule », comme de la nourriture supplémentaire. Elle trouve cela agaçant et immoral, mais tant qu'un coureur porte tout le matériel obligatoire, il n'enfreint pas le règlement.

J'avais les mêmes soupçons à Oman. Cela n'avait évidemment aucune importance pour moi, mais tous les jours, les *leaders* du classement masculin se présentaient avec de tout petits sacs qui faisaient le quart du mien. Tous les soirs, assis avec leurs amis, ils semblaient pourtant manger à leur faim. Ils n'avaient certes pas de barres protéinées superflues ni d'oreiller à transporter, mais leurs sacs semblaient quand même incroyablement petits.

Sa victoire de 2015 au MdS a changé la vie d'Elisabet. Très vite, elle a eu un sponsor, on l'a invitée à aller courir un peu partout dans le monde, elle est devenue une personnalité, un nom connu. Et, comme les récompenses augmentent d'année en année dans cette discipline naissante, la tentation de contourner ou d'enfreindre les règles est de plus en plus forte.

Le cas du Londonien Rob Young en est l'un des exemples les plus tristement célèbres. Après avoir vu Mo Farah remporter le marathon de Londres en 2014, il a parié 20 livres avec sa femme qu'il en courrait cinquante. Elle lui a répondu qu'il était bien trop paresseux pour en courir un seul, et dans le livre qu'il a écrit sur le sujet, il reconnaît bien volontiers qu'il n'était pas entraîné, qu'il n'était pas un bon coureur. Le lendemain, à l'aube, il est pourtant allé au parc de son quartier et a couru un marathon. Le soir même, après une journée entière de travail, il en a fait un autre dans le même parc, cette fois encore plus vite. Le surlendemain, c'est-à-dire moins de 24 heures après sa première sortie, il courait son troisième marathon dans le temps impressionnant de 3 h 19.

La découverte de ses capacités insoupçonnées lui a alors donné des ailes. En un an, il a fini par courir 370 marathons. Il a ensuite battu le record du monde de Dean Karnazes en parcourant 600 kilomètres sans dormir. Les chaînes d'information se battaient pour l'interviewer. Son livre, intitulé *Marathon Man*, a eu de bonnes critiques et le *Times* a même trouvé son histoire « époustouflante ».

Décidé à poursuivre ses folies sportives, il annonça en 2016 son intention de battre le record de la Trans-American, la traversée des États-Unis, qui tenait depuis 1980. Après ses incroyables exploits, beaucoup étaient curieux de voir ce dont il serait capable. Peu après son départ, certains internautes ont toutefois commencé à douter de la véracité de sa progression. En épluchant les fichiers GPS de sa montre, mis en ligne sur Facebook, ses détracteurs ont émis des soupçons sur son allure et les distances qu'il parcourait chaque jour, surtout au vu de la fraîcheur qu'il affichait sur les photos.

Les choses se sont vraiment compliquées un soir, lorsqu'un certain Asher Delmott, qui suivait sa progression en ligne, a constaté que Young passait tout près de chez lui, à Lebo, une petite ville du Kansas. Comme il l'a raconté sur le site web letsrun.com, il pensait que Young se sentait seul. Il a donc pris le volant pour aller le rejoindre avec l'intention de courir quelques kilomètres avec lui. Une fois sur place, il a bien vu le véhicule d'assistance roulant au pas sur le bord de la route, mais aucune trace de Young. Il dit être passé dans un sens puis dans l'autre et s'être éloigné dans les deux directions sans voir le moindre coureur.

L'affaire a commencé à mal tourner quand Delmott a publié son récit. Dans son livre, Young raconte les terribles sévices que lui infligeait son père, qui lui a même transpercé le pied avec un clou. Ce genre de choses, dit-il, lui a appris à surmonter la douleur, ce qui lui a permis de devenir un incroyable coureur d'ultra. Tout ce qu'il entreprenait permettait par ailleurs de lever des fonds pour des associations d'aide aux enfants. C'était un héros et une source d'inspiration pour beaucoup de gens, qui lui faisaient confiance.

Pour en avoir le cœur net, une bande d'*ultra runners* qui se fait appeler The Geezers (Les Viocs) a décidé de suivre Young en voiture dans la suite de sa traversée, qu'il poursuivait malgré les accusations. Emmenés par le légendaire Gary Cantrell, alias Lazarus Lake[6], ils constatèrent que Young se déplaçait bien en courant ou en marchant, mais que son état se dégradait rapidement et que son allure était beaucoup moins élevée que celle des premiers jours, qui avait éveillé les soupçons. Au bout de cinq jours, Cantrell finit par dire que, malgré tout le respect que lui inspiraient les efforts de Young, il ne le croyait pas capable des exploits qu'il prétendait avoir accomplis pendant les premiers jours de sa traversée. Un jour, les Geezers le virent tomber face contre terre et s'entailler le front. Quand son équipe le releva, son visage était en sang mais il reprit sa course.

Young dut finalement renoncer à sa tentative controversée après trente-quatre jours, non pas à cause des soupçons, mais d'une fracture à un orteil et d'une cellulite, une inflammation douloureuse et potentiellement grave de la peau.

Les choses auraient pu en rester là, mais avec toutes ces accusations, Skin, le sponsor de Young pour cette traversée, décida d'enquêter. Il confia l'analyse de ses données GPS à deux éminents spécialistes des activités sportives : Roger Pielke Jr, de l'université du Colorado, à Boulder, et Ross Tucker, de l'université sud-africaine de Free State. Après avoir passé les données au crible et interrogé les témoins clés, les deux chercheurs produisirent un rapport de cent dix pages. Leurs conclusions sont accablantes. Selon eux, il y a peu de doutes que Young ait triché en recevant « une assistance non autorisée, très certainement sous la forme de déplacements sur ou dans un véhicule, pendant de longues portions de la traversée ».

La preuve la plus évidente, disent-ils, provient de sa cadence, qui mesure le nombre d'appuis par minute. Avant que Delmott n'intervienne sur letsrun.com, la montre de Young enregistrait parfois des temps

6. Organisateur de la Barkley (NdT).

et des données extravagantes, par exemple une longueur de foulée de plus de 40 mètres. Après le message sur letsrun.com et la polémique qu'il a suscitée, son allure et la longueur de sa foulée ont retrouvé des valeurs normales. Cette évolution et le fait qu'elle coïncide avec un soudain regain d'attention excluent l'hypothèse d'un simple dysfonctionnement de la montre, soulignent les chercheurs.

Young continua à clamer son innocence, mais il ne put fournir aucune explication valable pour sa cadence. Skin accepta pleinement les conclusions de Pielke et Tucker, et coupa les ponts avec Young en exprimant son « extrême déception ».

C'est une triste histoire, mais Young est loin d'être le seul coureur d'ultra à s'être prévalu d'exploits improbables qui se sont avérés mensongers. En 2018, Maude Gorman, une ancienne reine de beauté du Massachusetts, est même parvenue à intégrer frauduleusement l'équipe américaine des championnats du monde de course en montagne. Cette fois encore, c'est l'attention d'internautes scrupuleux qui a permis de découvrir des incohérences dans ses résultats montrant qu'elle avait pris des raccourcis lors de plusieurs courses. Elle dut restituer plusieurs de ses trophées et fut exclue de l'équipe nationale.

Parmi les autres cas récents, on peut citer celui de Kelly Agnew, qui a éveillé les soupçons avec une série de grosses performances, dont une victoire lors d'un 48 heures qu'elle a remporté avec près de 90 kilomètres d'avance, bien qu'elle se soit arrêtée avant la fin.

Sceptiques quant à ses résultats, les commissaires de course décidèrent de la surveiller de près lors d'un autre 48 heures organisé dans l'Arizona sur une boucle d'un mile. Au beau milieu de la nuit, l'un d'eux la vit aller aux toilettes mobiles installées en bordure de la piste après avoir passé le tapis de chronométrage, puis en sortir sept minutes plus tard pour passer à nouveau le tapis, ce qui ajoutait un tour à son compteur alors qu'elle n'avait pas bougé.

En entendant ce genre d'histoire, tout le monde se demande : « Pourquoi faire une chose pareille ? » Dans le monde de l'ultra, c'est la perplexité. Les coureurs se plaisent à croire qu'ils forment une communauté de braves types prêts à se détruire physiquement juste pour le plaisir. Ils le font pour trouver leurs limites, pour apprendre à se connaître, pour vivre plus intensément. Quel intérêt y a-t-il à tricher avec ça ? C'est se berner soi-même. Comment assumer une chose pareille ? Dans la plupart des cas, il n'y a ni récompense, ni caméras de télévision, ni spectateurs à éblouir. Ça n'a tout simplement pas de sens.

– On dirait un sketch de Mister Bean, dit Marietta, quand je lui raconte la combine d'Agnew avec les toilettes mobiles.

C'est vrai, j'imagine assez bien Mister Bean faire une chose pareille. Peut-être que chez certains se cache un Mister Bean qui les pousse à couper les virages, à vouloir gagner à tout prix, même dans les circonstances les plus insignifiantes, même s'il n'y a qu'un péquin venu promener son chien à impressionner.

De nos jours, on ne fait toutefois plus grand-chose pour éblouir les gens qui nous entourent. On le fait pour ceux qu'on imagine rivés à leur ordinateur portable, prêts à applaudir et à nous gratifier de pouces levés. Courir un ultra, c'est l'assurance de faire grosse impression sur les réseaux sociaux. Rien de tel qu'en gagner un, finir bien classé ou faire un bon temps pour voir son audience décoller.

Faites 370 marathons en un an, traversez l'Amérique en courant et les éloges se multiplieront très vite. Des gens de plus en plus nombreux viendront se connecter à votre compte pour vous dire que vous êtes une source d'inspiration, que vous avez changé leur vie.

Pour essayer de comprendre ce qui peut pousser à tricher dans une épreuve sans importance, Duncan Craig, journaliste à *Runner's World,* a décidé de le faire en prenant un raccourci dans une course de quartier de 5 kilomètres. C'était la plus infime des tricheries et il l'a reconnue très vite, ce qui a entraîné sa disqualification. Dans son article, il décrit sincèrement son état d'esprit avant la course, ce que lui inspire le temps canon dont il va pouvoir se vanter. « Mon réseau social est plein de coureurs, des coureurs rapides. Ils vont voir ce qu'ils vont voir », écrit-il.

Les recherches scientifiques sur la tricherie sont fascinantes et de nombreuses études ont démontré au fil des ans que la plupart d'entre nous sommes prêts à y recourir dans certaines circonstances, quand l'occasion de s'en tirer impunément se présente.

Beaucoup de conditions favorables à la tricherie, telles que le fait d'être dans la pénombre, la fatigue et la privation de sommeil, sont courantes pour les coureurs d'ultra. Dans beaucoup de courses sans enjeux, le balisage et les contrôles approximatifs font qu'il est plus facile de s'en tirer sans conséquences que dans d'autres disciplines.

Le docteur Ariely, de la Duke University en Caroline du Nord, dit que nous sommes prêts à tricher quand ça nous paraît justifiable. Dans son livre intitulé *The Honest Truth About Dishonesty*[7], il explique que les êtres humains sont naturellement affabulateurs et que nous passons notre temps à nous raconter des histoires pour trouver des explications qui paraissent raisonnables et crédibles.

La tricherie, disent les psychologues, est plus facile à justifier quand on se présente comme la victime d'une quelconque forme d'injustice. L'essentiel est ensuite de rétablir l'équité. On ne triche pas mais on répare une injustice.

Steve Magness, qui entraîne des pistards de très haut niveau, écrit sur son blog : « Nous trichons tous, mais seulement dans la limite de ce que nous pouvons cacher sans cesser de nous considérer comme des gens respectables. Très peu parmi nous se disent qu'ils sont d'horribles personnages. [...] Pensez à des tricheurs comme Lance Armstrong. En fin de compte, il ne se considérait pas vraiment comme tel. Il le justifiait en affirmant que tout le monde le faisait et que les dés étaient pipés. C'est ce que tout le monde fait. »

J'ai contacté le docteur Ariely pour lui demander ce qui pousse les gens à tricher dans l'ultra, alors qu'il y a si peu à gagner, même à haut niveau, en dehors de la satisfaction personnelle et de la recherche de ses limites.

– En général, les gens ne trichent pas pour des raisons matérielles, m'a-t-il répondu. On triche pour se voir sous un autre jour, pour être

7. La vérité sur la malhonnêteté.

plus fier de soi. [...] C'est une façon de voir la réalité sous un autre angle, de considérer qu'on est meilleur, plus rapide, par exemple.

La plupart de ceux qui se font prendre, dit-il, pensent réellement ne pas avoir triché.

– Les gens trouvent un moyen de se justifier, pour pouvoir prétendre qu'ils ne l'ont pas fait. Ils disent : « J'ai perdu une minute ici, j'en ai donc récupéré deux là », ou : « Le chemin était dur à trouver dans le noir ».

Le docteur Ariely n'en savait rien, mais dans le cas de Rob Young, il a effectivement continué à nier après la publication du rapport accablant de Skin. « J'ai sans doute commis des erreurs mais je n'ai pas triché », écrit-il dans le dernier communiqué qu'il a publié avant de disparaître de la scène publique.

C'est facile de se moquer de ces minables tricheries, mais peut-être faudrait-il être plus compréhensif. Comme Rob Young, Maude Gorman dit avoir été maltraitée dans son enfance. Derrière tout ça, sans doute y a-t-il tout simplement un besoin d'amour et d'attention. Ceux qui disent qu'ils ne tricheront jamais ont peut-être eu une vie plus stable et davantage d'affection. Peut-être ont-ils grandi dans des familles plus affectueuses. Skin l'a souligné quand la firme a rompu avec Young. « Les conclusions sont claires et nous les acceptons pleinement, a dit le directeur général, Jamie Fuller. Mais il ne faut pas oublier qu'avant d'être un coureur, [Young] est d'abord un être humain. Selon moi, son passé doit être considéré comme une circonstance atténuante. »

C'est un être humain, il est donc faillible et il est loin d'être le seul. Au Comrades Marathon, en Afrique du Sud, qui se targue d'être « la course ultime », des tapis de chronométrage sont répartis un peu partout sur le parcours pour démasquer la multitude de coureurs qui prétendent l'avoir terminé alors qu'ils en ont fait une partie en voiture ou à moto.

Le moyen le plus répandu pour gagner frauduleusement est évidemment le dopage. Jusqu'à une date récente, l'ultra, niche modeste et fière de l'être, est resté épargné par ce fléau, mais ce n'était qu'un sursis. L'idée selon laquelle l'ultra n'attire que des gens animés des intentions les plus pures, qui courent dans le respect les uns des autres et la camaraderie, a volé en éclat quand le Britannique Robbie Britton a repéré le nom de l'Équatorien Gonzalo Calisto, récent 5e de l'UTMB, sur la liste IAAF des athlètes bannis. Il a fallu attendre que Britton l'annonce sur les réseaux sociaux pour que les organisateurs le découvrent et disqualifient Calisto. Bien que le test ait été effectué à l'occasion de l'UTMB, ils n'ont jamais été informés qu'il avait révélé la présence d'érythropoïétine (EPO).

– L'affaire Calisto est un peu ridicule parce qu'il faut être assez stupide pour être positif pendant la course, estime Britton, que j'ai interrogé sur le sujet. Si quelqu'un se fait prendre pour ça le jour de l'épreuve, beaucoup d'autres sont certainement un peu plus malins.

Britton a obtenu la médaille de bronze aux championnats du monde de 24 heures, il vit à Chamonix et il est à la fois entraîneur et athlète. C'est l'un des militants antidopage les plus actifs de la discipline. J'aimerais savoir quelle est selon lui l'ampleur du problème dans l'ultra.

– Il y a probablement des tricheurs dans tous les sports, y compris l'ultra. Nous avons vu des gens prendre des raccourcis, ne pas emporter le matériel obligatoire et toutes sortes de choses. Le dopage n'est pas le seul problème. On a même vu des jumeaux échanger leurs puces de chronométrage à mi-chemin pendant les Comrades.

Ceux qui disent qu'il n'y a pas de raisons de tricher dans l'ultra puisqu'il n'y a pas d'argent à gagner devraient y réfléchir à deux fois. Il y a beaucoup de gens très bien dans cette discipline. Le problème, c'est l'ego, ajouté à une forme de paresse et d'impatience.

Ce problème, dit-il, ne fera que s'aggraver à l'avenir.

– Argent, « célébrité », effet Instagram, pression des sponsors... Tout ça progresse et les gens sont de plus en plus rapides. Ceux qui sont fragiles vont donc trouver des excuses. Certains ont déjà été suspendus, mais on l'a manifestement oublié.

Britton, qui ne se prive pas d'épingler untel ou untel, pense toutefois que le dopage n'est pas devenu endémique dans l'ultra.

– Je crois qu'on doit cela à la personnalité et à la transparence des athlètes, dit-il. On peut vraiment faire confiance à beaucoup d'entre eux. Certains peuvent trouver ça naïf mais nous n'avons de toute façon pas l'infrastructure antidopage nécessaire pour faire autrement.

Je profite de notre trajet en train pour en parler avec Elisabet. Pense-t-elle qu'il s'agit d'un gros problème dans ce sport ?

– Je suis sûre que de meilleurs contrôles révéleraient plus de cas, dit-elle. Pourquoi n'y en aurait-il pas ? Ça existe dans tous les sports. Les coureurs d'ultra ne sont pas une race à part. Bien sûr, il n'y a pas encore beaucoup d'argent dans ce sport mais il y a des sponsors, la renommée, la gloire... Difficile de s'en passer quand on y a goûté et certains seront toujours prêts à aller loin pour ça.

A-t-elle déjà été tentée, sachant qu'il y a peu de risques de se faire prendre ?

– Je me plais à croire que mon éthique est solide, dit-elle. C'est comme ça qu'on m'a élevée. La tricherie ne m'a jamais intéressée dans aucun domaine. Sois quelqu'un de bien et les bonnes choses viendront d'elles-mêmes. C'est aussi simple que ça.

À Denton, la petite ville où doit débuter notre séance, la matinée est déprimante. L'air est saturé d'une bruine grisâtre qui prive le monde de ses couleurs. Les rues ternes autour de la gare de banlieue n'égayent pas vraiment l'ambiance, mais les maisons sont bientôt derrière nous et nous nous dirigeons vers la forêt.

Elisabet court rarement sur des sentiers, ce qui en fait un cas à part chez les coureuses d'ultra.

– Je déteste la boue, mais c'est agréable de courir dans les bois pour changer, dit-elle en pataugeant.

Elle vit à Westcliff-on-Sea, dans l'Essex, et s'entraîne le plus souvent sur la promenade du bord de mer. Si elle veut faire une performance à l'UTMB, elle va devoir s'habituer à ce genre de terrain.

Cette reconnaissance sera très utile pour sa prochaine course, parce que l'itinéraire ne sera pas balisé. Sa montre possède une fonction qui indique vaguement la direction, ce qui ne nous empêche pas de nous tromper plusieurs fois.

– Certaines personnes aiment s'orienter avec une carte, dit-elle. Moi, j'ai horreur de ça.

L'ultra est une église aux multiples chapelles. Il s'agit bien sûr de courir, mais il peut aussi y avoir de la randonnée, de l'alpinisme et de l'orientation. Comme Elisabet, je préfère toutefois quand l'itinéraire est balisé, ce qui est heureusement le cas à l'UTMB comme dans la plupart des courses que j'ai prévues.

Pendant plus de 3 heures, nous trottinons tranquillement en bavardant, nous arrêtant de temps en temps pour manger un morceau. Aujourd'hui, je teste les noisettes enrobées de chocolat et la mangue séchée. Après quelques heures de course, les deux sont délicieuses. Avant de reprendre le train à la gare suivante, une fois notre séance de 34 kilomètres en direction de Londres terminée, nous faisons halte dans un modeste supermarché. Tout me fait envie mais je me contente d'une boisson gazeuse et d'une barre de céréales. C'est divinement bon.

Peut-être que le succès de l'ultra vient du plaisir qu'on éprouve quand on entre avec une faim de loup dans un magasin plein d'aliments joliment emballés avec un billet de cinq livres en poche. Elisabet ne résiste pas à un Pepsi Max.

– Ne le dis à personne, me fait-elle.

De toute évidence, ça ne fait pas partie de son régime, mais après 34 kilomètres, tout est permis. Choisissez le pire de vos péchés mignons et succombez joyeusement. Décidé à me lâcher, à céder au plus inavouable de mes penchants, j'attrape une barre chocolatée Wispa. Ne le dites à personne, ok ?

* * *

Au cours des mois qui suivent, j'augmente mon volume d'entraînement. Je fais appel à Tom Craggs, un coach qui me concocte un plan d'entraînement. Malgré mes bonnes intentions, j'ai du mal à le suivre à la lettre. Tom comprend et arrange les choses chaque fois que je lui écris pour lui dire que je n'ai pas couru autant qu'il l'avait prévu.

J'ai l'impression de me chercher constamment des excuses et je me promets de rattraper mon retard, mais avant même que j'aie pu m'en rendre compte, la course suivante est déjà là. C'est la Miwok 100K, un 100 kilomètres en Californie qui rapporte quatre points UTMB. Pour me qualifier, il m'en faut quinze en trois courses.

Au moment où je prends mon vol pour l'Amérique, ma séance la plus longue est toujours celle de 34 kilomètres que j'ai faite avec Elisabet, et côté compétition, c'est l'ultra de 55 kilomètres que j'ai couru dans le Devon. Cette course, qui fait près de deux fois la distance la plus longue que j'ai jamais courue, sera donc un voyage dans l'inconnu. Et elle a lieu intégralement dans la chaîne de montagnes qui borde le nord de la baie de San Francisco.

Avant de gagner la Californie, je dois toutefois aller dans le Colorado pour voir l'un des meilleurs coureurs d'ultra. Je l'ai contacté via Facebook quand je cherchais des gens à interviewer pendant mon séjour aux États-Unis.

– Venez donc chez moi, a-t-il répondu en me proposant de rester quelques jours et de m'entraîner avec lui.

J'ai accepté avec joie et lui ai donc demandé où il vivait.

– Je vis dans une cabane sans électricité à mi-hauteur de Pikes Peak. Il n'y a pas de route. Il faut donc courir ou marcher sur une dizaine de kilomètres.

Ça a l'air plutôt rustique. Je lui promets d'aller le voir.

5

Je ferme le coffre de la voiture de location et lève les yeux vers la montagne. Des pics escarpés se dressent derrière les maisons en bois de Manitou Springs aux vérandas de cartes postales. Les pentes inférieures sont couvertes de pins, tandis qu'au loin, les sommets sont enneigés. Sur le trajet depuis Denver, la radio a annoncé l'arrivée prochaine d'une grosse tempête qui doit apporter 1,20 mètre de neige fraîche en altitude. C'est là que je vais, 10 kilomètres plus haut. Je dois retrouver Zach Miller, l'un des meilleurs coureurs d'ultra au monde, dans le petit chalet en bois où il vit, en pleine forêt.

L'ultra trail de haut niveau a, en gros, deux viviers principaux : l'Europe et les États-Unis. En Europe, les courses sont jugées raides et techniques, et les montagnards ou les alpinistes tels que Kilian Jornet et François D'Haene y excellent. Aux États-Unis, elles sont moins accidentées, plus roulantes et de jeunes stars qui viennent de la piste ou de la route, comme Jim Walmsley et l'ancienne marathonienne Magda Boulet, qui a fait partie de la sélection olympique américaine, s'imposent peu à peu. À 29 ans, Zach, qui faisait de l'athlétisme à l'université, est encore jeune pour un coureur d'ultra. Son passage à cette discipline s'est fait de façon inhabituelle, mais pour en apprendre plus, je dois d'abord lui mettre la main dessus.

En bordure d'un parking, derrière la gare, je trouve le départ du sentier exactement là où il me l'a indiqué. Un panneau avertit ceux qui s'y engagent : « Attendez-vous à ce que ce soit l'hiver là-haut. Couvrez-vous en conséquence. » Pour l'instant, après avoir traversé la ville sous le soleil de mai, je dois retirer mon pull et le nouer autour de ma taille. Difficile d'imaginer qu'il fera froid dans quelques heures. Le sentier est sec et sablonneux au départ de ma longue randonnée. Il fait presque nuit lorsqu'apparaît la frêle façade en bois de Barr Camp, 3 heures plus tard. C'est juste à la limite de la zone enneigée, mais rien n'est tombé depuis un moment et le chemin est bien visible. Barr Camp est un refuge pour randonneur à mi-chemin de l'ascension vers Pikes Peak, qui est un *Fourteener*, c'est-à-dire un sommet de plus de 14 000 pieds[8], m'a dit Zach. Il vit ici, à 3 100 mètres d'altitude, avec sa sœur Ashley et son mari Nathan. Ils assurent l'entretien du refuge, préparent les petits-déjeuners et les repas du soir, alimentent le poêle et font en sorte que les visiteurs ne manquent globalement de rien. Ils sont aussi chargés des premiers secours quand quelqu'un se perd ou se blesse en montagne.

Quand j'entre, Zach, seul dans le refuge, s'affaire dans la petite cuisine située à l'autre extrémité. La pièce, où une table et quelques fauteuils sont disposés autour du poêle, est chaude et confortable. La cuisine se trouve derrière un bar en bois muni de deux tabourets. Sur le mur sont accrochés des paquets de M&M's, des barres énergétiques et toutes sortes d'en-cas à vendre, ainsi que des t-shirts et des chapeaux frappés de l'emblème rétro de Barr Camp. Derrière, sur un panneau au-dessus de la porte du dortoir, on peut lire *Karibu*, ce qui signifie bienvenue en swahili.

– Oh, salut ! lance Zach, quand je me présente. Ravi de te rencontrer !

J'ai découvert Zach l'année précédente en suivant le *live* de l'UTMB sur Internet. Chaque fois que j'allais jeter un œil ou presque, le jeune Américain caracolait seul en tête. Il a fini 6e mais, pour moi comme pour beaucoup, le panache avec lequel il a tenté d'assommer la concurrence dès le départ a été l'un des faits les plus marquants de la course.

Chaque fois que je me connectais, il était là, filant bille en tête avec sa casquette à l'envers, refusant de se reposer aux ravitaillements,

---

8. 4 267 mètres.

jetant des coups d'œil en arrière comme si sa vie en dépendait. Dans l'ultra, on juge communément plus sage de démarrer prudemment et d'économiser ses forces. On mise sur la patience. Ce n'est pas du sprint. Zach, lui, a couru sans calcul ni retenue, en relançant constamment, et n'a cédé la 1re place qu'au 148e kilomètre.

Quelques mois plus tard, le visage de Zach est à nouveau apparu sur ma page Facebook, dans une vidéo très vite devenue virale dans l'univers de la course. C'est le dernier kilomètre de la North Face 50, une autre course très relevée, qui se déroule près de San Francisco, et Zach est en tête. Ses rivaux sont très loin derrière, mais il se moque une fois de plus de la sagesse conventionnelle et donne tout ce qu'il a. À la fin des ultras, la plupart des coureurs, vainqueurs y compris, trottinent pour profiter des derniers mètres, pour saluer leurs amis, la foule, pour embrasser leurs proches et passer la ligne d'arrivée avec eux. À quoi bon se presser quand on a couru si longtemps ? Pourtant, à l'arrivée de la North Face 50, alors qu'il est loin devant les autres et se dirige droit vers une victoire éclatante, Zach court toujours comme si sa vie en dépendait. Tirant sur ses bras, le souffle court et bruyant, il maintient son effort jusqu'à la ligne, avant de tomber dans les bras de sa compagne.

C'est grâce à ce panache autant qu'à ses victoires qu'il est devenu l'une des figures de ce sport et je m'attends à découvrir un bravache débordant d'énergie à la poignée de main digne de Superman, quelqu'un qui a besoin de parler et de bouger constamment. Or, il parle d'une voix douce et traînante, et semble même un peu timide. Il m'explique qu'il prépare des *burritos* et propose de m'en faire un. Pendant qu'il cuisine, je m'installe au bar avec une tasse de thé et il me raconte comment il a débuté dans ce sport de fous. Après l'obtention de son diplôme, à la fin d'études universitaires pendant lesquelles il a fait de la piste et du cross-country, il a été embauché à l'imprimerie du *Queen Mary II*, un énorme bateau de croisière. La plupart des coureurs renonceraient probablement à s'entraîner avec un emploi pareil, mais Zach n'a pas baissé les bras.

– Quand j'ai cessé d'y travailler, j'avais fait le tour de la question, dit-il. J'aurais pu écrire le livre ultime sur les moyens de rester en forme à bord d'un bateau de croisière.

À chaque escale, il allait courir à terre.

– On allait par exemple au Chili, en Patagonie, et j'en profitais pour cavaler en montagne. Partout où nous allions, je repérais le point le plus haut ou le plus joli sommet et j'essayais de faire l'aller-retour avant que le bateau ne reparte. Je devais parfois courir très vite pour arriver à temps. Si tu rates le départ, tu dois aller à la prochaine escale par tes propres moyens et tu n'es jamais sûr d'être repris.

Zach n'a jamais manqué le bateau. En mer, les escaliers de service étaient, selon lui, le meilleur terrain d'entraînement.

– Pas les beaux escaliers mais ceux qu'on utilise pour le matériel, explique-t-il.

Après une bonne heure de montées et de descentes, il filait à la salle de sport pour courir sur tapis.

– Pendant mon dernier jour de mer, j'ai fait 1 h 10 d'escaliers et 32 kilomètres sur tapis. Mes collègues me croyaient à moitié fou. Ils étaient la plupart du temps au bar, souvent bien éméchés, et passaient parfois une tête pour me crier d'arrêter de courir.

C'est lors d'une escale qu'il a décidé de participer à son premier ultra, la JFK 50, un 50 miles (80 km) dans le Maryland. Le vieil entraîneur de son lycée lui conseillait depuis longtemps de s'essayer à des distances plus longues, convaincu que ça lui réussirait, mais Zach n'en était pas certain.

– Ma famille trouvait dingue de courir une telle distance, dit-il avec un grand sourire.

J'imagine que 50 miles, ce n'est plus grand-chose pour lui.

– Ma grand-mère croyait qu'il allait m'arriver quelque chose, que je risquais ma vie. Je ne savais pas très bien où je mettais les pieds. J'y suis allé comme ça. J'ai juste acheté des gourdes la veille de la course.

À mi-parcours, il s'est retrouvé en tête avec un autre gars.

– On était exactement au même rythme, alors au bout d'un moment, j'ai eu envie de savoir qui c'était. J'ai dit : « Je m'appelle Zach, et toi ? » Il a répondu : « Rob. » J'ai dit : « Rob comment ? » Il a dit : « Rob Krar. »

Rob Krar était, à ce moment-là, l'un des plus grands noms de l'ultra. Il venait tout juste de remporter la Western States 100, l'ultra le plus prestigieux des États-Unis. Zach s'est senti un peu bête de ne pas l'avoir reconnu.

– Je ne savais pas grand-chose de l'ultra, mais je connaissais Rob Krar.

Ils sont restés ensemble jusqu'au 38e mile (61e km), puis Zach a pris le large.

– Quand je suis arrivé avant lui au ravitaillement suivant, c'était quasiment l'hystérie. Tout le monde a pris son téléphone pour essayer de savoir d'où je sortais, mais il n'y avait pas grand-chose à savoir. Je courais quand j'étais à la fac, mais je n'étais pas très bon. J'étais en troisième division universitaire. Je faisais 31 minutes et 23 secondes aux 10 kilomètres, ce qui est assez médiocre, comparé à l'élite. Les gens se sont alors mis à demander à mes amis : « Quel est son record au marathon ? » et ils ont répondu que je n'en avais jamais fait.

Zach a remporté la course en réalisant le troisième meilleur temps de l'histoire, alors qu'il s'agit du plus vieil ultra des États-Unis[9]. Sa victoire fit beaucoup de bruit dans le milieu et eut un grand retentissement dans la presse spécialisée.

– C'était assez rapide, surtout pour quelqu'un qui n'y connaissait pas grand-chose, dit-il.

C'est à ce moment-là que Nike l'a engagé.

– Je devais retourner sur le bateau et c'est ce que j'ai fait, mais Nike m'a contacté et j'ai finalement signé mon contrat alors que je travaillais encore à bord. On devait être aux alentours des Bermudes quand je l'ai renvoyé par e-mail. J'ai donc travaillé trois mois de plus sur le bateau. Je rêvais depuis toujours de devenir pro et ça se réalisait enfin, mais de façon assez inattendue.

9. La première édition a eu lieu en 1963 (NdT).

Les *burritos* sont prêts. Zach les mange sans *tortilla*, je fais donc comme lui. C'est juste une grosse assiette de haricots, de riz et de légumes. Il arrose la sienne de mayonnaise et de moutarde. Ça me rappelle l'alimentation des Kényans, qui mangent beaucoup de riz et de haricots. De fait, Zach est né à Nairobi de parents missionnaires. Il y a vécu trois ou quatre ans avant de déménager en Pennsylvanie. Être né et avoir vécu enfant en altitude l'a peut-être doté de poumons plus grands et plus adaptés à la course de fond. Peut-être a-t-il mangé de l'*ugali*, le plat magique à base de maïs qui rend, selon eux, les Kényans si rapides.

J'interroge Zach sur ses sponsors. Juste avant mon arrivée aux États-Unis, il a annoncé sur les réseaux sociaux qu'il passait de Nike à North Face. Comment cela s'est-il passé ? A-t-il un agent ?

– Oui, dit-il avec une pointe d'hésitation. C'est drôle... Il y a cinq ans, si tu disais que tu étais trailer et que tu avais un agent, on te riait au nez.

Mais ce sport se développe, tout comme les gains financiers pour ceux qui savent s'y prendre.

– Mon agent dit que ta valeur, c'est ce qu'une boîte est prête à te verser. C'est comme ça que ça marche. Dans d'autres professions ou disciplines, tu sais ce que tu vaux. Si tu remportes tel tournoi, tu gagnes tant, alors que dans l'ultra, il n'y a pas de barème, pas de tableau pour dire : « Quand tu gagnes telle ou telle course, tu touches ceci ou cela. »

Dans cette discipline en pleine évolution, la valeur d'un athlète est difficile à évaluer pour les sponsors, mais créer la sensation et briller par son panache sont certainement des atouts. Avec son nouveau contrat, Zach n'a plus vraiment besoin de travailler mais, comme il aime Barr Camp, il a l'intention d'en rester le gardien encore un certain temps.

Tout ici est intéressant pour un coureur d'ultra, dit-il. Quand il ne s'entraîne pas, il entasse des bûches, coupe du bois, déneige...

– Je passe beaucoup de temps à faire des travaux manuels, ici. J'adore ça. La North Face 50 qu'on voit dans la vidéo (celle qui est devenue virale) a eu lieu à la fin de l'automne. J'avais passé toute la saison à couper du bois et à le rentrer. J'étais assez costaud.

* * *

Le lendemain matin, il fait grand beau et rien n'annonce la moindre tempête de neige. Zach se lève tôt et prépare un copieux *porridge* sur le poêle à bois. Il y ajoute des rondelles de banane, des dattes et des noix, puis verse deux énormes cuillerées de beurre de cacahuètes. On dirait du ciment, mais je suis sûr que c'est exactement ce qu'il faut pour passer la journée à crapahuter sur les flancs d'un sommet de 14 000 pieds. Assis face à Zach, j'attaque ma part. J'en suis à la moitié quand un quinquagénaire au visage rubicond entre dans la pièce. Il nous observe avec un large sourire.

– Bonjour, dit Zach après un silence. Qu'est-ce que je peux faire pour vous ?

– Je n'arrive pas à croire que tu sois-là... dit l'homme en lui souriant. C'est toi qui m'as donné envie de courir, mec !

Zach lui sourit en retour.

– Il faut être matinal pour arriver si tôt ici, dit-il.

– Ouais, répond le gars, clairement émerveillé de s'adresser à son idole. Quand j'ai dit à ma femme que j'allais venir ici – je lui ai montré hier soir quelques vidéos sur YouTube –, elle a levé les yeux au ciel.

Il se tourne vers moi.

– Mes potes se moquent de moi. Ils disent que j'en pince pour un mec. Ils n'y comprennent rien. Ce gars-là a un don pour rapprocher les gens. C'est une telle source d'inspiration !

Zach, imperturbable, l'interroge sur sa propre pratique de la course à pied, il cherche à le calmer, mais c'est peine perdue. Le gars retire ses gants et fait les cent pas dans la pièce. Zach va lui chercher un verre d'eau.

– Tu sais, j'ai arrêté de boire. Je ne fume pas. Alors je cours. Je sais, c'est moche, mais je passe mes soirées à regarder des vidéos de courses sur YouTube. Et tu sais quoi ? Ce mec est un cas à part. Dès le coup de pistolet, il est à fond. Pas d'excuses. Il donne tout.

Il jette soudain un coup d'œil à sa montre.

– Il faut que j'y aille, dit-il.

Il a promis à sa femme d'être de retour à 8 heures. Après un rapide selfie avec son idole, le voilà reparti. Zach commence à débarrasser la table.

– Ça arrive souvent ? je demande.

Hésitant, Zach fait à la fois oui et non de la tête.

– Je ne sais pas trop... De temps en temps.

Quelques heures plus tard, de retour d'une balade en montagne, sa sœur me dira que ça arrive tout le temps.

* * *

Peu après le petit-déjeuner, Zach sort de sa chambre – une simple mezzanine au-dessus de la cuisine – en short et coupe-vent. Le soleil a disparu et une froide grisaille enveloppe la montagne. La neige promise arrive. Zach porte un Buff sur la tête mais il a les jambes nues. Il commence à lacer ses chaussures. Il m'avait proposé avant mon arrivée d'aller courir avec lui, si j'en avais envie, mais peut-être plaisantait-il.

– Tu vas courir ?

– Bien sûr. Tu viens ?

J'acquiesce. Bien sûr.

Heureusement pour moi, Zach est tout juste remis d'une blessure. Il assure que ce n'était rien, mais il s'est fait un tour de reins en tombant sur un sentier et a dû cesser de courir pendant plusieurs semaines. Il reprend tout juste aujourd'hui. Il n'a donc rien prévu d'extraordinaire. Je promets d'essayer de le suivre.

Cinq minutes plus tard, nous sommes prêts à partir. Nous démarrons par une descente à travers les pins. Zach bavarde tranquillement en courant et je dévale joyeusement derrière lui en jetant de rapides coups d'œil aux sommets environnants, qui apparaissent entre les arbres. Zach me parle du marathon annuel qui consiste en un aller-retour entre Manitou Springs et le sommet de Pikes Peak. C'est une grande course qui attire certains des meilleurs spécialistes mondiaux de la course en montagne.

Avec le développement de l'ultra et l'arrivée d'athlètes plus jeunes et plus rapides, les records tombent un peu partout dans le monde. Les Kilian Jornet et autres Jim Walmsley pulvérisent des temps qu'on croyait jusqu'ici imbattables. Pourtant, Pikes Peak résiste. En 1993, Matt Carpenter, un coureur local, a fait l'aller-retour au sommet en 3 h 16. C'était la troisième de ses douze victoires et son record tient toujours.

– C'est le roi de cette montagne, dit Zach.

Joseph Gray, le champion du monde de course en montagne, a réalisé le deuxième temps pour l'ascension seule, mais il est resté à quatre minutes du record de Carpenter, qui en possède plusieurs à Pikes Peaks. En 2012, Kilian Jornet a participé au marathon, mais a mis près de 25 minutes de plus que Carpenter.

– Il habite maintenant à Manitou Springs où il vend des glaces, me dit Zach. Sa boutique s'appelle Colorado Custard Company. Si tu y vas, c'est le petit gars derrière le comptoir.

Je demande à Zach s'il lui arrive d'aller le voir.

– Pas vraiment... Je ne veux pas le déranger.

Il est clair que Carpenter l'impressionne et je ne peux pas m'empêcher de sourire à l'idée que l'un des plus grands coureurs en montagne de tous les temps – il détient également le record du célèbre Leadville 100 – serve des glaces dans une modeste boutique au fin fond du Colorado.

Nous descendons toujours tranquillement dans la forêt mais plus nous perdons d'altitude et plus je m'inquiète. Le retour s'annonce difficile. Dès le premier raidillon, Zach prend effectivement le large. Il m'attend au sommet, une centaine de mètres plus loin, mais j'y arrive avec les poumons en feu. Zach ne semble pas remarquer que je suis à bout de souffle, parce qu'il repart dès mon arrivée. Finalement, après de multiples arrêts, je me résous à le libérer.

– Continue sans moi. Je vais rebrousser chemin d'ici.

Ravi de pouvoir retrouver son rythme habituel, il se contente de hocher la tête et disparaît entre les arbres. Soulagé, je peux faire en marchant les quelques kilomètres qui me séparent de Barr Camp.

* * *

Dans l'après-midi, la neige se met à tomber. De gros et lourds flocons sèment un chaos silencieux à l'extérieur. Tout l'après-midi, des randonneurs couverts de neige affluent. Nous sommes samedi, il y a donc beaucoup de monde en montagne. Une quinzaine de personnes poussent la porte du refuge dans la journée. La plupart ont l'intention d'y passer la nuit. Un groupe est venu pour enterrer une vie de garçon, mais tous s'endorment avant 21 heures.

J'en profite pour parler un peu plus avec Zach, entre ses allées et venues à l'extérieur pour chercher du bois de chauffage. Malgré une certaine timidité, il se dit heureux de rencontrer tous ceux qui viennent ici et de discuter avec eux.

– Les gens pensent qu'on mène une vie solitaire ici, dit-il en attisant le feu. Mais j'ai plus de contacts que si j'étais en ville. Les gens n'entrent pas comme ça chez toi.

Je lui demande s'il a une petite amie, ce qui le fait sourire.

– Je suis célibataire, dit-il. Ce n'est pas facile de sortir avec quelqu'un quand on vit ici.

Pendant un moment, Zach a eu une relation avec la coureuse d'ultra Hillary Allen. C'est dans ses bras qu'il tombe à la fin de la vidéo de la North Face 50. Il ne précise pas ce qui les a séparés ni si c'est lié au fait qu'il vive dans la montagne, à 10 kilomètres de toute habitation.

– En allant à mon premier rendez-vous avec Hillary, dit-il, je suis tombé à mi-pente sur un randonneur qui s'était fait mal au dos. Je l'ai aidé à redescendre, mais ça m'a mis en retard. Je comptais sur le côté héroïque de mon excuse mais je ne sais pas ce qu'elle en a pensé.

Pour venir le voir, Hillary devait se coltiner la montée à Barr Camp.

– Heureusement, je tombe toujours sur des coureuses. Les gens s'inquiètent pour moi. Ils disent : « Mec, tu vas rester célibataire si tu continues à vivre loin de tout », mais j'adore ça. Je finirai bien par trouver.

La nuit tombe. La sœur et le beau-frère de Zach ont préparé un grand plat de pâtes pour les visiteurs. Quelques-uns ont décidé de planter leurs tentes et de cuisiner dehors mais viennent se réchauffer un peu à l'intérieur. Ils ont l'air transis. Je ne suis pas sûr que leur repas ait été un succès dans le blizzard. Quand je le leur demande, ils me répondent par un sourire gêné.

À 21 heures pile, tout le monde est éjecté de la pièce principale et se replie dans les tentes ou dans le dortoir. Comme il s'agit de la maison de Zach et de sa sœur, c'est le moment de les laisser seuls. Ils ne tardent toutefois pas à aller se coucher. Tout excité à l'idée de sa longue sortie du lendemain matin, Zach n'arrête pas d'aller voir la neige tomber dehors. Je me couche par terre, à côté du poêle à bois, ce qui est un luxe. Le dortoir où sont installés les autres visiteurs n'est pas chauffé et la température y est négative. Zach m'a en plus prêté une veste bien chaude – une doudoune Nike qu'il ne peut désormais plus porter – et un bon sac de couchage. C'est vraiment l'hiver ici, comme le dit le panneau en bas. Bien au chaud dans mon lit douillet, je m'installe pour une bonne nuit de sommeil.

* * *

À notre réveil, il y a 1,20 mètre de neige fraîche. Zach, déjà debout, est en train de fixer des espèces de raquettes sous ses chaussures. On dirait deux mini skateboards sans roues. Elles lui permettent de ne pas s'enfoncer à chaque pas. Il me propose de l'accompagner à nouveau mais, comme j'avais déjà du mal à le suivre sur un sol ferme, je préfère ne pas m'y risquer dans la neige.

Le beau-frère de Zach me suggère d'aller faire une randonnée. C'est déjà assez difficile de marcher dans ces conditions, dit-il. Il me donne une paire de raquettes ordinaires.

Une fois équipé, je pars seul dans la forêt silencieuse. La marche est effectivement difficile et, après 3 kilomètres seulement, à la limite entre la forêt et la haute montagne, je décide de faire demi-tour.

Les arbres, la neige qui continue à tomber doucement, la régularité de mes pas sont propices à la méditation. C'est comme marcher dans un rêve.

À mon retour, Zach est encore en train de courir. Il ne rentrera pas avant plusieurs heures. Il semble qu'il ait repris sérieusement l'entraînement. Dans quelques mois, il tentera à nouveau sa chance à l'UTMB. Aucun Américain ne l'a encore gagné, c'est donc un gros objectif pour lui. Une victoire aurait un énorme retentissement dans l'ultra sphère américaine. Ça lui vaudrait sans aucun doute de grosses primes de la part des sponsors ainsi que le titre officieux de meilleur ultra trailer au monde. Difficile d'imaginer que ses nombreux rivaux s'entraînent aussi assidûment.

Pendant un moment, me dit-il, le refuge était tellement fréquenté qu'il n'avait pas le temps de faire ses séances, alors une nuit, à 2 heures du matin, il a décidé d'aller au sommet de Pikes Peak en courant. Ça lui a tellement plu qu'il y est retourné la nuit suivante et ainsi de suite.

– J'ai fini par le faire sept nuits d'affilée, dit-il. Je ne sais pourquoi... J'en avais juste envie.

Avant de regagner la civilisation, dans l'après-midi, je demande à Zach ce qui le motive. C'est une question épineuse pour beaucoup de coureurs.

– Courir, c'est presque voler, dit-il. Ce n'est pas moi qui l'ai dit, mais ça me plaît. J'adore cette sensation.

Il n'y a toutefois pas que ça. Je sens chez Zach quelque chose de plus altruiste, comme si la course n'était qu'une composante d'un ensemble plus vaste.

– C'est vrai, dit-il. Je pense que les gens s'identifient à ceux qui donnent vraiment le meilleur d'eux-mêmes, qui continuent à faire le maximum même quand c'est dur.

L'ultra est un peu une métaphore de la vie, avec ses hauts et ses bas, ses peines et ses joies. Et quand quelqu'un est doué pour ça, qu'il court avec son cœur, que la dureté de l'effort se lit sur son visage inondé de sueur, on s'identifie à lui. On est ému.

– Il y a beaucoup à dire sur le fait de se donner à fond, explique Zach. Je pense que le faire dans le sport est vraiment cool, parce que ça peut inspirer d'autres personnes, les pousser à courir, à sortir ou à travailler très dur au bureau. C'est quelque chose d'humain qui rapproche les gens. C'est donner le meilleur de soi-même.

Zach incarne la rusticité de l'ultra. Il vit dans une cabane dans la forêt et coupe du bois au lieu d'aller à la salle de musculation. Il n'utilise ni Strava ni GPS et se contente d'une Casio à cinq euros achetée sur un marché au Portugal. Auparavant, il se fiait à l'horloge accrochée à la façade de Barr Camp. Il partait courir et vérifiait le temps qu'il y avait passé à son retour. Si elle affichait 2 heures de plus qu'à son départ, il repartait pour un tour. En compétition, il donne tout ce qu'il a aussi longtemps que possible sans considérations tactiques ni stratégie. Cette témérité lui coûte parfois très cher, y compris quand il gagne, mais c'est une source d'inspiration. C'est le triomphe du cœur sur l'esprit. Et c'est pour cette raison que tous ceux qui l'ont vu courir, notamment sur YouTube, se reconnaissent en lui.

Revigoré, j'entame ma descente dans la neige épaisse qui a cessé de tomber, longeant des rochers ornés de stalactites de glace semblables à des dents de dinosaures, pour aller retrouver la chaleureuse authenticité de Manitou Springs et ma voiture de location.

Avant de prendre mon vol pour aller courir la Miwok 100k à San Francisco, j'ai le temps de faire une rapide halte à Boulder, la *running town* du Colorado. Des dizaines de coureurs de fond, dont certains comptent parmi les meilleurs mondiaux, vivent dans cette ville universitaire à la fois lumineuse et excentrique. Il ne s'agit pas seulement de coureurs d'ultra, mais aussi de stars de la piste et du marathon.

Je fais une première escale dans une rue calme de sa banlieue, à une vingtaine de pâtés de maisons du centre-ville. C'est le genre d'endroit où les enfants font du vélo ou jouent au basket après la classe. Au bout de longues rues bordées d'arbres, les montagnes Rocheuses apparaissent étincelantes sous le soleil au zénith, comme sur un poster pour chambre d'adolescent. Je suis chez une prothésiste qui perfectionne la nouvelle jambe de Dave Mackey, un *ultra runner* local. Je les trouve tous deux dans le garage aménagé en atelier.

– Entre, dit la prothésiste en attrapant une chaise entre les rangées de membres artificiels.

– Tu veux t'asseoir ?

Comme ils sont debout, je décline.

– Ça va.

Dave a 47 ans et fut pendant deux décennies un géant de l'ultra aux États-Unis, dont il a remporté les plus grands rendez-vous. La Fédération américaine d'athlétisme l'a désigné *ultra runner* de l'année en 2004 et 2005, et le magazine *Ultrarunning* lui a décerné le même titre en 2011, mais en 2015, alors qu'il courait dans les montagnes des environs, le sol s'est dérobé sous ses pieds et il est tombé d'une arête.

Après un an et demi d'opérations à répétition, d'infections récurrentes et de douleurs constantes, il s'est fait amputer la jambe gauche sous le genou. C'est lui qui a pris cette décision, dit-il. Il avait déjà subi treize interventions chirurgicales et des greffes osseuses ou musculaires qui n'avaient pas pris, puis un scanner a montré qu'une tige insérée dans son tibia bougeait. Il ne pouvait plus marcher sans béquilles.

– L'amputation n'aurait pas été le premier choix d'un ostéopathe, dit-il avec un sourire peiné. Mais, en tant qu'assistant de chirurgien, je savais que les autres solutions impliqueraient des années d'une rééducation pénible qui ne marcherait probablement pas.

Dave mourait d'envie de retourner courir sur les sentiers et a jugé que l'amputation était le moyen le plus sûr et le plus rapide.

– Je savais que des amputés gravissent l'Everest, dit-il. Il y avait donc de bonnes chances pour que je puisse rester actif.

Tandis que Dave essaie une nouvelle prothèse plus ajustée en trottinant prudemment dans la rue, la prothésiste m'explique que son rôle consiste principalement à le retenir.

– Dans sa situation, la plupart des gens seraient plus réticents, plus prudents, dit-elle. Ça ne fait que quelques mois qu'il a été opéré et il recourt déjà en montagne. Les coureurs d'ultra doivent avoir quelque chose en plus qui leur permet de surmonter la douleur.

– C'est le cas, lance Dave en passant.

Sa détermination est bouleversante. Il semble dépité que les ajustements prennent autant de temps.

– C'est plus dur que je ne l'imaginais. Je me voyais gambader après une quinzaine de jours, mais la guérison a été plus lente et j'ai dû retrouver ma mémoire musculaire. Je n'ai même pas porté mon propre poids pendant six semaines. Je me demande encore comment faire du ski alpin, poursuit-il, comme s'il était surpris de ne pas dévaler d'ores et déjà des pistes noires, mais ça ne devrait pas poser de problème.

Quant à la course à pied, Dave a toujours des ambitions. Il veut participer aux Leadville Series, six courses qui finissent en apothéose par la célèbre Leadville 100.

– Pas pour gagner, ajoute-t-il avec nostalgie, comme s'il était nécessaire de le préciser.

Il n'a toujours pas fini d'ajuster sa prothèse. Je lui demande ce qui le pousse à continuer la course, depuis son accident.

– J'adore être dehors, en montagne, dit-il. Ça m'apporte beaucoup d'énergie et d'épanouissement.

Il faut être sacrément passionné pour continuer à le faire avec une jambe en moins, surtout quand on courait auparavant pour gagner. Mais pour Dave comme pour Zach, le plaisir de courir va bien au-delà du déplacement, de la compétition. Ils le font pour trouver l'extase.

– L'aventure compte beaucoup, reprend-il. Explorer et voir la montagne changer d'un jour à l'autre, aller courir entre amis… Je pense que les satisfactions sont encore suffisamment importantes pour que je refuse d'y renoncer.

* * *

Quelques jours avant d'arriver à Boulder, j'ai envoyé des messages à tous les coureurs d'ultra qui y vivent et dont j'ai pu trouver la trace en ligne. Quelques-uns, attirés par le café que je leur ai promis, ont accepté de venir me retrouver. Une fois sa séance chez la prothésiste terminée, Dave m'accompagne donc au *Laughing Goat,* un bar plein de jeunes assis devant leur ordinateur portable, qui font durer leur café toute la matinée.

Le premier que nous rencontrons est un gars dont j'ai beaucoup entendu parler. Quand les gens me disent que l'arrivée récente de coureurs jeunes et rapides issus du sport universitaire est le plus grand bouleversement récent de l'ultra, ils parlent toujours « de types comme Sage Canaday ».

– Je ne suis pas si jeune, dit Sage dans un éclat de rire, en s'asseyant.

Il a 31 ans. C'est peut-être dû à son ascendance japonaise et à son régime végétarien, mais il en fait moins. Il vient tout juste de remporter la Lake Sonoma 50, un ultra trail de 50 miles (80 km) très réputé de ce côté-ci du monde. Sage est devenu professionnel dès sa sortie de l'université et a fait trois ans de route. Il a couru le marathon en 2 h 16 en 2011. Il dit toutefois avoir passé toute son enfance sur les sentiers et avoir toujours été intrigué par les distances supérieures au marathon.

– Après l'université, mes entraîneurs ne me laissaient pas faire plus de 30 kilomètres, dit-il. Je lisais les articles sur la North Face 50, la Western States 100 dans la presse spécialisée. Je voyais Kilian (Jornet) faire la couverture de *Running Times magazine* et je me disais : « C'est quoi, cette façon de courir ? » Ça avait l'air plus marrant d'aller en montagne que de rester en permanence sur le macadam des grandes villes et je n'avais aucune chance de me qualifier pour le marathon olympique. La route est marrante aussi, mais c'est plus difficile d'y faire carrière.

Jeune, rapide, beau garçon, Sage fait un carton sur les réseaux sociaux et les vidéos de son blog ont une énorme audience. Il y parle de son entraînement, de ses courses, de son alimentation et donne des conseils. Tout ça fait les affaires des sponsors et, avec l'appoint du coaching, Sage parvient à vivre de l'ultra.

Il gagne des courses, mais à la différence des marathons, elles ne rapportent vraiment pas grand-chose, dit-il.

– Il n'y a pas d'argent à gagner à la Western States, mais une victoire peut rapporter plusieurs milliers de dollars de primes et de nouveaux sponsors, ce qui peut changer toute ta carrière. C'est la même chose avec l'UTMB. Pour le premier Américain qui le gagnera, ce sera une belle prolongation de contrat et quelque chose comme 10 000 dollars de primes.

La conversation glisse vers le sujet sensible du dopage. Sage est connu pour son militantisme.

– Dans l'ultra, on n'est jamais contrôlé, dit-il. C'est tellement facile d'y échapper quand on s'entraîne et qu'on se cache en montagne.

Lui dit n'avoir été contrôlé qu'une fois – à l'UTMB – mais ce n'était pas une surprise, dans la mesure où tous les coureurs de l'élite le sont pour cette course.

– Mike Wardian [un autre coureur d'ultra] m'a dit : "Ils vont te faire une prise de sang la veille de l'UTMB. C'est juste pour que tu le saches." Tout le monde est prévenu mais l'EPO se prend dans les mois qui précèdent la course, quand on s'entraîne le plus dur, puis une semaine avant, il suffit d'arrêter pour ne pas se faire prendre. Il faut être complètement idiot pour se présenter au départ chargé comme une mule.

Outre l'absence de contrôles, dit Sage, les incitations au dopage sont nombreuses.

– Pour les meilleurs, des dizaines de milliers de dollars sont en jeu. On peut obtenir de quoi aller partout dans le monde, on peut devenir professionnel, ça peut être très lucratif pour un coureur top niveau. L'ultra trailer moyen, celui du milieu de peloton, se dit qu'il n'y a pas de dopage parce qu'il n'y a pas assez d'argent à gagner, mais il se trompe. Il y a beaucoup d'argent en jeu.

Dave, qui écoute en silence, acquiesce de la tête.

– En plus, c'est addictif de gagner, d'avoir du succès sur les réseaux sociaux, de devenir célèbre, surtout aujourd'hui. C'est sûrement une puissante motivation, dit-il.

Sage renchérit :

– C'est une question d'ego. Il n'y a pas que l'appât du gain, il y a les réseaux sociaux, les articles... et le fait qu'il est très facile de se doper.

Quand on parle d'ultra, les réseaux sociaux reviennent très souvent dans la conversation, ce qui peut paraître incongru. Ce sport peut mettre dans un état tel qu'il faut faire preuve d'une force mentale et d'une détermination énormes pour continuer, pour terminer. Si on le faisait seulement pour des *kudos*, on abandonnerait probablement au premier signe de défaillance, mais c'est peut-être ce qui explique le taux d'abandon, souvent proche de la moitié, si élevé dans bon nombre d'ultras.

Pour essayer de comprendre l'importance des réseaux sociaux, je décide de poser la question sur un grand groupe Facebook consacré à l'ultra, ce qui me vaut immédiatement un déluge de réponses. Si les réseaux sociaux et Strava – l'application qui permet de partager les fichiers GPS de vos séances d'entraînement – jouent effectivement un rôle, disent certains, les vraies raisons pour lesquelles ils courent des ultras sont le défi et la recherche de leurs limites. D'autres disent mettre leurs données en ligne non pas pour s'en vanter, mais pour en inciter d'autres, pour leur montrer que c'est possible.

Quelqu'un du Nouveau-Mexique dit : « Si moi, qui étais gros et alcoolique, j'ai pu devenir un coureur de fond en bonne forme, tout le monde peut le faire, mais il ne faut pas se mentir : les encouragements des amis et de la famille sont importants. »

Pour Steve Diederich, directeur de course, les réseaux sociaux jouent un rôle positif parce qu'ils stimulent l'imagination : « En voyant les photos de leurs amis, les gens font : "Ouah ! Moi aussi, je veux faire ça" », dit-il.

Cette façon de se passer le mot, d'en inspirer d'autres, est selon lui au moins en partie responsable de l'essor de l'ultra ces dix dernières années, période pendant laquelle l'influence des réseaux sociaux a connu une énorme croissance.

Beaucoup de ceux qui ont répondu à ma question sur Facebook disent être venus à l'ultra après en avoir entendu parler sur les réseaux. « C'est ce qui m'a fait plonger. J'ai fait mon premier ultra parce que j'ai vu des trucs sur Facebook et que j'ai trouvé ça drôle », écrit l'un d'eux.

Les réseaux sociaux en aident même à ne pas abandonner. Tout en assurant ne pas courir uniquement pour s'en vanter sur Internet, Helen James, une Britannique, dit avoir décidé plusieurs fois de continuer après s'être demandé : « De quoi j'aurai l'air sur Facebook ? »

Selon l'entraîneur Ryan Knapp, les fanfaronnades en ligne jouent un rôle « énorme » dans le succès de cette discipline. « L'ultra a remplacé le marathon, dit-il. Les gens aiment passer pour des martyrs. Ils veulent pouvoir dire combien c'était "épique", ou qu'ils ont fini à quatre pattes avec une fracture de la colonne vertébrale. Ça fait plus d'effet que : "J'ai bien couru et j'ai fini en bon état." »

Chez certains, ça peut même aller trop loin. Quelqu'un de Cornouaille écrit : « Je me suis mis beaucoup de pression avec les réseaux sociaux, par le passé. Je postais des trucs en pensant que les gens allaient se dire : "Ouah ! C'est dingue, ce qu'elle fait", mais ceux auxquels je voulais ressembler s'en foutaient complètement. J'ai arrêté de publier sur les réseaux sociaux avant les courses ou pendant l'entraînement et j'en vois déjà les résultats. J'ai fait une course dimanche et j'ai adoré de bout en bout. Pas de pression, pas de publications sur les réseaux sociaux. »

Malgré tous leurs travers, les réseaux ont permis à des coureurs de l'élite comme Sage Canaday de faire carrière dans ce sport.

– Quand je suis passé de la route aux ultras, dit-il, mon audience a augmenté de façon exponentielle. On suscite beaucoup plus d'intérêt quand on fait de l'ultra. Quand vous êtes le énième à faire 2 h 16 au marathon, tout le monde s'en fiche.

Même Zach, qui n'a rien d'un geek, publie régulièrement sur Instagram.

– Les fans d'ultra aiment les beaux clichés de montagne, poursuit Sage. Si tu prends un selfie sur un sommet, tu auras plus de likes que moi avec une photo prise sur la piste, même si l'entraînement sur piste est aussi dur et aussi important.

Sage va de nouveau tenter sa chance à l'UTMB dans quelques mois. Je lui demande quel est son objectif.

– Le premier, c'est de terminer. La dernière fois, je suis tombé alors que j'étais dans le groupe de tête et il a fallu me poser des points de suture. J'ai essayé de prendre un antalgique mais c'était insupportable en descente.

Il n'y a pas de route dans le secteur où il se trouvait, il a donc été évacué en hélicoptère.

– C'était vraiment embarrassant, dit-il. Le premier objectif est donc de ne pas tomber, d'éviter les points de suture. Le suivant, ce sera de gagner. C'est l'objectif ultime. Ça va être l'ultra trail le plus relevé de l'histoire et aucun Américain ne l'a encore remporté. C'est tellement spectaculaire... C'est la plus grande course. Je veux dire : ici, on a de belles courses de 100 miles comme la Western States, mais à l'UTMB, il y a tellement plus de spectateurs, de journalistes, de coureurs. C'est tout simplement incomparable.

* * *

Il me reste une personne à interviewer ici, à Boulder, avant d'aller prendre l'avion pour faire la première des courses qualificatives qui doivent me permettre de prendre le départ de l'UTMB. Elle s'appelle Hillary Allen. Tout le café que j'ai englouti me rend un peu nerveux, mais elle est tellement pétillante et pleine d'énergie qu'elle ne remarque visiblement rien.

Hillary a gagné le championnat américain de Skyrunning en 2015 et elle est actuellement en tête des World Series. C'est aussi l'ex de Zach Miller. Je ne cherche pas à savoir pourquoi ils ont rompu, ni si c'est lié au fait qu'il vive loin de tout dans la montagne. Pour commencer, je préfère lui demander comment elle a débuté l'ultra.

Ancienne joueuse de tennis, elle courait juste pour garder la forme quand un *ultra runner* de son entourage a repéré ses qualités de grimpeuse et l'a prise sous son aile.

– J'ai immédiatement été accro, dit-elle.

Comme Zach et Sage m'ont dit qu'ils gagnaient bien leur vie avec l'ultra, je tiens à savoir si c'est aussi facile pour les coureuses. Bien qu'elle fasse partie de l'élite mondiale, Hillary enseigne dans une petite faculté de Boulder.

– Oh, c'est un bon job, dit-elle en plissant les yeux. Je m'en suis bien sortie cette année... C'est un sujet assez sensible parce que les athlètes ne sont pas autorisés à divulguer ce qu'ils gagnent. Mais je n'avais plus aucun contrat au premier trimestre. J'ai donc pu contacter plusieurs sponsors et parler à différentes personnes pour me faire une idée de la façon dont ça se passe et le fait est – je n'invente rien – qu'avec des résultats comparables aux miens, neuf gars sur dix gagnent beaucoup plus, y compris avec les mêmes sponsors.

Les hommes sont certes plus nombreux dans l'ultra, ce qui explique en partie les choses, dit-elle, tout en soulignant que le potentiel de croissance est encore plus élevé chez les femmes, puisqu'il y en a moins. Je trouve en outre assez étrange qu'on considère qu'une femme ne peut pas inspirer un homme. Hillary manque de s'étrangler.

– Ça aussi, c'est intéressant. Je finis en général dans les vingt, voire dans les dix premiers des courses auxquelles je participe. Il m'est même arrivé d'être 3e au classement général. Stephanie Howe, qui fait partie du team North Face, vient, elle, carrément de remporter une course. Il y a aussi… Oh, j'oublie son nom, mais elle a remporté la Hardrock, l'un des ultramarathons les plus durs au monde.

Je pense qu'elle veut parler de Diana Finkel, détentrice du record féminin de la Hardrock 100, qui a fini 2e au *scratch* en 2010. Beaucoup d'autres femmes ont remporté de grands ultras. Pam Reed a, par exemple, gagné deux fois la Badwater, une course de 217 kilomètres à travers la vallée de la Mort, en Californie, en 2002 et 2003. Plus récemment, Courtney Dauwalter, de Denver, a remporté la Moab 240 avec 10 heures d'avance sur le premier homme et, en janvier 2019, Jasmin Paris a fait la « une » de la presse britannique en battant le record de la Spine Race, l'un des ultras les plus durs du pays avec ses 430 kilomètres, de plus de 12 heures tout en tirant son lait pour sa fille de quatorze mois. Quand le 3e *finisher* masculin – sur les cent vingt-six partants – a passé la ligne d'arrivée, 25 heures après elle, elle avait eu le temps de rentrer chez elle, de dormir et de donner plusieurs interviews à la BBC.

L'ultra est certainement l'une des disciplines où les performances des femmes sont les plus proches de celles des hommes. Le fait que leurs efforts ne soient pas récompensés de la même façon n'en est que plus déconcertant.

Quelques semaines après mon voyage aux États-Unis, une enquête sur le sujet a été publiée sur le site irunfar.com. L'auteure, Gina Lucrezi, a envoyé un questionnaire à une centaine des meilleurs *ultra runners* masculins et féminins aux États-Unis et en Europe de l'Ouest, en veillant à l'équilibre entre les sexes, les résultats, les profils sur les réseaux sociaux et les différents types d'épreuves. Les coureurs y ont répondu de façon anonyme.

Les résultats sont frappants, voire déconcertants. Ils révèlent que 30 % des femmes interrogées gagnent plus de 10 000 dollars par an, un an après leurs débuts, alors que c'est le cas de 70 % des hommes.

Clare Gallagher, autre ultra-runneuse de Boulder qui a remporté la célèbre Leadville 100, est en déplacement le jour de mon overdose de café au *Laughing Goat*, mais elle me répond par e-mail. Elle ne mâche pas ses mots : « Les différences de salaires, c'est vraiment naze parce qu'elles introduisent la discrimination dans un secteur qui a eu l'intelligence de ne pas faire de stupides distinctions sexistes. C'est embarrassant pour la discipline. »

Elle a raison. L'ultra n'a pas d'injustices à réparer. En tant que sport jeune, en tout cas sur le plan des intérêts commerciaux, il aurait pu démarrer sur de bonnes bases, mais ça n'a pas été le cas.

Dans le cadre du sondage, les coureurs ont été interrogés sur ce qu'ils aimeraient gagner et 51 % des femmes seulement souhaiteraient plus de 10 000 dollars par an, alors que c'est le cas de 85 % des hommes. Comme le dit Zach, dans la jungle de l'ultra où personne ne semble faire la loi ni fixer le montant des gains, on ne vaut rien d'autre que ce que les sponsors sont prêts à donner. Les hommes négocient-ils de façon plus agressive ? Ont-ils une plus haute idée de leur valeur financière ?

Hillary fait oui de la tête. Il est l'heure pour elle d'aller enseigner mais elle me répond rapidement :

– C'est une question de répartition des rôles et d'éducation. Les gars sont élevés pour être agressifs et pour s'affirmer. Si j'ai obtenu plus d'argent dans le cadre de mon contrat, c'est parce que j'ai insisté, parce qu'un avocat m'a conseillée, mais je pense que peu de femmes sont prêtes à le faire.

Sur ce, l'une des meilleures spécialistes mondiales de l'ultra doit aller travailler. De mon côté, je rassemble mes affaires, je paie l'addition et vais déambuler dans les rues ensoleillées du centre de Boulder, où je croise des chanteurs de country en salopette et des vendeurs de falafels ambulants, avant de regagner ma voiture de location. Prochaine escale : la baie de San Francisco, autre haut lieu de l'ultra, pour ma première course de 100 kilomètres.

6

Mon avion atterrit à l'aéroport de San Francisco où m'attend un brun à lunettes et à la poignée de main ferme, qui a son t-shirt rentré dans le jean. C'est Gary Gellin, un *ultra runner* californien de haut niveau qui a déjà remporté la Miwok 100K. Il est avec sa femme, Holly, qui parle d'une voix douce et le trouve visiblement amusant. Ils ont accepté de m'héberger et Gary s'est dit prêt à m'aider dans mes recherches.

Dans la voiture, Holly me laisse la place du passager et nous partons pour le Marin County, sur les contreforts du massif qui borde la côte nord de la Californie. Gary et Holly vivent à Mill Valley, localité pleine de maisons en bois aux superbes vérandas perchée dans les collines, parmi les séquoias.

C'est aussi une ville de coureurs. Le départ du Dipsea Trail, doyenne des courses-nature américaines, a lieu sur la place principale. C'est une épreuve à handicap de 12 kilomètres. Les plus lents partent en premier sur un tracé bien défini qui suit un sentier escarpé et cassant, mais les coupes sont autorisées, ce qui donne un spectacle assez chaotique mais palpitant. La course, dont la première édition a eu lieu en 1905, s'achève à Stinson Beach. C'est là que sera donné dans quelques jours le départ de la Miwok 100K.

De la pièce où Gary et Holly prennent leurs repas, assis à une petite table pour deux, on peut apercevoir le Golden Gate. La vue est superbe et Gary, qui en est fier à juste titre, me la fera remarquer presque tous les jours. Dès notre arrivée, il enfile son tablier et commence à préparer le dîner. Il fait très chef cuistot et s'enorgueillit de ses méticuleuses méthodes pour tout. En plus de l'énorme salade de chou frisé et de quinoa avec noix, feta et un million d'autres ingrédients que nous mangerons pendant trois jours, il concocte une fournée de ses fameuses barres énergétiques. Il a élaboré lui-même la recette et chaque ingrédient y est précisément dosé, des graines de citrouille aux amandes effilées en passant par les cerises séchées, les éclats de chocolat noir et le beurre de cacahuètes.

– Le beurre de cacahuètes doit être liquide, dit-il en ouvrant un pot *king size* d'un geste théâtral. Parfois, quand il ne l'est pas assez, je dois ajouter de l'huile d'arachide.

Dans les jours qui suivront, tous ceux qui passeront chez lui repartiront avec quelques-uns de ces blocs d'énergie pure.

Pendant qu'il cuisine, Gary me parle des coureurs du coin que je devrais, selon lui, interroger.

– Gediminas Grinius, dit-il. Ce gars-là est génial. Il est arrivé 2e à l'UTMB l'an dernier. C'est un ancien combattant de la guerre du Golfe qui s'est mis à l'ultra pour surmonter un syndrome post-traumatique. Je vais l'aider dans sa tentative de record du tour du lac Tahoe. J'ai son e-mail.

– Grinius ? Ouais, il faut que tu lui parles, renchérit Holly, en émergeant de son journal.

– Et à propos de gens perturbés, Holly, il faut que je le mette en contact avec Catra. C'est une ancienne dealeuse qui s'est fait arrêter et tout. Elle est couverte de tatouages, elle a les cheveux bleus, elle est frugivore et a des millions d'abonnés sur Instagram. Elle court un 100 miles tous les quinze jours. Elle ne gagne pas. Elle n'est pas très rapide, mais c'est une source d'inspiration pour des tas de gens.

Gary est de plus en plus exalté.

– Il faut aussi que tu parles avec Adam Campbell, dit-il avec un grand sourire. Ce mec a été frappé par la foudre pendant la Hardrock mais a quand même fini 2e derrière Kilian. Fabuleux ! J'ai son e-mail. Je vais lui envoyer un mot.

Dans ce sport, tout le monde semble avoir vécu des trucs dingues. Je me demande parfois s'il ne faut pas être traumatisé pour faire de l'ultra. Peut-être la souffrance de la course permet-elle d'évacuer celle du passé. Après des heures d'efforts sur les sentiers, peut-être le désespoir, le deuil, le sentiment d'exclusion ou autre finissent-ils par se dissiper, ce qui permet de prendre du recul. Les coureurs d'ultra au passé difficile sont légion. Jim Walmsley, qui est actuellement le plus rapide des États-Unis, s'est mis à courir après avoir été renvoyé de l'armée. Chargé du lancement de missiles nucléaires, il faisait des gardes de 24 heures dans un bunker souterrain. C'était déjà un bon coureur quand il était à l'université, mais c'est pour échapper à la dépression qu'il s'y est remis après son renvoi. Quand je finirai par le rencontrer, à l'occasion de l'UTMB, ce souvenir le fera sourire. C'est maintenant un grand champion sponsorisé et admiré, qui vit les choses avec décontraction – « avec le recul, le renvoi a été la meilleure chose qui me soit arrivée », me dira-t-il.

L'histoire de Gediminas Grinius, l'ami de Gary originaire de Lituanie, est bien connue. « Après mon passage en Irak, dit-il dans une interview accordée au *South China Morning Post*, j'avais le choix entre la vodka et la drogue, alors je me suis mis à courir. Je n'ai jamais compté les kilomètres. C'était juste agréable. Tu enfiles tes *runnings* et, au bout d'un moment, tout va bien. »

Peut-être que les démons de mon passé ne sont pas assez nombreux pour faire de moi un bon coureur d'ultra. Quand je serai dans le dur, pas sûr que l'espoir d'en sortir débarrassé de mon passé avec l'avenir devant moi sera assez fort pour me pousser à aller voir encore plus loin.

La baie de San Francisco grouille en fait de coureurs d'ultra et, pendant les jours qui suivent mon arrivée, Gary passe son temps à m'emmener voir tous ceux qu'il est capable de dénicher, à commencer par l'ancienne junkie Catra Corbet.

***

Gary n'arrête pas de dicter des messages à son téléphone en conduisant. L'appareil est censé reconnaître ce qu'il dit, mais il ne fait jamais ce qu'il demande, un peu comme un chien mal dressé. Au lieu de regarder la route, il passe son temps à retirer ses lunettes pour essayer de voir quel charabia il vient d'envoyer.

La plupart de ses messages sont des réponses aux innombrables critiques que son vélo à assistance électrique semble susciter chez ses amis cyclistes. Gary est un homme-orchestre. En plus d'être champion d'ultra, il organise chaque année une traversée de 1 600 kilomètres dans l'ouest des États-Unis et du Canada pour une quarantaine de personnes. Son dernier jouet est donc un vélo électrique qu'il s'est offert, non pas pour remplacer son vélo musculaire mais sa voiture, ce qu'il a du mal à faire comprendre. Il va pouvoir faire deux fois plus de distance mais personne ne semble convaincu.

– Oh non ! Écoute-moi ça, dit-il avant de lire un nouveau message assassin posté sur Strava qui l'accuse d'avoir vendu son âme au diable ou de tricher avec ses segments. Faux ! Point barre. J'ai bien mis « vélo électrique » pour cette sortie. Point barre !

Il me regarde en hochant la tête.

– Tu vas adorer Catra. C'est une furieuse.

Nous nous garons devant un Starbucks quelconque, pas très loin de San Francisco, et traversons le parking. Elle n'est pas difficile à repérer. Assise au bord de la route, elle porte une minijupe bleue, un top de course d'un vert éclatant et elle a fait deux couettes de ses cheveux teints en rouge. Ses lunettes sont assorties à sa jupe et au manteau du petit chien qui se trouve sur ses genoux. Ses jambes musculeuses sont couvertes de tatouages et elle a des piercings un peu partout sur le visage. On ne lui donnerait pas plus de 28 ans, mais Gary m'assure qu'elle en a 52.

Il lui explique que je suis là pour interviewer des coureurs d'ultra mais elle paraît timide et parle longuement avec lui avant de commencer à répondre à mes questions. Elle m'explique qu'elle était gothique et qu'elle aimait faire la fête... beaucoup. Elle s'est mise à l'ultra après avoir été arrêtée pour trafic de drogue.

– La course m'a sauvé la vie, c'est sûr, dit-elle. Des gens vont aux Alcooliques anonymes ou quoi... Pas moi. Ma thérapie, c'est d'aller courir sur les sentiers.

Catra a couru plus de cent trente courses de 100 miles (d'une traite).

– J'aime en faire une ou deux par mois, poursuit-elle, comme s'il s'agissait de promenades de santé.

Ce n'est pas pour autant qu'elle trouve ça facile. Elle a déjà été mise hors course parce qu'elle s'était mise en danger, parce qu'elle était déshydratée ou qu'elle ne tenait plus debout. Elle a même eu un ulcère à l'estomac à cause des antidouleurs qu'elle prend pendant les courses.

– Je suis juste têtue, dit-elle. Quand j'ai décidé de faire quelque chose, je m'y tiens. C'est comme ça que j'ai décroché.

Elle m'explique que c'est son compagnon d'alors qui a tout pris pour le trafic de drogue. Elle a échappé à la prison parce qu'elle avait un job et une voiture. Le lendemain, elle est allée marcher sur un tapis, à la salle de sport. C'est comme ça que tout a commencé.

– Je plane toujours quand je suis sur les sentiers. Je préfère courir seule. J'aime la solitude.

Elle a toujours un couteau sur elle, au cas où elle tomberait sur un puma.

– Le couteau, c'est surtout pour Truman, s'il est attaqué.

Truman est un minuscule teckel qui court parfois avec elle mais qu'elle transporte la plupart du temps dans son sac. Depuis qu'elle a commencé à courir, elle a vu onze pumas, dit-elle.

– Mais je n'ai jamais été attaquée.

Attablée dans ce Starbucks perdu au bord d'une route de banlieue, elle a l'air de venir d'un autre monde. Son allure, ce qu'elle raconte, son regard de baroudeuse... tout chez elle exprime la démesure. C'est même écrit sur sa cuisse tatouée. Parmi les crânes et les ailes de papillon, on peut lire sa citation favorite : « Seuls ceux qui se risquent trop loin savent jusqu'où on peut aller. »

Gary jette un coup d'œil à sa montre. Notre programme est chargé. On doit sillonner la région pour rencontrer des coureurs, mais il doit aussi poursuivre ses activités caritatives. Il a tout synchronisé, tout réglé comme une horloge. Après avoir quitté Catra et repris la route, je me demande à nouveau si j'ai ce qu'il faut pour être coureur d'ultra.

– Nous y voilà, dit Gary en pénétrant sur le parking réservé au personnel d'un grand supermarché.

C'est la mi-journée et le soleil écrasant colore tout en blanc. Nous descendons de voiture et entrons dans le magasin par la porte de service. Gary se fraye un chemin entre les cartons et les plateaux couverts de gâteaux tout en saluant des gens de la tête ou de la main. J'ai du mal à le suivre.

Nous trouvons la gérante, une femme fatiguée vêtue d'une blouse blanche.

– Salut, fait-elle. Vous venez pour les trucs périmés ?

Gary récupère des produits dont la date limite est dépassée pour le compte d'organisations humanitaires qui les distribuent à ceux qui sont dans le besoin ou à des sans-abri. La tâche en vaut la peine mais c'est fatigant, à deux jours d'un ultra.

Le magasin a plus de choses à proposer que d'habitude aujourd'hui. Nous chargeons tout ça dans un caddie et Gary l'entasse dans sa voiture. Petits pains, gâteaux, fromage. Encore des gâteaux. Tout ça fond au soleil.

Gary fourre les derniers trucs dans le coffre et le ferme. Nous avons maintenant rendez-vous avec un gars nommé Scott Dunlap. Nous le trouvons assis devant un coffee shop, dans ce qui semble être un quartier bobo.

Je commence à m'habituer aux histoires de dingues que racontent les coureurs d'ultra, en particulier dans cette partie du monde, alors je me contente de hocher la tête quand il commence à me dire qu'il lui est arrivé un jour de refiler du cannabis à Justin Bieber et Katy Perry, lors d'un concert de Jay-Z à Los Angeles. Le cannabis, qui est légal en Californie, est apparemment un bon moyen de récupérer pour les coureurs d'ultra et Dunlap avait une entreprise qui en fournissait.

– Le meilleur moyen de se remettre d'un ultra, c'est de s'installer sur son canapé avec quelques *space cakes* et de s'envoyer les six films de *Star Wars,* dit-il avec un sourire si large que je me demande s'il ne se moque pas de moi – je ne crois pas que ce soit le cas.

– Ce n'est pas du dopage ?

– Ce serait repéré au contrôle, oui. Mais je sais que certains coureurs top niveau prennent de l'ibuprofène toutes les deux heures. Ça, c'est du dopage. Est-ce que j'ai des scrupules à prendre du shit ? À la prochaine course que je vais faire, on distribue du cannabis à partir du 50e mile. C'est au directeur de course de décider. Voilà comment je vois les choses. Quand je fais une course qui applique les règles de l'AMA, je m'y plie.

Il s'adosse à sa chaise et sirote son café, qui a aussi été considéré comme un produit dopant jusqu'en 2004. Les restrictions de l'Agence mondiale antidopage concernant la caféine ont alors été levées.

– Tu sais, l'ivresse du coureur, c'est comme celle du cannabis, sauf qu'avec la première, on se sent bien le lendemain, mais on stimule les mêmes récepteurs chimiques.

L'ivresse… C'est peut-être ce que nous cherchons tous avec la course à pied. Certains se droguent, d'autres courent des ultras. D'autres encore font les deux.

Chacune de mes questions conduit à une histoire de dingue. Le simple fait de lui demander comment il a commencé l'ultra nous amène au 11-Septembre et à un horrible meurtre.

– J'ai commencé le trail en 2001, dit-il. Je travaillais comme un dingue dans la Silicon Valley et j'avais échappé de justesse aux attentats des Twin Towers. Je devais participer à une réunion d'investisseurs au World Trade Center, mais j'avais quitté mon job une semaine avant. J'aurais dû être dans ce bureau. Tous les investisseurs sont morts. Ça m'a bouleversé, alors j'ai pris quelques jours de congé pour réfléchir. C'est à ce moment-là que je me suis mis au trail, pour retrouver la forme et faire quelque chose d'un peu plus satisfaisant spirituellement.

Dunlap n'a commencé à s'entraîner sérieusement qu'à 40 ans, après la naissance de son premier enfant. Quelques années plus tard, il a été désigné *US Masters Ultra runner of the Year*. Il a remporté récemment le titre de champion des États-Unis sur 50 miles dans sa catégorie. Il avoue préférer les distances relativement courtes et participe régulièrement à des marathons sur route.

– Je déteste les 100 miles, dit-il, mais j'en fais un tous les ans, pour voir du pays.

Il s'adosse à sa chaise, dans la lueur dorée du soir qui baigne la rue.

– Raconte-lui l'histoire du Brit, dit Gary.

Scott acquiesce, comme s'il allait y venir de lui-même.

– Inov-8 a fini par me sponsoriser. C'est Robert Brown, un *fell runner* britannique de talent qui était aussi pilote chez British Airways, qui m'a fait découvrir ces chaussures. Il faisait la liaison Londres-San Francisco et venait souvent nous mettre des trempes dans les trails du coin. Un jour, je lui ai proposé de venir dormir chez moi, sur le canapé. Il avait des chaussures incroyables et m'en a apporté une paire, que j'ai adorée. Plus tard, quand Inov-8 est arrivé aux États-Unis, ils ont vu que je portais déjà leurs chaussures et m'ont intégré à leur team Élite. Robert Brown a par la suite été condamné pour le meurtre de sa femme, qu'il a enterrée dans son jardin.

***

Deux jours plus tard…

Je suis assis devant chez Gary. La rue est tellement calme qu'on dirait une photo. Il est 3 h 30 du matin. Une voiture apparaît au loin. Elle s'approche lentement et s'arrête à ma hauteur. Je me lève et ouvre la portière. À l'intérieur, Hal, un des amis coureurs de Gary, écoute Metallica à un volume très faible. Bien calé dans son siège, il me salue nerveusement de la tête, sans un mot. Je monte.

Nous roulons jusqu'au départ de la course, à Stinson Beach. Une fois sur place, Hal descend de voiture et part de son côté. Je suis le mouvement général dans la pénombre jusqu'au sas de départ, devant un centre communal en bois. Une demi-heure plus tard – le temps pour moi de refaire six fois mes lacets –, nous nous rassemblons sous l'arche qui marque le départ officiel de la Miwok 100K. Nous sommes à peu près quatre cents à attendre le feu vert, pressés les uns contre autres, éblouis par nos frontales. La directrice de course monte sur une chaise, ce qui lui vaut de timides acclamations. Nous n'avons pas vraiment le cœur à ça.

– Ok, encore 20 secondes, dit-elle. Profitez bien de la nature. Prêts pour le compte à rebours ? Dix, neuf, huit... deux, un, *go* !

Je démarre en traînant les pieds. Ma priorité, surtout au départ, c'est de me préserver. La distance est presque deux fois supérieure à ce que j'ai fait de plus long en course à pied, je ne sais donc pas comment ça va se passer. Quelque chose peut lâcher, je peux être pris de crampes, ou me trouver tout bonnement dans l'incapacité d'avancer. La clé, c'est l'économie. Dès le départ, je marche donc à la moindre pente. Nous grimpons le célèbre Dipsea Trail en file indienne, nos frontales formant une longue guirlande sur le flanc de la montagne. Autour de moi, des gens s'interpellent.

– C'est toi, Jack ? Comment ça va, mon gars ?

Je reste concentré. L'ascension commence déjà à être longue. Pour l'essentiel, il s'agit de marches taillées dans la pente.

Il fait presque clair quand nous arrivons en haut. Là, un type célèbre l'arrivée du jour au son de sa cornemuse, tandis que nous défilons les uns après les autres sous ses yeux avant de changer de vitesse pour entamer la descente.

Le premier ravitaillement arrive plus vite que je ne l'espérais. De la pastèque. C'est délicieux. J'avale quelques bouchées et je repars. On grimpe à nouveau en zigzags sur les hauteurs d'où on peut voir le Golden Gate et les gratte-ciel de San Francisco. Dans la brume matinale, c'est splendide, mais je peux à peine profiter du spectacle. Les descentes rocailleuses accaparent toute mon attention.

Le deuxième ravitaillement se trouve au 29e kilomètre. Arrivé en un seul morceau, je m'alimente à nouveau et m'arrête un moment. Je me sens bien. Je suis évidemment fatigué, mais toujours assez solide. Mon estomac me fait un effet bizarre et je croise les doigts pour que ça ne s'aggrave pas. Il faut vraiment que je m'entraîne à manger en courant.

Les pierres et le sol durci au soleil commencent aussi à se faire sentir dans les descentes. Mes chaussures sont assez fines et l'amorti généreux des Hoka que je vois aux pieds d'autres coureurs me fait bien envie. Peut-être que ce sont mes pieds qui vont me lâcher. Mauvais choix de chaussures...

Je fais le yoyo dans le peloton, gagnant des places dans les montées et les descentes en pente douce alors que je semble être le plus lent dans les portions où la marche s'impose. Je bavarde un moment avec un Canadien qui court lui aussi son premier 100 kilomètres.

– Je sais que mon corps en est capable, dit-il. J'espère juste que ma tête l'est aussi.

Aux alentours du 50e kilomètre, on attaque la montée la plus longue de la course, la bien nommée Cardiac Hill, qui nous amène 413 mètres au-dessus du Pacifique. Je l'entame en alternant une minute de marche et une de course. À mi-pente, je suis complètement vidé. Je ne le réalise pas immédiatement. Je décide juste de finir en marchant. Il me paraît raisonnable d'économiser mes forces. Dans mon esprit, c'est juste une mesure de précaution.

Quelques instants plus tard, un gars posté sur le bord du chemin crie :

– Encore une épingle et cette saloperie de montée sera derrière vous !

Mon visage se fend d'un rictus irrésistible. Il sait ce que c'est. Après le virage, apparaît le ravitaillement. Oh mec, la pastèque a un goût incroyable ! J'attrape encore quelques tranches que je trempe dans le sel, comme me l'a conseillé Gary. Eh ! Le voilà justement.

– Finn ! Comment va ?

Difficile de dire s'il est impressionné ou pas.

– Sacrément fatigant, je dis en hochant la tête.

Cinquante et un kilomètres au compteur. Compte tenu de la distance, je vais plutôt bien. Toujours décidé à me présenter des coureurs d'ultra du coin, Gary interpelle un bénévole. Il s'appelle Paddy O'Leary.

– Paddy, voilà Finn. C'est un Britannique. Vous allez bien vous entendre.

– Euh... pas dit, après quatre siècles d'oppression et tout, répond Paddy avec un fort accent irlandais.

Il est toutefois souriant. Je lui dis que ma mère est de Dublin et mon père de Galway. Son sourire s'élargit. Tout le monde est irlandais dans les parages.

Bon, je ferais mieux d'y aller, mais au moment de me lancer à travers les collines parsemées de fleurs sauvages qui se présentent devant moi, tout le poids de ma fatigue me tombe sur les épaules. Tout, y compris les portions plates, me paraît dur désormais. Les descentes me font mal aux pieds et je peine à garder l'équilibre. Même la marche rapide m'épuise. J'ai déjà vécu ça à la fin d'un marathon. Ça n'a rien d'agréable. Tout ton corps te supplie d'arrêter. Tes jambes, tes pieds, ton dos... Tout demande grâce. Même mes bras me font mal. Mais je n'ai jamais ressenti ça à 45 kilomètres de l'arrivée. Et nous sommes à la mi-journée – il fait de plus en plus chaud. L'air des collines verdoyantes est saturé de pollen. Les rayons du soleil le tranchent comme des couperets.

Les coureurs d'ultra disent souvent qu'ils apprécient cette phase, qu'ils attendent impatiemment ces moments où la douleur les submerge, où il faut affronter la tempête. Je me dis qu'ils sont tous fous. Comment peut-on souhaiter ça ? Voilà que je chancelle, alors que le doute s'installe, prêt à m'achever. « Je ne suis pas fait pour ça. Pourquoi faire des choses pareilles ? Je ferais mieux d'arrêter. Tout ça est insensé. » Le problème, c'est que ces doutes sont tout à fait justifiés. À cet instant, c'est effectivement insensé. J'essaie de me souvenir de la raison pour laquelle je tiens à le faire.

Les coureurs aiment aussi parler de la montagne en termes de conquêtes. C'est un match entre toi et elle, disent-ils. Je l'observe, mais elle me semble indifférente. Alors que je m'échine sur ses sentiers, elle reste impassible et sereine. La montagne ne me combat pas et je n'ai rien contre elle. Nous pourrions très bien en rester là en toute amitié.

En fin de compte, c'est plutôt moi contre les organisateurs. Pourquoi nous envoient-ils courir dans de telles pentes ? On dirait qu'ils ont délibérément cherché à rendre le tracé le plus difficile possible pour se vanter de la dureté de leur course. Je suis là, à suer sang et eau, juste pour leur permettre de se faire reluire.

Bien sûr, c'est d'abord moi qui ai choisi de faire cette course. Hier soir, j'ai envoyé une photo de mon dossard à ma famille via WhatsApp accompagnée seulement du mot « *Help !* »

« Haha, c'est de ta faute », a répondu Lila, ma fille aînée. Ce n'était pas ce que je voulais entendre mais elle avait raison. Je ne me bats avec personne en dehors de moi-même. De toute façon, j'y suis et, pour une raison qui m'échappe, il faut que j'aille au bout.

Lentement, péniblement, les kilomètres s'accumulent et je ne cesse de me faire dépasser. J'essaie à chaque fois de m'accrocher, puis je me traîne à nouveau. L'air complètement absent, certains me doublent comme des zombies, sans répondre à mes blagues autrement que par des grognements. D'autres sont calmes, repliés sur eux-mêmes et m'encouragent au passage. D'autres encore courent par deux, en parlant de leurs emprunts ou de leurs vacances, comme si c'était la balade du dimanche. Dans l'état de délabrement total où je me trouve, c'est assez déconcertant de me faire doubler par deux femmes qui parlent du prix des hôtels à Venise.

Au 75e kilomètre, le tracé plonge au pied d'une énorme bosse qu'il faut remonter ensuite. Descendre est douloureux mais, au moins, c'est rapide. Ceux qui remontent en sens inverse marchent presque tous et je décide d'ores et déjà que je ferai comme eux.

– *Good job !* C'est bien ! me lancent-ils au passage.

Tout le monde dit la même chose. J'ai bien conscience d'être affreusement grincheux, mais ça commence à m'agacer. Ils n'ont rien d'autre à dire que « C'est bien ! C'est bien ! » ? Ce que je fais n'a rien de bien. Je m'accroche du bout des ongles pour ne pas sombrer totalement.

Un autre ravitaillement se trouve au bas de la descente. À la Miwok 100K comme dans beaucoup d'autres ultras, il faut avoir son propre gobelet, qui remplace les jetables, ce qui limite les déchets. Mon sac à dos était vendu avec un modèle pliable en plastique. Je croyais donc être équipé, mais il s'est avéré trop petit et pas commode, ce qui ne m'a pas empêché de le sortir à chaque fois et de prendre patiemment une rasade d'eau, une de boisson énergétique et une troisième de Coca. Cette fois, pourtant, au bas de cette descente, l'un des bénévoles remarque que j'ai du mal à remplir mon gobelet mollasson.

– C'est quoi, ce gobelet ? En voilà un vrai.

Il attrape un récipient métallique de la taille d'une pinte, le remplit de Tailwind (une boisson énergétique) et me le tend.

– Merci, je lui dis avant de le vider d'un trait.

* * *

Comme prévu, je remonte la colline en marchant. Un peu avant le sommet, ma montre-GPS m'annonce que j'ai passé le cap des 50 miles. Ça paraît dingue. Je fais rarement ça en une semaine. Je me prends réellement la tête à deux mains et me mets à jurer lentement :

– Nom-de-Dieu-de-merde !

Puis je prends une profonde inspiration et me remets en marche.

Après la longue montée, nous voilà à nouveau dans la forêt. Le sentier fait les montagnes russes sur la ligne de crête. Après avoir vu Gary, aux alentours du 50e kilomètre, j'ai marché à la moindre montée pour ne courir péniblement que sur le plat et dans les descentes, mais j'ai maintenant du mal à courir même sur les portions plates. Je me mets à calculer combien de temps il me faudra pour marcher jusqu'à l'arrivée. Le problème, c'est que même ça, c'est une torture. Quatre heures, d'après mon calcul. C'est pas possible. Il faut que je continue à avancer du mieux que je peux. Puis, tout en clopinant, une pensée me vient, comme un rayon de soleil braqué sur une fleur perdue dans le feuillage épais et suffocant. L'image me saute aux yeux. J'observe la colline qui se dresse devant moi et je me dis : « Elle n'est pas si terrible. Pourquoi ne pas essayer de la grimper en courant ? » Il me reste à peine plus de 10 miles. Je suis fracassé et vidé comme jamais mais rien n'a lâché. Je ne suis ni blessé ni malade. Je pourrais envoyer paître la prudence pour une montée, juste pour voir. Soyons fous !

Et je me mets à courir. Une foulée, deux... Oui, tout va bien. Je peux en faire quelques-unes de plus, jusqu'au prochain rocher. Eh, me voilà en haut ! J'attaque la descente, sur l'autre versant. Eh, c'est marrant ! Ça grimpe à nouveau.

Mes pieds, mes jambes… plus rien ne me fait souffrir. C'est dingue. J'ai l'impression que ça vient tout juste de commencer. Plein d'énergie, j'accélère dans la montée suivante. C'est comme quand j'avais 16 ans, quand je courais à fond dans les forêts du coin. Sauf que ce sont des séquoias californiens à la fin d'une course de 100 kilomètres. J'en ris malgré moi à gorge déployée. Je laisse des tas de gens sur place, des gens qui m'ont doublé un peu plus tôt, qui m'encouragent mais qui se disent sûrement : « Ouah ! Ce gars-là se fait mal. Il se met sacrément dans le dur ! »

– C'est bien ! me disent-ils au passage, cette fois avec plus de conviction.

– Tu déchires ! crient-ils. Ça dépote !

J'arrive au dernier ravitaillement en un rien de temps. Je pensais en avoir encore pour 1 h 20 mais la moitié suffira.

– Il reste 10 kilomètres. T'as l'air en pleine forme, me dit un bénévole.

– J'ai l'impression d'être gorgé d'EPO.

– Qu'est-ce qu'on peut faire pour toi ?

De quoi peut-on avoir besoin quand il reste 10 kilomètres et qu'on tient une forme pareille ? À cette allure et avec le final en descente, j'en ai pour 40 minutes.

– Tout va bien. Merci !

Je passe mon chemin sans boire ni manger. C'est une erreur. À 2 kilomètres de l'arrivée, j'explose à nouveau. Le dernier mile est tout en descente, dans une forêt dense et raide, mais ce sera pour moi le plus lent de toute la course parce qu'il faut enjamber des arbres déracinés et que mes quadris rechignent à chaque pas. Pourtant, personne ne me double. J'en déduis que tout le monde doit être assez fracassé à ce stade.

Je finis par en venir à bout. Émergeant de la forêt, j'aperçois l'arrivée, un peu plus loin, sur le bord de la route. Un petit groupe posté là se met immédiatement à m'acclamer. Je parviens à peine à trottiner pour passer la ligne d'arrivée. Voilà, je l'ai fait. Cent kilomètres.

Mon corps s'est rebellé, mon esprit a failli lâcher mais, ensemble, on a réussi à tenir le coup. Et sur 13 kilomètres de folie, dans la dernière portion, j'ai à peine touché terre. Qu'est-ce qui a bien pu se passer ?

* * *

Assis près de l'arrivée, dans la douceur du début de soirée, je passe quelques heures délicieuses à applaudir les autres coureurs qui en finissent et à bavarder gaiement avec tous ceux qui viennent s'asseoir à côté de moi, comme un invité un peu éméché à un mariage. Une douce joie m'envahit. J'ai fini 77e sur 375 partants en un peu plus de 12 heures.

Gary est introuvable mais il s'est arrangé avec son amie Magda Boulet, une ancienne marathonienne de niveau olympique devenue coureuse d'ultra, pour qu'elle me ramène. Sur le trajet du retour, je lui raconte mon incroyable regain de forme.

– Après avoir été à la peine pendant 30 kilomètres, je me suis senti frais comme une rose. C'était très étrange...

Mon histoire la fait sourire mais n'a pas l'air de l'étonner, encore moins quand je lui précise avoir englouti une énorme chope de Tailwind au pied de la colline. Le fait est que je n'ai pas seulement récupéré. Je suis passé du trente-sixième dessous à la grande forme, celle d'un pur-sang auquel on aurait fait une injection d'adrénaline. En comparant avec tous ceux qui ont mis leurs parcours sur Strava après la course, je découvrirai que j'ai réalisé le 2e meilleur temps sur ce segment.

Est-ce vraiment dû à ce que j'ai bu ? Ça s'est produit quand l'arrivée s'est profilée. Une fois à moins de 10 miles de la ligne, j'étais à nouveau dans le domaine de l'acceptable. Je savais parfaitement à quoi m'en tenir. Peut-être mon esprit a-t-il tout simplement décidé à ce moment-là de desserrer le frein à main et de me laisser finir.

Je me souviens de ce Canadien qui se demandait si son esprit tiendrait. Il savait qu'il pouvait tout arrêter, que les pensées négatives peuvent nous jouer des tours. Faut-il en déduire que cette douleur physique, cette lutte acharnée étaient en partie dues à mon esprit.

Est-il vraiment aussi puissant ? Et si c'était simplement dû à la déshydratation, au manque de carburant que cette énorme chope de Tailwind a comblé ? Une chose est sûre : aucun des *ultra runners* auxquels je le raconte ne s'en étonne le moins du monde. C'est, semble-t-il, le genre de chose qui arrive tout le temps lors de ces courses.

Le lendemain, Scott Dunlap m'appelle pour me demander comment ça s'est passé. Je lui raconte mon incroyable résurrection à 10 miles de l'arrivée. J'ai à peine le temps de lui parler du Tailwind, de la grande chope, qu'il éclate de rire.

– Tout est dans la tête, me dit-il. À 100 %.

Quoi qu'il en soit, j'ai désormais quatre points UTMB en poche. Il m'en faut encore onze. La partie est lancée. La prochaine étape de ma chasse aux points UTMB est une course de 217 kilomètres autour d'Anglesey, au Pays de Galles. Mais avant de relever ce défi, qui va à nouveau m'amener dans un domaine inexploré, au-delà des limites que je connais, je vais mettre cette quête sur pause pour aller dans un pays où l'ultra n'est pas considéré comme une folie, mais comme quelque chose de tout à fait normal, un pays où ce n'est rien de plus que de la course à pied.

7

– La course passe par cette côte, sur le bord de la route.

Craig pointe un doigt par la vitre ouverte, alors que nous émergeons du brumeux chaos urbain de Durban, sur une autoroute à trois voies. Ce n'est pas vraiment le lieu le plus enchanteur pour pratiquer la course à pied. Nous sommes en début de soirée et les embouteillages viennent de se dissiper, ce qui nous permet d'arriver rapidement à Kloof, une ville verdoyante de la banlieue, où Craig fait halte à l'entrée d'une allée fermée par un portail. Il prononce quelques mots à l'interphone et le portail commence à s'ouvrir. À l'intérieur se trouve une vaste bâtisse coloniale tapie à l'ombre de grands arbres. Tandis que nous pénétrons dans l'allée, deux chiens bondissent hors de la maison en aboyant.

Je suis venu en Afrique du Sud pour participer au Comrades Marathon, le doyen des ultras, qui est aussi le plus important au monde. Les Comrades, qui revendiquent le titre de *Greatest Human Race* (la plus grande course de l'humanité), sont assez inclassables. Bien qu'il s'agisse d'une course sur route de 90 kilomètres, son attrait dépasse de loin celui de tous les autres ultras, en tout cas dans cette partie du monde. Face aux Comrades, à leur histoire, à leur retentissement et leur côté festif, l'UTMB lui-même ne fait pas le poids.

Craig est l'un des dirigeants de la Comrades Marathon Association. Il a participé vingt-sept fois à la course mais il y a renoncé cette année pour protester contre un point de règlement lié aux inscriptions qui lui pose problème. Il me conduit à l'étage de sa maison impeccablement tenue, allume la télévision, met la chaîne sportive et me passe la télécommande.

– Si tu veux changer, n'hésite pas, me dit-il, avant d'aller dans la cuisine.

Je lui emboîte le pas, m'efforçant de passer pour l'invité modèle. Craig a accepté de m'héberger quelques jours. Il ouvre le frigo et vérifie son contenu.

– Tu as faim ?

– Un peu, je dis, en me demandant s'il se souvient que je suis végétarien.

Je ne veux surtout pas être embarrassant. Il sort quelques plats préparés par sa femme et stockés dans des récipients couverts de cellophane.

– Tu aimes les pâtes ?

* * *

La première édition des Comrades a eu lieu en 1921 et on la doit à Vic Clapham, un ancien combattant de la première guerre mondiale. Confronté aux difficultés du retour à la vie civile et nostalgique de la camaraderie qui régnait dans l'armée, il a eu l'idée d'organiser une course entre Pietermaritzburg, sa ville natale, et Durban, située à 90 kilomètres, sur la côte.

Son idée a d'abord suscité beaucoup de réticences. Ses détracteurs affirmaient que des gens allaient mourir s'ils tentaient de faire une distance pareille en courant, mais Clapham leur a rétorqué que ce n'était rien comparé aux marches que lui et ses hommes avaient faites pendant la guerre, en Afrique de l'Est, et il était convaincu qu'une telle épreuve serait un bon moyen de rendre hommage à ses camarades qui n'étaient pas revenus.

Il finit par avoir gain de cause et, en 1921, trente-quatre hommes s'élancèrent à l'aube de l'hôtel de ville de Pietermaritzburg. Le premier à franchir la ligne à Durban, un peu moins de 9 heures plus tard, fut un dénommé Bill Rowan. Ce nom va bientôt me devenir familier.

Bien que les Comrades aient eu lieu chaque année depuis, excepté pendant la seconde guerre mondiale, la fréquentation ne s'est mise à augmenter de façon exponentielle qu'à la fin de l'apartheid, une fois le pays exclu de tous les grands rendez-vous internationaux. En l'absence d'équipe olympique à acclamer et de compétition de niveau mondial à admirer pendant cette quarantaine sportive, la cavalcade annuelle dans la vallée du Natal a pris une dimension de plus en plus importante.

Robert Mtshali, premier coureur noir à y avoir participé, l'a terminée en 1935, mais il a fallu attendre 1975 pour que les Noirs puissent s'y inscrire et être classés. Même si certains plaidaient en ce sens depuis longtemps, la décision a été prise longtemps avant que l'apartheid soit aboli au début des années 1990.

– En 1975, nous devions encore braver la législation nationale pour permettre aux Noirs de courir, dit Mick Winn, qui présidait alors le comité d'organisation et qui a participé douze fois aux Comrades. L'une des régions par laquelle passait la course refusait de nous donner l'autorisation en prétextant qu'elle perturbait la circulation. Nous avons réglé pas mal de problèmes en faisant passer les Noirs pour des coureurs étrangers.

Je suis attablé avec Mick et sa femme Cheryl, ancienne lauréate de l'épreuve et actuelle présidente du comité d'organisation, dans le café d'un centre commercial. C'est Craig qui a organisé l'entrevue pour m'aider à comprendre et à apprécier pleinement l'histoire de la course. Dave Roger, un septuagénaire énergique et noueux, qui a fini la course quarante-cinq fois – un record – est également de la partie.

– Les Comrades ont toujours présenté le pays sous son meilleur jour, ils ont toujours montré ce qu'il pouvait être, dit Cheryl.

C'est aussi en 1975 que les femmes ont été autorisées à participer à la course mais la première à la finir a été Frances Hayward, en 1923. Cheryl, elle, a gagné en 1982.

Malgré l'interdiction, les Noirs et les femmes ont toujours eu le soutien enthousiaste des autres coureurs et des spectateurs. Vincent Rakabaele est devenu en 1975 le premier Noir officiellement classé, mais sa participation officieuse de 1974 a sûrement été encore plus importante, me raconte Bob de la Motte, un fervent militant anti-apartheid qui a pris trois fois la 2e place des Comrades.

Cette année-là, après s'être entraîné avec des étudiants blancs de l'université du Wits, qui l'ont conduit au départ et ont assuré son assistance tout le long de la course, Rakabaele a été en tête pendant un bon moment.

– Ce fut un grand moment de l'histoire du sport sud-africain et de l'apartheid, dit De la Motte. Il courait illégalement, sans dossard, mais il menait et avait une bonne chance de l'emporter.

Bien qu'il ait fini à la 42e place après avoir craqué, poursuit-il, il a été encouragé et applaudi tout le long du parcours et absolument personne n'a cherché à l'empêcher de participer. L'histoire officielle de la course a retenu que les plus acclamés ce jour-là ont été Derek Preiss, le vainqueur, Leighe Boulle, le *finisher* le plus âgé, et Rakabaele.

Dans son livre *Runway Comrade*, voilà comment De la Motte résume le rôle que la course a joué dans l'Afrique du Sud des années 1980 : « À la fin de la journée, les coureurs noirs retrouvaient leur bidonville et l'ignominie de l'apartheid mais, pendant 11 heures glorieuses, tout le monde avait été traité de la même façon, tout le monde avait franchi la ligne dignement, dans le même esprit de camaraderie, sans aucune distinction de race, d'âge ou de sexe. Les tensions raciales avaient disparu un bref instant et c'est naturellement devenu un catalyseur du changement social et politique. »

L'énorme présence des Noirs dans les courses, m'explique De la Motte, est venue à bout de nombreuses règles ségrégationnistes, comme celles qui étaient en vigueur dans les laveries, les restaurants et sur les plages.

– Les Noirs n'étaient pas admis dans les clubs de golf, de rugby, de cricket ou de tennis, dit-il. La course à pied a donc connu une incroyable *success story*. Aux Comrades comme dans les autres courses sur route du dimanche, les coureurs ont démontré que toutes les composantes de la société sud-africaine pouvaient cohabiter paisiblement et ce n'est pas passé inaperçu.

Selon le coureur noir Thulani Sibisi, qui fut partenaire d'entraînement et rival de De la Motte, le soutien des coureurs blancs a été précieux.

– Les Blancs nous encourageaient toujours et nous emmenaient au départ des courses parce que nous n'avions pas de moyens de transport, me dit-il. Nous étions bien accueillis par la plupart des coureurs, mais certains des Afrikaners ne nous traitaient pas bien.

Même après 1975, quand ils ont été officiellement autorisés à participer à la course, la vie des coureurs noirs d'Afrique du Sud est longtemps restée difficile. Sibisi dit avoir été arrêté neuf fois pendant ou après des courses en 1980 parce qu'il n'avait pas ses papiers d'identité sur lui.

– Comment garder des papiers sur soi quand on court ? C'était très traumatisant. J'y pense encore aujourd'hui.

Un soir de 1985, Sibisi a de nouveau été arrêté parce qu'il se trouvait dans une zone réservée aux Blancs, après la remise des prix d'une course qu'il avait terminée en 2e position derrière De la Motte. Lui et sa petite amie attendaient qu'on vienne les prendre en voiture mais, embarqué par la police, il a dû la laisser seule dans la rue. Sibisi était désormais un coureur réputé, aussi l'incident a-t-il soulevé une tempête médiatique. Parlant d'une arrestation « absolument répugnante », De la Motte a lui-même dénoncé l'intransigeance de la police dans les colonnes du *Star*. Mick Winn se souvient bien de l'incident. Il était à l'époque président de la South African Road Runners Association, et quelques jours après la parution des articles, dit-il, un membre éminent du gouvernement l'a appelé pour lui promettre que de tels incidents ne se produiraient plus.

Ça en dit long sur le rôle que la course à pied a joué dans le changement, souligne De la Motte.

– La course a permis aux Noirs de montrer au pays qu'ils étaient au moins aussi bons que les Blancs. Par leurs victoires dignement célébrées, ils accomplissaient le travail de Mandela sur la route.

Craig se lève et s'écarte dans l'allée principale du centre commercial pour aller répondre au téléphone. Toute la journée, il n'a cessé de sonner.

À l'approche de la course, il est au four et au moulin. De la mise en place des panneaux indicateurs à la logistique du salon, il semble impliqué à tous les niveaux. À chaque coup de fil, il doit réexpliquer avec force gestes et silences allusifs pourquoi il ne court pas cette année. Ne pas courir les Comrades semble plus étonnant que le contraire, ici.

Pendant ce temps, au café, Dave Rogers me raconte sa première participation, en 1961.

– À l'époque, c'était assez folklorique, dit-il. Je me suis pointé avec une paire de *takkies*, des tennis à l'ancienne. On en attrapait, des ampoules ! Les vieux disaient qu'il fallait courir avec une lame de rasoir dans ton mouchoir. Quand une ampoule commençait à se former, tu découpais une partie de la chaussure.

Ce dont il se souvient le mieux, c'est la foule. Il n'y a eu que 98 *finishers* cette année-là mais des milliers de personnes sont venues les encourager.

– J'avais joué au foot devant des dizaines de milliers de spectateurs mais, sur la ligne d'arrivée, je n'avais jamais vu une foule pareille. Je me suis dit qu'il avait dû y avoir un accident ou quelque chose comme ça. Les premiers étaient arrivés depuis longtemps mais la foule était toujours là. J'ai fini sous une haie d'honneur de plus en plus étroite. J'avais l'impression d'être champion du monde. C'était magique.

Quelques vieilles histoires plus tard et après une discussion sur le nombre d'éditions que certains ont terminées, Craig nous rejoint. Il règle la note, nous saluons tout le monde et rentrons chez lui, où une autre légende des Comrades qu'il a convaincue de répondre à mes questions nous attend dans l'allée ensoleillée. À 78 ans, Barry Varty sera cette année le doyen de la course, qu'il a finie vingt-huit fois en trente-six participations. Il a par ailleurs été lui aussi président du comité d'organisation.

– Encore deux abandons et j'aurai droit au vert, dit-il.

– C'est une blague, ajoute-t-il, en me voyant perplexe.

Finir dix fois les Comrades donne droit à un dossard vert et à intégrer le Green Number Members Club. Les porteurs de dossards verts jouissent d'un grand prestige et ils ont même leur propre stand au salon de la course. Abandonner dix fois ne donne en revanche droit à rien, malgré la blague de Barry.

– Barry, c'est le monsieur Histoire des Comrades, dit Craig en s'installant à une table où deux verres d'eau sont disposés sur des sous-bocks aux couleurs de la course.

Barry y dépose une énorme pile de papiers et de dossiers. Il a réalisé une exposition historique pour le salon et le comité d'organisation l'a chargé de tenir la chronique de la course, ce dont il est manifestement très fier.

– Les Comrades, dit-il, c'est une commémoration. On oublie parfois un peu la raison d'être de la course et nous tenons à la rappeler. On y vient pour l'ambiance, pour le défi, mais nous pensons qu'il est important de rendre hommage à ceux qui sont tombés. « La plus grande course de l'Humanité » doit permettre d'honorer le plus grand des sacrifices.

* * *

L'énorme succès de l'épreuve dans les années 1980 est dû en partie à la couverture télévisuelle, qui a commencé en 1976, mais aussi à l'émergence d'un jeune coureur chevelu et fanfaron nommé Bruce Fordyce, qui l'a remportée neuf fois – un record – entre 1981 et 1990. Le voir rattraper les *leaders* année après année et s'envoler vers la victoire cheveux au vent dans la lumière du soir a suscité des millions de vocations et contribué à une hausse de 164 % de la participation au cours de cette période.

En déambulant dans les allées du salon, le vendredi avant la course, je repère Fordyce, dont les cheveux ont blanchi, assis dans la zone réservée au personnel de l'un des principaux sponsors. Il fait une courte pause avant de retourner voir ses admirateurs, qui font la queue pour le rencontrer, lui demander un conseil ou un *selfie*. Il a l'air épuisé mais il m'invite à m'asseoir un instant à ses côtés.

Je l'interroge sur la longévité de sa popularité. Son aura devait être énorme quand il était en pleine gloire.

– Tout le monde aime les vainqueurs, dit-il. C'est comme à Wimbledon. La foule applaudit toujours le tenant du titre et déteste les nouveaux venus. Moi, j'étais détesté lors de ma première victoire, en 1981.

Il portait alors un brassard noir pour dénoncer l'apartheid.

– Cette année-là, j'étais le nouveau venu, un étudiant aux cheveux longs qui protestait contre la ségrégation. On m'a lancé des tomates.

Tout le monde ne considère manifestement pas la course à pied comme un vecteur d'harmonie raciale. Cette année-là, les Comrades faisaient partie des célébrations du 20e anniversaire de la République sud-africaine organisées par le gouvernement blanc. De nombreux étudiants avaient décidé de boycotter la course en signe de protestation, mais Fordyce pensait que le retentissement serait encore plus important s'il la remportait.

Devant le stand du sponsor, la file d'attente s'allonge. Je vais devoir le laisser. Alors que je m'apprête à partir, il me donne le conseil qu'il a répété toute la journée :

– Démarre lentement et ralentis.

On me le dit à tout bout de champ : « La course est longue, prends ton temps. » Ce n'est pourtant pas ce que faisait Fordyce. Aujourd'hui encore, il aurait joué les premiers rôles, malgré le professionnalisme, l'assistance et les stages de préparation.

– L'an dernier, avec le temps que je faisais, j'aurais fini 2e, dit-il.

N'importe où ailleurs, un coureur d'ultra serait retourné à l'anonymat, une fois sa carrière terminée, comme ce fut le cas pour Matt Carpenter, le marchand de glace du Colorado. Malgré son énorme croissance à l'échelle mondiale, l'ultra reste un sport confidentiel, sauf en Afrique du Sud, où cette épreuve sur route est tout simplement le plus grand événement sportif de l'année. Le pic de fréquentation a été atteint en 2000, pour l'édition spéciale du nouveau millénaire. La barrière horaire a été repoussée de 11 à 12 heures et plus de vingt mille coureurs y ont participé. Aujourd'hui, la chaîne la plus regardée d'Afrique du Sud consacre 13 heures d'antenne à la course, qui est suivie par six millions de téléspectateurs.

L'une des originalités de l'épreuve, c'est qu'elle est « montante » ou « descendante » une année sur deux, puisqu'il faut parcourir les 90 kilomètres entre Durban, sur la côte, et Pietermaritzburg, 600 mètres plus haut à l'intérieur des terres, alternativement dans un sens et dans l'autre. Cette année, elle est montante.

Je ferais mieux d'aller me reposer, mais l'effervescence qui règne dans le salon me retient. J'ai quitté la maison de Craig pour passer la dernière nuit avant la course dans un hôtel proche du départ. Je vais y retourner bientôt pour faire une sieste. Je suis toujours aux prises avec le rhume que j'ai attrapé pendant le vol en provenance de Londres. Un petit somme ne me ferait pas de mal mais je dois d'abord passer dans la zone réservée aux primo-participants que Craig a mise sur pied, en plus de ses innombrables activités. Je le retrouve là, se pavanant gaiement dans son blazer orné de l'écusson des Comrades.

– Finn ! s'exclame-t-il en me tendant la main, visiblement ravi que je sois passé.

Il me présente à tout le monde – des hommes âgés qui ont fait la course plus de quarante fois, les femmes qui distribuent les sacs-cadeaux pleins de prospectus, de boissons et de barres énergétiques. Réalisant que je n'ai rien avalé depuis le petit-déjeuner, je goûte une de ces barres de céréales collantes.

– Au fait, dit Craig, me dirigeant d'une main amicale posée sur mon épaule, je tiens à te présenter à l'un de tes compatriotes.

Il tapote le dos d'un type assis, qui se retourne avec un grand sourire. C'est Steve Way.

– Salut ! fait-il.

Steve est bien connu dans le milieu britannique de la course à pied en raison de l'incroyable mutation qui l'a fait passer du statut de sédentaire obèse fumant un paquet de cigarettes par jour à celui de coureur de niveau international. Steve avait 33 ans et pesait 105 kilos quand il s'est mis à participer à des courses locales pour perdre du poids, en 2006. Puis il s'est attaqué au marathon de Londres, qu'il a couru en 3 h 07, après trois semaines d'entraînement seulement.

– J'ai découvert que fumer, boire et manger n'importe comment ne m'empêchait pas de courir vite, dit-il. J'étais le gros type bondissant perdu au milieu des coureurs de club.

C'est dix-huit mois après son premier marathon qu'il a décidé de commencer vraiment à s'entraîner sérieusement, en suivant un plan dégoté dans un livre. Deux ans plus tard, il courait à nouveau le marathon de Londres, cette fois en 2 h 35. Encore deux ans plus tard, il le fera en 2 h 19. Cette progression fulgurante lui valut alors quelques articles dans la presse spécialisée. Toujours à Londres, en 2014, alors qu'il avait 40 ans et qu'il était parti dans la foule, loin derrière l'élite, après avoir passé la nuit dans son camping-car, Steve a couru en 2 h 16, ce qui en faisait le 3e Britannique.

Encore plus fou, il n'espérait pas faire un bon temps cette année-là parce qu'il venait de se mettre à l'ultra et que ce marathon faisait partie de sa préparation pour le record britannique du 100 kilomètres qu'il avait l'intention de battre quelques mois plus tard – ce qu'il fit à l'occasion des championnats nationaux.

Avant même d'avoir eu le temps de réaliser ce qui lui arrivait, il représentait l'Angleterre aux Jeux du Commonwealth où il prit la 10e place du marathon avec un nouveau record personnel de 2 h 15.

– C'était vraiment incroyable, dit-il. À l'école, j'étais de ceux qui se cachent dans les buissons le jour du cross.

Son « histoire du gros type », comme il l'appelle, est désormais bien rodée, tant il l'a répétée au fil des ans. La version la plus célèbre est celle qu'il a livrée après sa course des Jeux du Commonwealth, quand Gary Lineker puis Clare Balding l'ont interviewé pour la BBC. Bien calé sur le canapé du studio, il souriait d'une oreille à l'autre, comme s'il venait de gagner au Loto.

Avance rapide de quelques années : après une série de blessures et de déconvenues, Steve n'a toutefois pas retrouvé la forme de ces jours fastes de 2014, mais avec ses dispositions pour l'ultra et sa préférence pour la route plutôt que pour la montagne, les Comrades semblent faits pour lui. Voilà pourquoi il vient y participer pour la première fois en tant que membre de la célèbre équipe professionnelle Nedbank, qui domine la discipline.

Comme moi, Steve a malheureusement attrapé un rhume dans l'avion et, pendant toute notre conversation, il suçote nerveusement des pastilles Strepsil. Il se dit bien préparé et m'explique que son objectif est de finir en moins de 6 heures. Il espère que ce sera suffisant pour faire partie des dix premiers.

– Si j'entre dans le top 10, dit-il, ce sera la plus belle réussite de ma carrière.

– Mieux que les Jeux du Commonwealth ?

– Oui, sans l'ombre d'un doute.

Malgré l'enjeu, Steve a l'intention d'essayer une nouvelle stratégie. Au lieu de se fier à son classement ou à sa vitesse, il gérera sa course uniquement en fonction de sa fréquence cardiaque.

– Ma montre ne m'affichera même pas le temps. Il n'y aura rien d'autre que ma fréquence cardiaque. L'objectif est de la maintenir en permanence à 145.

Il ne l'a jamais fait, me dit-il, mais il est convaincu que c'est un bon moyen de ne pas partir trop vite.

Partir doucement... Tout le monde le dit. Ce n'est pas mon fort mais, cette fois, je peux peut-être y arriver. Après tout, je me fiche pas mal de mon temps. C'est en tout cas ce que je me dis en souhaitant une bonne course à Steve avant de rentrer à l'hôtel.

Pendant la nuit, j'ai du mal à trouver le sommeil dans ce lit qui n'est pas le mien. Mon rhume semble s'aggraver. Je tousse et crachote maintenant comme un vieillard. Je me tourne d'un côté, de l'autre puis j'essaie sur le dos avec deux oreillers, mais rien n'y fait.

La sonnerie de ma montre, posée sur la table de chevet, finit par me tirer de mon cauchemar. Je me redresse et l'arrête. 3 h 30. Désormais bien malade, je me traîne jusqu'à la salle de bains et allume la lumière. L'image éblouissante que me renvoie l'immense miroir n'est pas très belle à voir. Mes yeux sont injectés de sang. J'ai l'air épuisé. Je me dis que ce n'est peut-être pas une bonne idée, que je ferais peut-être mieux de ne pas courir, mais le doute se dissipe rapidement. Je ne peux plus reculer.

J'ai mis par terre, à côté de mon lit, tout ce que je porterai pendant la course. Je m'habille lentement. Mon nom est imprimé sur mon dossard, mais ça m'étonnerait que beaucoup de gens se risquent à le prononcer. Sous ce nom figure le numéro 0, qui signifie que c'est ma première participation. Devant moi, il y a 90 kilomètres d'asphalte. En montée, pour l'essentiel.

Un buffet a été dressé plus tôt que d'habitude pour le petit-déjeuner. Une fois habillé, je me dirige donc vers le restaurant. Je n'ai fait que quelques pas dans le couloir quand une femme visiblement paniquée surgit de sa chambre et s'adresse à moi dans une langue que je ne reconnais pas. Elle a la cinquantaine et porte une tenue de course à pied. Manifestement contrariée, elle me fait signe de la suivre dans sa chambre.

Je reste sur le pas de la porte. La chambre est plongée dans l'obscurité.

– Je suis navré mais je ne vous comprends pas.

– Oh désolée ! reprend-elle en anglais. Je n'arrive pas à fixer l'étiquette à mon nom sur mon sac.

C'est tout ? Comme elle ne se calme pas, j'entre et accroche l'étiquette sans la moindre difficulté.

– Ça y est ? fait-elle, comme si j'avais accompli un miracle.

Je confirme d'un hochement de tête.

– Désolée... Je crois que je suis juste un peu nerveuse.

Je reprends la direction du petit-déjeuner en essayant de ne pas éclater de rire. Je ne suis manifestement pas le seul à être un peu perturbé, ce matin.

* * *

Le départ se trouve dans l'une des principales artères du centre de Durban. Il fait encore sombre, les rues sont sales et l'ambiance est tendue. Des gens en tenue de course à pied vont et viennent à la recherche de leur sas de départ, en suivant les bruyantes indications de la foule. Certains se reconnaissent, échangent des plaisanteries, se tapent dans le dos. La plupart sont déjà venus ici.

Je me dirige vers la zone B, la deuxième, réservée à ceux qui ont couru leur marathon de qualification entre 3 heures et 3 h 20.

Les Comrades sont un véritable rêve de statisticien. Tout y est mesuré, quantifié, analysé, de l'âge des coureurs aux professions les plus représentées. D'innombrables listings sont exposés au salon, avant la course, mais les deux données les plus importantes sont le nombre d'éditions auxquelles vous avez participé et le temps que vous allez réaliser. Ce temps est important puisqu'il détermine le type de médaille que vous obtiendrez et c'est toute une histoire, comme je l'ai très vite compris.

Chez lui, Craig avait fièrement exposé sur le plan de travail de sa cuisine ce qui, d'après lui, est sans doute le seul jeu complet de médailles. Pendant que je les examinais pour tenter d'en saisir l'importance – pour moi, c'était juste une collection de médailles un peu plus petites que la moyenne –, il m'avait demandé trois fois si je voulais les prendre en photo. Réalisant qu'il s'offusquait de la tiédeur de ma réaction, j'avais fini par sortir mon téléphone.

Voilà comment ça marche : les dix premiers obtiennent des médailles d'or. Elles sont évidemment très convoitées, notamment parce qu'elles sont assorties de coquettes sommes. En posséder une démontre que vous êtes un excellent coureur, mais ce ne sont pas les plus rares. Cette caractéristique est l'apanage des médailles Wally Hayward, qui sont décernées à tous ceux qui finissent en moins de 6 heures sans parvenir à entrer dans le top 10. Souvent, personne n'en décroche parce qu'avec un temps inférieur à 6 heures, on fait généralement partie des dix premiers. Voilà pourquoi elles sont si rares.

Wally Hayward, figure légendaire du folklore des Comrades, est largement considéré comme le plus grand coureur de l'histoire de l'épreuve. Il l'a remportée cinq fois. Pour la première, en 1930, il avait l'âge tendre de 21 ans, ce qui fait de lui le plus jeune vainqueur de tous les temps. Il a ensuite battu le record dans les sens montant comme descendant et fut le premier à passer sous les 6 heures. Puis, en 1954, il est devenu à 45 ans le vainqueur le plus âgé de tous les temps... avant d'être exclu.

Malgré son statut de marathonien olympique, il a alors été considéré comme un sportif professionnel parce qu'il avait accepté le remboursement de ses frais de déplacement à l'occasion d'une course au Royaume-Uni. Comme la plupart des épreuves sportives de l'époque, les Comrades étaient strictement réservés aux coureurs amateurs.

Wally Hayward fut finalement réintégré en 1974, et en 1988, à l'âge de 79 ans, il participa à nouveau à la course qu'il finit en 9 h 44 devant la moitié des inscrits. Craig a terminé cette année-là juste devant lui, mais il regrette de ne pas avoir ralenti pour franchir la ligne en compagnie de ce monument.

– Dix ans plus tard, il a accepté de me remettre mon dossard vert, à condition que je finisse avant l'heure du thé, pour qu'il ait le temps de faire sa sieste, dit-il. La photo de Wally me décernant mon dossard vert est l'un des plus beaux trophées de ma carrière de coureur.

En 1989, Hayward est devenu le plus vieux finisher de tous les temps en franchissant la ligne à deux minutes de la barrière horaire.

Avec une telle histoire, Wally Hayward méritait bien qu'on donne son nom à la plus rare des médailles.

La suivante est la médaille d'argent, qui revient à ceux qui finissent entre 6 heures et 6 h 30. Au salon, experts et vétérans sont là pour vous aider à définir votre objectif et la couleur de la médaille après laquelle vous allez courir. J'en ai parlé avec quelques-uns d'entre eux et la conversation s'est à chaque fois déroulée de la façon suivante :

L'expert : Quel est votre meilleur temps au marathon ?

Moi : 2 h 50.

L'expert (l'air assez impressionné) : Cette année ?

Moi : Non. Cette année, c'est 3 h 08.

L'expert (un peu moins impressionné) : Vous devriez avoir l'argent sans trop de difficulté. Quel volume avez-vous fait à l'entraînement ?

Moi : Environ 70 kilomètres par semaine depuis janvier.

L'expert (plus du tout impressionné) : Hmmm, il aurait fallu faire un peu plus pour l'argent. Tout dépendra de la forme du jour.

À les croire, je serais donc à la limite de l'argent. Ça n'a toutefois pas beaucoup d'importance. Je suis juste venu faire de mon mieux.

Après l'argent vient la médaille Bill Rowan, qui est remise à ceux qui finissent en moins de 9 heures. Bill Rowan est le vainqueur de la première édition des Comrades. Il l'a remportée en 8 h 59.

Ceux qui finissent sous les 11 heures ont droit à une médaille de bronze, et entre 11 et 12 heures, on a droit à la médaille Vic Clapham, du nom du fondateur de la course.

Et après ? Eh bien, c'est terminé. Quand la douzième heure sonne, l'accès à l'arrivée est fermé et l'épreuve est finie. Tous ceux qui sont encore en course sont disqualifiés, même s'ils ne sont qu'à quelques enjambées de l'arrivée. Mettre les gens hors course après 12 heures d'efforts peut paraître cruel, mais la plupart des anciens que j'ai rencontrés trouvent plutôt cette barrière horaire trop large. Chaque année, plus de la moitié des coureurs arrivent pendant cette dernière heure, et pour beaucoup d'entre eux, c'est même dans les dix dernières minutes. La limite a toutefois longtemps été fixée à 11 heures. Ce n'est qu'en 2000 qu'elle a été repoussée pour augmenter le nombre de participants et célébrer l'entrée dans le nouveau millénaire.

Craig, lui, n'en est pas satisfait. Dans le temps, dit-il, les gens prenaient leur retraite quand ils devenaient incapables de courir en moins de 11 heures, ce qui revient en gros à faire d'une traite deux marathons en 4 h 45 et un 5 000 mètres en 30 minutes, le tout sur une route vallonnée.

– Ce n'est pas très juste, poursuit Craig. Certains en sont maintenant à trente ou quarante arrivées, mais ils en auraient été incapables avant 2000.

Je le comprends mais j'ai du mal à savoir ce qu'il faut en penser. On peut certes accumuler un nombre impressionnant de participations, mais il n'y a qu'ici qu'on accorde une telle importance à ce nombre. Au salon, Craig invite quelques-uns des *multi finishers* les plus capés à prendre la parole dans sa zone réservée aux primo-participants. J'ai demandé à quelques-uns d'entre eux pourquoi ils revenaient sans cesse.

Barry Holland, qui a fait la course quarante-quatre fois, m'a répondu très simplement :

– Je suis de Durban. Les Comrades font partie de mon ADN.

– J'aborde ça comme un golfeur au début du parcours, en prenant mon temps, m'a quant à lui expliqué Dave Williams, qui en est à quarante et une participations.

Je doute qu'il y ait beaucoup d'endroits au monde où on aborde l'ultra comme un parcours de golf.

Une femme du Cap, venue elle aussi courir les Comrades pour la première fois, m'a dit au salon qu'elle s'était décidée à venir parce que soixante-sept coureurs de son club y avaient déjà participé. C'est drôle qu'elle connaisse le nombre exact.

Il semble que ce soit un passage obligé pour tout coureur sud-africain qui se respecte. Les Comrades sont les fondations sur lesquelles la pratique s'est construite en Afrique du Sud. C'était le point de départ et tout le reste en procède. Les autres courses emblématiques du pays, telles que le Marathon des Deux Océans, ont été conçues comme des tremplins vers les Comrades. Voilà pourquoi elles sont toutes un peu plus courtes. Et ce sont les Comrades qui ont popularisé voire banalisé l'ultra en Afrique du Sud, alors qu'il est resté marginal partout ailleurs. Les Sud-Africains se mettent au défi de courir les Comrades, exactement comme on le fait ailleurs avec le marathon. Malheureusement pour eux, le Graal se trouve deux fois plus loin. Ce n'est d'ailleurs pas forcément un mal, puisque – comme je vais le découvrir sous peu – les Comrades surpassent de loin toutes les autres courses de masse.

8

Une foule bouillonnante se presse déjà dans l'aire de départ au moment où j'y pénètre. Je dois me faufiler comme dans le kop d'un stade de foot pour atteindre mon sas. La sono crache des tubes pop des années 1980 et un speaker, qui semble avoir bu trois litres de café, électrise la foule qu'il fait sauter et hurler, tout en braillant sans cesse le temps qu'il reste avant le départ, tandis que d'énormes projecteurs illuminent les façades des immeubles de bureaux et d'habitation à des kilomètres à la ronde. Il est à peine plus de 5 heures du matin. Personne ne dort, cette nuit à Durban.

Voici enfin la cérémonie du départ ! J'ai bien peur qu'on me l'ait survendue. Des tas de gens m'ont parlé de l'émotion des dernières minutes qui leur tirait les larmes et leur donnait la chair de poule. J'en attends trop. Sans l'effet de surprise, ça ne marchera sûrement pas. L'émotion ne se commande pas, elle ne se programme pas. Et bien sûr, au début du premier acte, quand retentit l'hymne sud-africain, je m'efforce de résister à la chair de poule, le cynisme aux aguets. On ne me manipule pas si facilement. Autour de moi, en tout cas, les gens continuent à discuter, malgré la musique.

Puis la deuxième séquence de la cérémonie d'ouverture des Comrades démarre et je commence malgré moi à vibrer. C'est un chant traditionnel entonné par un grand chœur de voix profondes et touchantes. Les coureurs s'y mettent eux aussi en oscillant au rythme de la chanson. « *Shosholoza...* » Ça veut dire aller de l'avant et c'est imprégné de toutes les souffrances endurées pendant des générations. Alors que les notes montent, le chant transforme la foule en une masse énorme de bruit et d'énergie, comme si le passé mouvementé de ce pays cédait sous l'effet de dix-sept mille voix à l'unisson.

Mais ce n'est pas le moment de s'attarder sur le passé. L'heure est à l'émotion, qui déferle par vagues, et à la communion. Les premiers accords des *Chariots de feu* soulèvent une clameur. Ça devrait sembler ringard, pourtant nous sommes tous à fond dans le célèbre morceau de Vangelis, qui nous met dans la peau de héros olympiques sur le point de se lancer dans leur plus grand défi. Les poings serrés et le sourire aux lèvres, je suis gonflé à bloc.

La phase finale commence au chant du coq. C'est l'une des traditions dont les Comrades sont gorgées. En 1948, peu avant le départ, Max Trimborn, un coureur local qui n'y tenait plus, a poussé un cocorico retentissant dans ses mains en porte-voix. Ce n'était pas prémédité, mais d'autres coureurs ont exigé qu'il le fasse à chaque édition. Trimborn s'est donc exécuté pendant les trente-deux années qui ont suivi, parfois même déguisé en poulet. Il est mort en 1985 mais son cri, dont un enregistrement a été conservé, continue à retentir chaque année au départ. Il est suivi d'un coup de pistolet. Et nous voilà partis !

* * *

Pris au dépourvu par le *rush* du départ, je me retrouve très vite entouré de coureurs de la zone C. Je le sais parce que ça fait partie de la foule d'informations figurant sur les dossards qu'on porte tous sur la poitrine et dans le dos. C'est bien de partir lentement. On me l'a assez répété : « Pars doucement. »

Malgré la fraîcheur du petit matin, les rues sont pleines de spectateurs qui nous applaudissent et nous encouragent. Sur les deux bords de la chaussée, des coureurs doublent en zigzaguant comme s'ils partaient pour 10 kilomètres. Moi, je me répète : « Patience ! Patience ! » Il me faut 9 minutes 36 pour faire le premier mile. C'est lent mais il est trop tôt pour me soucier du chrono.

On file à travers la banlieue bétonnée de la ville, jalonnée de commerces au rideau tiré, via les axes les plus larges, des routes à trois voies, des ponts qui enjambent d'un bond des marchés en pleine installation. Autour de moi, les coureurs sont plutôt silencieux. Ayant repéré que c'est ma première participation, quelques-uns me donnent des conseils ou me demandent d'où je viens. Mon dossard indique aussi que je suis étranger, sans préciser ma nationalité.

– J'ai lu ton livre, me dit quelqu'un en apercevant mon nom.

– Allez, Adharanand ! lance un autre coureur en le prononçant à la perfection.

Alors que, devant moi, la route s'élève dans les collines à la sortie de la ville, je ne vois rien d'autre que des milliers de têtes dodelinant, une marée humaine dans un décor de béton. Je dois maintenant être très loin de la tête de course, alors qu'au départ, j'étais à une trentaine de mètres de la ligne. Je jette un coup d'œil dans mon dos, où le ciel commence à pâlir. Derrière aussi, la route grouille de vie à perte de vue.

En passant sous un pont, j'aperçois des gens vêtus de robes blanches à capuchon rassemblés, bras tendus et yeux fermés, autour d'un feu. C'est un spectacle étrange. Qui sont-ils ? Prient-ils pour notre bien ou pour notre damnation éternelle ?

Le jour se lève sans même que je m'en aperçoive, alors que j'attaque Cowies, la première des *big five*. Aux Comrades, même les collines ont un nom. Je décide d'alterner cinq minutes de course et une de marche jusqu'à la fin de la côte. Je gère mon capital corporel, j'économise mon énergie en vue des combats à venir.

Ça fait du bien de marcher, de soulager la tension pendant quelques instants, de prendre le temps d'apprécier le paysage. Nous sommes toujours sur un axe majeur qui monte mais, de part et d'autre, le béton a cédé la place à la broussaille, à des arbres rabougris et aux mauvaises herbes.

Sur le bord de la route, de grands panneaux indiquent la distance qui reste à parcourir. Les chiffres sont encore énormes – 73 km, 72 km – mais leur baisse progressive aide à garder le moral. C'est un petit coup de *boost* chaque fois qu'un nouveau panneau apparaît.

Depuis le lever du jour, la foule se fait de plus en plus compacte sur le bord de la route. Il y a de la musique, des gens dansent, c'est la fête. On a fermé les routes pour nous et on nous encourage comme des héros, mais je réalise que nous sommes aussi le divertissement du jour. On nous encourage par gentillesse, du fond du cœur, mais également parce que c'est amusant de voir autant de gens se lancer sur une distance aussi dingue, de rester assis là, un hamburger ou une bière la main, à observer une telle débauche d'efforts, de souffrances et de folie, tout ça sans rien débourser.

Un coureur qui vit au Canada me reconnaît et nous faisons quelques kilomètres ensemble. Ils défilent sans qu'on s'en aperçoive, ce qui est tout à fait normal à ce stade. Il est déjà venu l'année dernière mais n'a pas terminé. Il était parti trop vite, dit-il, alors cette fois, il est prudent. Selon lui, nous sommes dans l'allure pour finir en 8 h 15. Je n'avais pas encore fait le calcul. Je réalise que c'est déjà fini pour la médaille d'argent. Il faudrait que j'accélère dès maintenant pour essayer d'aller la décrocher mais j'ai déjà l'impression d'être dangereusement proche du surrégime. Je me fais donc à l'idée d'un *finish* en moins de 9 heures et d'une médaille Bill Rowan. Ça me paraît tout à fait faisable.

La route, qui est le plus souvent en faux plat, nous mène alternativement à travers la campagne, au pied de hautes falaises, dans des zones habitées où les gens boivent un verre assis dans leur jardin, en attisant le barbecue.

Au bout d'un moment, je prends quelques longueurs d'avance sur mon ami canadien.

– Tu veux accélérer ? me demande-t-il, un peu inquiet.

J'ai l'impression d'être au même rythme.

– Peut-être un peu, je réponds. Je suis sûr qu'on se reverra.

Ça n'arrivera jamais. Après une trentaine de kilomètres, je commence à ressentir les premiers signes de fatigue. Mes jambes sont de plus en plus lourdes dans les longues montées, il fait de plus en plus chaud et je suis de plus en plus impatient de voir arriver les ravitaillements. Sur le bord de la route, des gens commencent à parler du « bus ».

– Le premier va arriver, disent-ils, tout excités.

Sur le bord de la route apparaît un imitateur d'Elvis juché sur une scène.

– Je m'attendais à un vrai bus avec des roues, dit un coureur, suscitant quelques rires.

Je le sens, je l'entends, avant de le voir. Le martèlement des pas sur la route...

– On double maintenant beaucoup de gens qui sont partis trop vite, mais il ne faut pas s'emballer, dit quelqu'un à l'accent sud-africain. Trouvez-vous une place dans le bus et restez-y. On va vous amener à l'arrivée.

Me voilà happé par le bus, un énorme groupe de coureurs calés derrière un type à la carrure rassurante avec, dans le dos, un drapeau portant l'inscription « 08 h 30 ».

Les meneurs d'allure sont une autre tradition des Comrades et les groupes qui les suivent sont donc appelés des bus. On y chante et on s'y encourage beaucoup pour atteindre l'objectif qu'on s'est fixé. Je suis d'abord un peu stupéfait d'être tombé sur les bases de 8 h 30, mais maintenant que j'y suis, je décide de faire un bout dans le bus.

Le « conducteur » est un type impressionnant qui n'arrête pas de nous parler, de nous cajoler, de nous encourager tout en courant. De temps en temps, il nous fait marcher 20 ou 30 secondes en levant les bras et en étirant nos ischios. Quand on déboule à un ravitaillement, comme une horde de Vikings, c'est la razzia sur l'eau, le Coca, les pommes de terre trempées dans le sel. Quand on approche, on peut entendre le chef des bénévoles secouer ses troupes :

– Le premier bus arrive ! Tout le monde sur le pont !

Plus on progresse et plus les ravitaillements sont importants. Disposés de part et d'autre de la route, ils s'étalent sur une centaine de mètres. Quand on s'y engouffre, c'est la panique. Les coureurs arrivés avant nous se retournent et nous jettent des regards affolés, tandis que nous prenons possession des lieux.

Nous nous regroupons à l'autre extrémité et reprenons notre rythme. On a vraiment l'impression de faire partie d'un bataillon en marche.

On pense inévitablement à ce que Vic Clapham a vécu avec ses camarades pendant la première guerre mondiale, il y a plus d'un siècle, et à l'hommage qu'il a voulu rendre à leur force et à leur sacrifice. Ce qui nous attend, c'est la ligne d'arrivée, une douche et une chambre d'hôtel, pas un champ de bataille, mais ça permet de se faire une idée des épreuves qu'ils ont traversées et de la camaraderie qui leur a permis de les surmonter.

À la mi-course, je commence à avoir du mal à tenir le rythme, mais je me sens porté par la puissance du bus. Au cœur du groupe, je peux tout débrancher et ne faire que courir. Avec l'aide de mes *comrades*, je sens que je peux y arriver.

– Concentrez-vous sur le kilomètre qui vient. Ne pensez pas à ceux qui restent. Finissez celui-là, nous dit notre meneur.

C'est un bon conseil. Les panneaux indiquent qu'il reste 46 kilomètres. Je suis sûrement trop fatigué pour tenir si longtemps à cette allure, mais sur un kilomètre, je peux y arriver. « Reste à bord. »

– Vous êtes tous venus ici aujourd'hui pour votre Bill Rowan, dit-il. Restez dans le bus et vous l'aurez. On va vous y amener.

Beaucoup de ceux qu'on double montent dans le bus, comme je l'ai fait, et nous sommes de plus en plus nombreux. La bousculade est parfois difficile à éviter. Deux hommes à côté de moi s'en agacent et se le reprochent l'un à l'autre. Puis l'un d'eux reçoit le coup de trop.

– Tu veux qu'on se tape ? hurle-t-il.

Le chauffeur jette un œil par-dessus son épaule et repère immédiatement d'où vient le problème. Il lève la main.

– Hé ! crie-t-il en freinant brusquement. On arrête le bus !

Tout le monde obéit sur-le-champ.

– Si vous voulez vous battre, vous descendez de mon bus.

Les yeux rivés sur les deux types, il n'a pas l'air de plaisanter.

– C'est le bus de l'amour, lance l'un des passagers.

– Nous sommes tous des *comrades.* Tous dans le même sac. On est là pour s'entraider, reprend le chauffeur. On est tous des Africains et je me fous de votre couleur de peau.

Penauds, les deux types s'excusent.

Le chauffeur se retourne, donne le signal et nous voilà repartis, soucieux de garder nos distances mais plus proches que jamais les uns des autres.

– Nous sommes la nation arc-en-ciel, poursuit-il en tirant sur ses larges épaules, juste devant moi. C'est notre jour. Soyez fiers !

Je sens l'émotion monter en moi. Nous sommes vraiment un tout, une force. Et les kilomètres défilent implacablement.

Après avoir passé environ une heure dans le bus, à profiter de son énergie et de son euphorie, j'entre dans une mauvaise passe et finis par me laisser décrocher. Une fois tout seul, je sens mon état se détériorer rapidement. Soudain, j'ai même du mal à courir. Ma foulée s'est terriblement raccourcie et tout me fait mal – mes pieds, mes mollets, mes hanches... C'est supportable, jusqu'au moment où je me mets à penser à ce qui reste : pratiquement un marathon. Avec toutes ces douleurs, c'est tout bonnement impossible.

Rien ne va plus. Je marche autant que je cours. Soudain, quelqu'un – un autre coureur – m'interpelle par mon nom. C'est étrange qu'on reste capable de tenir une conversation malgré l'épuisement. C'est l'ami d'un de mes amis. Sur son dossard, on peut lire « Stretch ». C'est son surnom.

– Il y a un autre bus derrière nous, dit-il. On n'aura pas la Bill Rowan.

– T'en es sûr ?

L'idée sème une quasi-panique dans mon esprit. Je suis piqué au vif. Moi qui visais l'argent, je ne peux pas me contenter du bronze. Soudain, j'ai besoin de cette Bill Rowan.

– Ça dépend comment tu te sens, me répond Stretch, mais à mon avis, c'est pas jouable.

J'accélère et le distance. Je réalise que je peux encore courir s'il le faut, que je me suis laissé dépasser par mes douleurs, par mes misères, par la nausée qui se profile, par l'ampoule qui commence à se former sur l'un de mes orteils. Je me suis focalisé dessus et me suis apitoyé sur mon sort. L'idée de laisser échapper la Bill Rowan me fait l'effet d'une gifle en plein visage.

– Allez, remue-toi !

Je me remets à doubler. La route est encombrée de gens qui marchent, découragés, le dos courbé. Ça dure quelques kilomètres, puis l'énergie m'abandonne à nouveau, comme si le vent cessait de souffler dans mes voiles. Je décide de marcher un peu. Je suis incapable de me remettre à courir.

Stretch me rattrape à nouveau. J'attrape un gobelet et quelques trucs à manger au ravitaillement. Je pense à cette fichue Bill Rowan qui est en train de m'échapper et, requinqué, je repars en courant. C'est drôle ! Il y a quelques jours, je n'avais jamais entendu parler de Bill Rowan ni de sa médaille, mais c'est maintenant mon unique objectif. Ma vie tout entière en dépend.

Les hauts et les bas continuent à se succéder puis, à 30 kilomètres de l'arrivée, j'ai comme une déchirure aux ischios. Ça fait un mal de chien dans les descentes, alors je m'arrête à l'un des nombreux stands de massage, où deux personnes – une à chaque jambe – me frictionnent comme des dingues avec des poches de glace.

– *Ok. Go ! Go ! Go !* me lancent-ils.

Et me voilà reparti.

Je reprends mes calculs pour savoir s'il me reste une chance d'y arriver, mais mon cerveau n'est plus en état de faire la plus simple des opérations. Un type aux vêtements couverts de drapeaux britanniques m'assure qu'on a tout le temps.

– Allez, mec ! On va y arriver, dit-il sur le ton frais et enjoué d'un marchand ambulant déballant sa camelote.

Et puis, à 5 kilomètres de l'arrivée, voilà que ça se reproduit. Les nuages se dissipent, exactement comme à la Miwok. C'est comme si l'on m'avait injecté quelque chose de puissant. C'est sûrement l'odeur de l'écurie. La certitude d'être capable de tenir la distance. Mes jambes acceptent soudain de courir, et pas qu'un peu, avec force et en souplesse. Une fois lancé, je double des tas de gens avec l'impression permanente d'être en descente. La peur panique d'être dépassé par le bus de 9 heures se dissipe. Je vais y arriver.

Je pénètre dans l'hippodrome où la foule est rassemblée pour assister à l'arrivée. Quelqu'un m'interpelle par mon nom et je fais de grands signes de la main, plein d'entrain. À moi la Bill Rowan. Je franchis la ligne avec une marge d'un quart d'heure, en 8 h 44.

Dans l'aire d'arrivée, une femme me tend ma médaille. Je suis pris d'une folle envie de pleurer, de poser ma tête sur une épaule, mais je me contente de lui donner la main. Elle la tient fermement en m'observant. Autour de moi, les autres coureurs tombent dans les bras de ceux qui leur remettent les médailles. C'est leur job, de nous ramasser à l'arrivée.

– Ça va ? me demande-t-elle en me dévisageant.

Je hoche la tête, de peur d'éclater en sanglots si je prononce le moindre mot. Je lâche sa main et m'en vais reprendre mes esprits, alors qu'elle se prépare à recevoir une autre épave submergée par l'émotion.

En allant tranquillement récupérer mon sac au point de retrait, je vois le bus de 9 heures en finir à quelques minutes de la barrière pour la Bill Rowan. Cet afflux soudain, tous ces gens atteignant leur objectif, réalisant leur rêve après tant d'heures d'efforts... C'est trop. Les larmes roulent sur mes joues. C'est bon de ne pas les retenir, de les verser abondamment pour tous ceux qui ont accompli tant d'efforts.

Un peu plus tard, après avoir mangé et m'être offert une bière bien méritée, je retourne dans l'aire d'arrivée pour voir les derniers *finishers*, juste avant la douzième heure. La nuit est tombée. Ceux qui en finissent maintenant ont passé plus d'une journée à s'échiner sur la route. Je grimpe dans les tribunes, derrière l'arrivée, et malgré l'état de mes jambes, je reste debout à me dandiner au son de la musique poussée à plein volume. Il ne reste que quelques minutes. Les gens en finissent maintenant les bras en croix et les yeux au ciel, exultant comme si les portes du paradis allaient se refermer derrière eux. Certains aident les plus affaiblis à franchir la ligne. Je déborde à nouveau d'émotion et suis heureux d'être seul pour pouvoir me laisser aller.

Il ne reste que 30 secondes. Des gens viennent d'entamer le dernier virage, l'arrivée est en vue. Encore 100 mètres, il faut sprinter, tout donner. Dix ! Neuf ! Le speaker entame le compte à rebours. Trois ! Deux ! Un !

Soudain, la clameur cesse, les lumières s'éteignent, une rangée d'officiels tournant le dos aux coureurs barre l'accès à l'aire d'arrivée. Ceux qui ne sont pas passés s'effondrent ou restent hébétés dans la pénombre... Si près du but. Les premières notes de la sonnerie aux morts retentissent tristement, tandis qu'on évacue les non-*finishers* par des portes latérales. Après 12 heures de craintes et d'espoirs passées à tout donner pour arriver dans les temps, ils ne sont même pas autorisés à franchir la ligne d'arrivée.

Ce n'est pas facile de terminer cette course. Une main dans ma poche, je soupèse ma Bill Rowan. C'est la plus petite médaille que j'ai jamais gagnée, mais c'est aussi l'une des plus importantes.

* * *

Je dois rentrer le lendemain, mais avant de partir, il faut que j'assiste au petit-déjeuner de remise des prix, pour lequel Craig m'a dégoté une entrée. Mes ischios sont vraiment détruits et j'arrive en boitillant dans une salle pleine de tables rondes, d'athlètes en survêtement et d'officiels en blazers. Je fais un signe de tête à ceux que j'ai rencontrés ces derniers jours, en essayant de me trouver une chaise. J'en repère une à côté de Steve Way, à la table de Nedbank, l'équipe top niveau. Je m'approche et m'installe à côté de lui.

Il s'avère qu'il a fait une course incroyable. Tout sourire, il me montre sa médaille d'or. Comme il le prévoyait, il s'est fié à sa fréquence cardiaque et, au premier temps intermédiaire, au 19e kilomètre, il pointait aux alentours de la 120e position seulement. Au 32e, il était encore 94e. Puis, quand les autres ont commencé à faiblir, à ralentir, il a entamé sa remontée.

– J'ai doublé des gens sur 70 kilomètres, dit-il. C'était super !

Dans la montée de Polly Shortts, la dernière grosse bosse, il est passé de la 19e à la 9e place, qu'il a conservée jusqu'à l'arrivée.

– Tout le monde était crevé dans cette montée. C'était grisant. C'est à ce moment-là que j'ai réalisé que c'était possible.

Il y a de plus en plus de monde autour de la table de Nedbank. Je décide donc de laisser Steve tranquille. Comme il est aussi le mieux classé des plus de 40 ans et des primo-participants, il est très demandé. Les deux distinctions sont assorties de gros chèques et il n'a jamais touché autant d'argent d'un coup. Je me demande pourquoi cette course n'attire pas plus le gratin mondial de l'ultra.

En déambulant dans la salle, où je n'ai pas de place attitrée, je repère Camille Herron, l'Américaine qui a gagné chez les femmes. Je m'approche et lui demande poliment de m'accorder quelques instants. Je lui explique que je suis journaliste et que j'écris un livre sur l'ultra.

– Mais vous tombez bien ! J'ai une histoire de fous à vous raconter, dit-elle avec un grand sourire, en me fixant droit dans les yeux.

J'en reste bouche bée... Comment se fait-il qu'autant de coureurs d'ultra aient des histoires de dingues ?

– Vous me racontez ?

– Quand j'avais 16 ans, dit-elle, ma famille et moi nous sommes retrouvées sans abri après une tornade.

Le début de la remise des prix l'interrompt et c'est quelques mois plus tard, par téléphone, que Camille finit de me raconter son histoire. Entre-temps, elle n'a pas chômé. Après sa victoire aux Comrades, elle a réalisé la meilleure performance mondiale féminine sur 100 miles en l'améliorant de plus d'une heure et en réalisant le meilleur temps de l'année sur la distance, y compris chez les hommes, avec 12 h 42. C'était, qui plus est, son premier essai sur la distance.

Un mois plus tard, elle a battu le record du monde des 12 heures établi en 1991 par Ann Trason, une figure légendaire de l'ultra[10].

10. En octobre 2019 à Albi, Camille Herron a également porté le record du monde féminin des 24 heures à 270,116 kilomètres (NdT).

Mais je reviens à la tornade dont elle a commencé à me parler à Durban. Ça m'intrigue. Est-ce que c'est ça qui en a fait la coureuse qu'elle est aujourd'hui ?

Elle éclate de rire. En fait, toutes mes questions la font rire.

– Mon mari n'arrive pas à croire que j'ai pu surmonter autant de problèmes, dit-elle. J'ai eu sept fractures de fatigue quand j'étais à la fac, mon entraîneur me disait que je n'étais pas assez bonne mais je suis juste quelqu'un de positif. J'ai toujours le sourire. Je suis née un 25 décembre et, d'après ma mère, je suis venue au monde avec le sourire.

Elle était encore au lycée quand la tornade s'est produite.

– Nous l'avons vue arriver mais ce n'était pas la première fois. Je n'ai donc rien emporté. Je venais de sortir de la douche quand mon père m'a annoncé qu'il fallait partir. Je n'avais rien d'autre que ce que je portais.

La tornade en question s'est avérée être la plus violente jamais vue au monde. Le vent dépassait les 480 kilomètres-heure

– Elle a fait quarante morts là où j'habitais, poursuit-elle. C'était comme après une explosion nucléaire.

Le fait d'être sans abri – elle a dû dormir tout l'été sur le canapé de ses grands-parents – l'a décidée à faire de son mieux pour intégrer une équipe de cross-country universitaire.

– Ça permet de réaliser que la vie et ce qu'on en fait sont bien plus importants que ce qu'on possède, dit-elle.

Mais les choses ne se sont pas très bien passées pendant sa carrière universitaire, qui a été émaillée de plusieurs blessures.

– Mon entraîneur m'a dit que je n'étais pas faite pour ça, se souvient-elle, avec un léger tressaillement dans la voix. Pourtant, j'étais convaincue d'avoir un truc au fond de moi. Je n'étais pas la plus rapide, je le savais très bien, mais je n'étais jamais fatiguée.

Camille est réputée pour sa gestuelle, qui n'est pas très académique – elle lève à peine les pieds, ce qui la fait ressembler davantage à une skieuse de fond ou à une patineuse qu'à une coureuse.

– J'ai une foulée particulière, reconnaît-elle. Je suis née avec une antéversion du fémur droit – une courbure vers l'intérieur. En clair, j'avais une malformation.

Sa foulée était de ce fait asymétrique et elle a dû l'adapter de façon à alléger les contraintes.

– C'est comme ça que j'en suis arrivée à cette façon de faire, qui tient plus de la glissade que de la course. Ce n'est ni rapide ni puissant. De toutes celles qui courent le marathon en moins de 2 h 40, je suis sûrement la plus lente au 5 000, mais sur les ultras... c'est comme si je touchais à peine le sol. Mes amis coureurs disent que je ne fais aucun bruit, que je suis comme un aéroglisseur.

Après ses blessures à répétition, quand elle était étudiante, Camille a pris la course un peu moins au sérieux. C'est seulement quand son mari, qui cherchait à se qualifier pour le marathon des Jeux olympiques, a remarqué qu'elle courait plus longtemps que lui qu'elle s'y est remise sérieusement.

– Il a commencé à m'entraîner et j'ai repris mes études pour tout savoir sur les os.

Décidée à en finir avec les blessures, Camille a étudié la physiologie et a consacré son mémoire à la récupération osseuse.

– Mes parents disent que ma plus grande force est dans ma tête, parce que j'utilise tout mon savoir pour progresser en tant qu'athlète. J'ai lu *The Self-Made Olympian*[11], de Ron Daws... Ce type n'était pas super doué, mais il s'est entraîné très dur et de façon très méthodique.

Son approche méthodique à elle lui permet de courir plus de 160 kilomètres par semaine depuis onze ans, sans la moindre blessure.

– Maintenant, j'ai des jambes de fer, dit-elle.

Camille est longtemps restée focalisée sur le marathon, ce qui lui a bien réussi. Elle a remporté des courses un peu partout aux États-Unis, en finissant régulièrement sous les 2 h 40. Ce n'est qu'en 2013 qu'elle s'est essayée à l'ultra. La première fois, c'était au Marathon des Deux

11. Le champion autodidacte (non traduit).

Océans, la course sud-africaine de 56 kilomètres, et ça n'a pas été une grande réussite, de son propre aveu. Puis, en 2014, elle est venue pour la première fois aux Comrades.

– À ma première participation, je suis longtemps restée 4e, dit-elle, mais j'avais attrapé un virus, j'avais de la fièvre, de la diarrhée et des pertes de connaissance. J'ai continué en pensant à Meb Keflezighi, qui avait remporté Boston cette année-là, pour essayer de tenir.

Camille s'est finalement effondrée au 83e kilomètre.

Son incursion dans l'ultra aurait très bien pu s'arrêter là, mais en 2015, elle s'est inscrite à la Mad City 100K, qui se déroule à Madison, dans Wisconsin. C'était également le championnat national américain. Elle a gagné avec le 3e meilleur chrono de tous les temps pour une Américaine.

– J'étais folle de joie, se souvient-elle. J'avais remporté le titre national en réalisant la meilleure performance mondiale des huit dernières années. Sur le chemin du retour, le directeur de course m'a téléphoné. Il était tout excité et c'est à ce moment-là que je me suis dit : « Je suis peut-être bien faite pour ça. » J'étais comme Billy Elliot quand il a découvert la danse. Je me suis sentie tellement bien.

Quelque mois après ce premier titre de championne des États-Unis, elle a remporté les championnats du monde de 100 kilomètres, puis a battu le record du monde d'Ann Trason sur 50 miles et, comme un ouragan emportant tout sur son passage, elle a raflé le titre mondial sur 50 kilomètres.

Et si la tornade, le sourire permanent, la foulée rasante et l'approche scientifique de l'entraînement étaient les clés de l'ultra, la recette secrète de la réussite ? Qui sait ?

– Peut-être que c'est juste génétique, dit-elle. Peut-être que j'ai des super mitochondries ou quelque chose comme ça. J'adorerais donner un jour mon corps à la science pour qu'on sache pourquoi je ne suis jamais fatiguée.

Selon elle, ça ne vient pas de son régime alimentaire.

– J'ai été élevée aux pommes de terre et à la viande de l'Oklahoma. C'est ce que je continue à manger. C'est drôle... J'ai fait analyser mon alimentation et ils ont été surpris de la quantité de viande que j'ingurgite, mais ils ont aussi constaté que mes apports énergétiques sont très en phase avec les besoins de mon corps.

Je ne peux pas la laisser partir sans lui parler de la bière. C'est de notoriété publique, Camille a récemment pris l'habitude de boire une bière ou deux pendant ses courses. Même quand elle a réalisé son incroyable meilleure performance mondiale sur 100 miles, elle en a descendu quelques-unes.

– C'est quoi, le truc ? je lui demande.

– Houla ! dit-elle en riant encore plus fort que d'habitude. C'est arrivé par accident. Je participais à un trail de 100 kilomètres, il y a à peu près un an, et j'ai rattrapé le gars qui était en tête, ce qui l'a un peu effrayé. C'est grisant pour une femme de rattraper des hommes. Plus la distance s'allonge et plus j'en dépasse. Mais juste après avoir doublé celui-là, je me suis sentie un peu bizarre. Il faisait chaud, et au ravitaillement suivant, je suis restée affalée sur une chaise, ce qui lui a permis de repasser devant. Tout le monde cherchait un moyen de me requinquer et, comme on avait un pack de six canettes dans la voiture pour l'après-course, mon mari m'a demandé : « Tu veux une bière ? » Je l'ai vidée d'un trait et la forme est revenue instantanément. Je ne touchais plus le sol et j'ai à nouveau rattrapé le gars. J'ai fini par gagner en battant le record de la course de 27 minutes.

– Y a-t-il une raison scientifique, ou était-ce un miracle des dieux de la bière ?

– Je ne sais pas, dit-elle. J'avais ingurgité énormément de carburant au ravitaillement précédent et je pense que tout mon sang allait vers mon estomac. La bière l'a renvoyé dans mon cerveau.

Aux Comrades, le mari de Camille lui a de nouveau passé une bière à quelques kilomètres de l'arrivée, à la grande surprise de millions de téléspectateurs sud-africains.

– J'avais des tensions dans les ischios. La bière m'a permis de penser à autre chose. Elle m'a redonné le moral et je me suis sentie mieux.

Toujours cette histoire de mental… Tout le monde connaît évidemment son importance en course à pied mais je commence à penser qu'il joue un rôle encore plus important dans l'ultra. Apprendre à le dominer, à le contrôler va se révéler bien plus difficile que je ne le pense.

9

La blessure aux ischios que je me suis faite aux Comrades m'empêche de m'entraîner une quinzaine de jours mais je reprends assez rapidement quand même. C'est une bonne chose parce que l'enchaînement de courses le plus difficile que je me suis concocté approche. Après avoir établi le programme de ma première saison, je l'ai publié sur Internet. Les commentaires allaient de « Mazette ! » à « Doux Jésus ! », en passant par : « Tu te prends pour le Yuki Kawauchi de l'ultra ? » (le célèbre marathonien japonais participe à une course pratiquement tous les week-ends).

Les gens se donnent plutôt deux ans pour acquérir les points UTMB et, dans la plupart des cas, ils n'envisagent même pas de faire la course avant quelques années de pratique de l'ultra. En plus de la chasse à la totalité des points en une saison, j'ai voulu ajouter quelques épreuves emblématiques, comme les Comrades, pour essayer de mieux comprendre le monde de l'ultra. Ce qui m'attend après l'Afrique du Sud, ce sont cinq semaines de folie avec le Ring O 'Fire, une course de 217 kilomètres en trois jours qui fait le tour de l'île d'Anglesey, dans le nord du Pays de Galles, par la côte (cinq points UTMB), un 100 miles du côté français des Pyrénées (six points UTMB) et, entre les deux, une petite course dans le sud de Londres à laquelle je n'ai pas pu résister.

L'année dernière, le *Guardian* m'a commandé un article au sujet d'un 24 heures sur piste organisé à Tooting et je me suis rendu sur place pour voir à quoi ça ressemblait. Ce qui, au départ, pouvait sembler plutôt insensé et inutile – des gens trottinant en rond sur une piste – s'était avéré au fil des heures à la fois émouvant et splendide. Dans le cadre le plus banal qui soit, les gens vivaient des choses qui allaient changer leur vie juste sous mes yeux, comme sur une scène de théâtre.

La course ayant commencé à midi, j'avais assisté aux premières heures pour revenir voir ce qui se passait à 3 heures du matin. Ils étaient toujours là, à tourner sur leur piste alors que Londres dormait, chacun vivant en silence son propre voyage vers nulle part. Dans le stade, l'air était chargé d'une espèce de tension, mais une tension pacifique. Qu'est-ce que ça pouvait bien être ? C'est ce jour-là que j'avais décidé de faire cette course.

Le problème, c'est qu'elle a lieu deux semaines après le Ring O 'Fire et trois semaines avant le 100 miles des Pyrénées. Mon plan consiste à courir le Ring O 'Fire tranquillement. Comme il est étalé sur trois jours, il me suffira de faire un jogging quotidien pour aller décrocher les points UTMB. Ensuite, je donnerai tout dans la course sur piste, puis quel que soit mon état, j'irai me traîner en montagne sur 160 kilomètres. La nécessité d'obtenir ces six derniers points UTMB suffira à me faire avancer, j'en suis certain. Voilà mon plan.

Certains s'inquiètent tellement pour moi qu'ils décident de me contacter. Ils craignent que je n'aie pas le temps de récupérer entre les courses. Tom, mon entraîneur, est également préoccupé. Je risque de me blesser, dit-il. Courir des ultras, c'est évidemment prendre le risque de se blesser, même sans enchaîner les courses aussi rapidement. J'ai été verni jusqu'ici mais la chance va-t-elle durer ?

D'ailleurs, ce n'était peut-être pas que de la chance. Dès le départ de cette plongée dans l'ultra, j'étais déjà aux prises avec les blessures. Je courais régulièrement depuis sept ans et, pendant cette période, je m'étais intéressé de très près à la gestuelle. Comme pour beaucoup, ça a commencé pour moi avec *Born to Run*, le livre de Christopher McDougall paru en 2009[12]. L'idée maîtresse du livre, c'est que l'évolution a doté l'être humain de la capacité de courir sur de longues distances.

12. Paru en France sous ce même titre aux éditions Guérin, en 2012.

Quand il fait chaud (c'est-à-dire, quand on peut exploiter notre incomparable système de refroidissement appelé transpiration), nous sommes l'une des espèces les plus rapides de tout le règne animal sur les longues distances. En tout cas, nos ancêtres l'étaient, avant l'invention de la voiture, des chaussures, des chaises, des bureaux, des télévisions à télécommandes et de tout un tas d'autres choses.

Dans *Born to Run*, McDougall explique de façon très convaincante que pour courir sans blessure, il suffit de le faire de la façon la plus naturelle qui soit : sans chaussures. Ce sont selon lui les chaussures de course à pied traditionnelles, avec leur amorti, qui poussent tout le monde à se blesser. Sans amorti, votre cerveau perçoit l'impact au sol et procède immédiatement aux ajustements mécaniques nécessaires.

Des milliers de gens l'ont lu, se sont enthousiasmés, mais ont pensé : « Je ne peux quand même pas courir sans chaussures, avec les bouts de verre, les crottes de chien et le risque de passer pour un fou ! » Pour répondre à ces préoccupations, tout un mouvement et une industrie se sont développés. La façon de concevoir les chaussures a changé. La course à pied a fait sa révolution. L'ère des blessures qui touchaient chaque année 70 % des coureurs allait s'achever... Mais ça n'est jamais arrivé.

Des tas d'études aux résultats contradictoires ont été réalisées depuis. Selon la plus ambitieuse et la plus complète, menée par Allison Altman, de l'université du Delaware, et Irene Davis, d'Harvard, qui est parue en 2016 dans le *British Journal of Sports Medicine*, la fréquence des blessures est pratiquement la même chez les coureurs chaussés de façon traditionnelle et chez ceux qui courent pieds nus.

Dans mon cas, j'étais tout à fait décidé à aller plus loin qu'un simple changement de chaussures, à en apprendre davantage sur la gestuelle, à faire du gainage et du yoga, à travailler le recrutement des fibres musculaires, ou à passer des heures à faire des squats pour améliorer ma mobilité, mais mon problème, c'est que j'étais déjà blessé quand j'ai entamé mon enquête sur le monde de l'ultra. Depuis la lecture de *Born to Run* et le début de mes transformations gestuelles, je traînais une douleur tenace et persistante aux deux tendons d'Achille. J'avais malgré tout fini six marathons, mais comment courir des ultras dans cet état ? J'allais sans doute droit dans le mur. Il fallait que je m'en débarrasse.

Les méthodes que j'employais pour essayer de me soigner provenaient presque toutes de Joe Kelly, mon coach pour le gainage et la technique. Joe s'est donné pour mission dans la vie de comprendre quels sont les meilleurs moyens d'utiliser notre corps pour tirer en douceur tous les bénéfices de ce summum de l'évolution, que la plupart d'entre nous finissent par utiliser comme une bagnole déglinguée. Il n'y a qu'à voir les grimaces de douleurs des *joggers* qui viennent trotter entre midi et deux dans les parcs du monde entier. Je sais qu'ils se sentent mieux ensuite, qu'après une douche et un encas, ils seront gorgés d'endorphines, mais je n'ai pas l'impression qu'ils y prennent réellement plaisir.

Je le sais d'autant mieux que j'étais l'un d'eux. J'aimais courir et, une fois échauffé, même si tout n'était pas parfait, j'éprouvais une agréable sensation de vélocité, de force et de fluidité. Je ne parvenais toutefois pas à me débarrasser totalement de l'impression que j'avais oublié de desserrer le frein à main, que les pneus touchaient la carrosserie, qu'ils étaient à plat ou que quelque chose accrochait les rayons. Je le devais essentiellement à mes tendons d'Achille. Ils étaient particulièrement douloureux lors de ces sorties précipitées en ville, à l'heure du déjeuner. Le premier kilomètre était le pire. Et, dans l'après-midi au bureau, quand je devais me lever de ma chaise... Aïe, aïe, aïe !

– Tu boites ?

– Non, non ! C'est ma démarche de gangster.

Je niais catégoriquement. Je refusais d'admettre.

Pourquoi ne pas renoncer tout bêtement à l'idée de courir pieds nus ? Pour commencer, je ne courais pas pieds nus ni même avec des chaussures ultra minimalistes, mais j'étais consciencieusement passé d'une attaque-talon à une foulée sur l'avant du pied – soi-disant la façon la plus naturelle de courir et la plus proche du *barefoot*. Je portais les chaussures les plus légères et les moins amortissantes que je trouvais, mais ça restait des modèles de course à pied fabriqués par Nike ou Brooks.

Par la suite, il m'a été impossible de revenir à l'attaque-talon. Elle ne m'épargnait d'ailleurs pas les blessures, alors que je ne courais pas autant. À l'époque, c'étaient les genoux, les hanches... et un peu tout qui me faisaient souffrir. Désormais, au moins, il n'y avait plus que les tendons d'Achille, et ma nouvelle gestuelle, plus redressée en attaquant avec l'avant du pied, me paraissait plus fluide, plus rapide. Le problème, c'était que, quelle que soit la façon dont je m'y prenais, mon corps ne le supportait pas.

J'ai décidé de retourner voir mon premier mentor, le biomécanicien Lee Saxby. C'est lui qui m'avait appris comment modifier ma gestuelle pour courir sur l'avant du pied mais, après quelques séances, mon manque de souplesse l'avait désespéré.

Saxby a mis au point une série d'exercices qu'on doit, selon lui, être capable de réaliser avant même de commencer à courir. L'un d'eux consiste à tenir confortablement assis sur les talons mais j'en étais totalement incapable. Je pouvais à peine descendre en dessous de l'horizontale.

– Je ne comprends pas que vous puissiez courir autant, disait-il en hochant la tête.

Je le faisais en serrant les dents et en ignorant la douleur. J'avais dégusté dans le désert omanais mais ça n'était jamais devenu insupportable, peut-être grâce au sable. J'avais aussi réussi à faire 55 kilomètres sur les chemins côtiers du Devon, mais 171 autour du Mont-Blanc, ce serait sûrement trop. J'étais certes dans le déni mais je voyais bien qu'une blessure grave se profilait. Paniqué, je suis finalement allé voir un kinésithérapeute. Après la course du Devon, les choses s'étaient aggravées. Une bosse s'était formée à l'arrière de mon talon droit. Ça n'avait pas l'air bon du tout et ça palpitait douloureusement après chaque course. Le kiné m'a examiné et a conclu que mes chevilles manquaient de souplesse. C'était le même diagnostic que pour tout le monde, mais plutôt que de me faire faire des squats, comme Saxby, il me l'a interdit, tout comme les chaussures minimalistes. J'avais, selon lui, besoin d'avoir les talons surélevés.

C'était tout à fait contraire à ce que j'avais appris sur les pieds et la technique de course. Les chaussures minimalistes laissaient à mes pieds l'espace nécessaire pour bouger, se dilater, elles me permettaient de sentir le sol et de transmettre à mon cerveau des informations essentielles sur la façon de courir. Enfermer mes pieds dans des chaussures épaisses me paraissait incongru. C'était comme si je les plâtrais, comme si je les mettais hors-jeu, mais cette bosse sur mon talon avait vraiment une sale allure.

Elle inquiétait pourtant moins le kiné que mes tendons d'Achille douloureux après chaque séance. Je l'ai montrée à l'occasion à plusieurs médecins. Aucun ne semblait très inquiet. Maladie de Haglung, disaient-ils, comme si ce n'était rien. Moi, j'étais tellement alarmé que je me suis décidé à suivre les conseils du kiné, à porter des chaussures avec de l'amorti, à étirer mes mollets trois fois par jour et à faire des flexions-extensions de la cheville sur le bord d'une marche.

Rien n'y faisait. C'était même pire. La seule chose qui soulageait mes tendons d'Achille, c'était de ne faire ni squat, ni étirements, ni flexions-extensions. Quand je ne faisais rien d'autre que courir, la situation ne s'aggravait pas. Je n'ai donc rien fait pendant un moment en comptant sur une force supérieure, en espérant que le dieu des blessures tenaces vienne une nuit me libérer comme par magie de mes douleurs. Ce n'était pas si insensé.

* * *

Tournant autour de moi, dans la petite salle de gym qu'il a aménagée dans un garage de Totnes, dans le sud du Devon, Joe Kelly réfléchit intensément. Il est bien décidé à identifier la cause de mes problèmes. Joe cherche constamment à étudier, à peaufiner, à ajuster ses méthodes et ses traitements, en s'abreuvant des toutes dernières connaissances, en dévorant des livres, en suivant des formations, puis en les testant sur moi. Je suis un peu son cobaye. Ses trouvailles me font souvent rigoler. Il me fait faire toutes sortes de contorsions ridicules. Un jour, il me fait regarder dans une direction en tordant la mâchoire inférieure à l'opposé. Essayez un peu de le faire sans rire ! Parfois, il me masse les yeux avec un coton-tige ou me fait juste observer des lignes sur l'écran de son téléphone. Rien d'autre… C'est le traitement.

Le massage d'une cicatrice sur mon genou gauche donne quelques résultats. Le principe de base de la méthode de Joe consiste à mesurer ma force, à appliquer le traitement et à la mesurer à nouveau. Si quelque chose bouge ou évolue, c'est qu'il y a peut-être une piste à suivre. Bizarrement, j'ai nettement plus de force après le massage de la cicatrice, mais ça ne résout pas le problème des tendons d'Achille.

– Il y a quelque chose que je ne comprends pas chez toi, dit-il, le regard dans le vague, comme s'il sondait l'univers.

Je suis clairement un cas complexe.

– Tous ces trucs font un peu d'effet, mais il faut trouver la racine du problème.

Nous faisons enfin un bond en avant quand il commence à m'interroger sur les blessures qui ont marqué mon passé. Je lui explique que je me suis cassé trois fois le poignet gauche. Je n'aurais jamais pensé que ça pouvait avoir un rapport avec mes tendons d'Achille, mais cette découverte réjouit Joe, qui se met à manipuler mon poignet. Les résultats sont surprenants. Le seul fait de soutenir mon poignet gauche de mon autre main double instantanément la force de mes jambes. Est-ce que ce serait la clé du problème ? Joe ne semble pas convaincu, et dans les semaines qui suivent, mes tendons restent douloureux après chaque séance.

Un jour, Joe m'explique avec beaucoup d'enthousiasme ce qu'il vient d'apprendre. Il lui arrive souvent de changer de méthode, d'en assimiler de nouvelles pour passer ensuite à autre chose, comme un enfant avec ses jouets. Sa dernière découverte s'appelle l'Anatomie en mouvement. Il m'observe attentivement marcher de long en large à travers la pièce, puis me donne un « mouvement » à exécuter. Il consiste à sauter à cloche-pied avec un bras en l'air et une torsion du buste.

– Est-ce que tu sens une différence ? me demande-t-il.

Je ne sens rien. C'est la même chose.

– Je ne sais pas trop, je réponds.

Mais il est tellement convaincu de son truc que je veux bien essayer de le faire tous les matins.

Bien sûr, tout le monde se dit que c'est du charlatanisme, que je ferais mieux d'arrêter de perdre mon temps (comme celui des lecteurs) avec toutes ces méthodes douteuses et de me faire opérer. Mon coach me suggère de faire des ondes de choc, ce qui m'effraie un peu. Moi, je reste convaincu que l'être humain est fait pour courir et qu'il suffit de se débarrasser de tous les plis pris, assis en permanence à nos bureaux, dans nos voitures et sur nos canapés, pour que tout rentre dans l'ordre. Je suis comme une chemise qu'on a laissée chiffonnée pendant quarante ans – Joe essaie de me repasser, mais certains plis résistent.

Un soir, dans le train, quelques semaines après le début du traitement, je regarde sur mon ordinateur portable une émission de télé que Joe m'a conseillée. C'est une série de la BBC2 appelée *Doctor in the House*[13]. Elle consiste à envoyer un médecin généraliste vivre quelques semaines dans une famille. Plutôt que de les voir dix minutes dans son cabinet, il observe les membres de la famille au quotidien, ce qui lui permet de traiter les causes de leurs problèmes de santé, sans prescrire d'antidouleurs. Dans cet épisode-là, c'est une famille dont les enfants ont de l'eczéma et dont le père, Ray, souffre de maux de dos chroniques. Ray est un culturiste qui possède sa propre salle de musculation, mais il dit prendre des analgésiques depuis vingt-cinq ans. Son dos lui fait constamment mal, il n'a pas dormi une nuit entière depuis des lustres et il est constamment de mauvaise humeur. C'est une sombre histoire et rien de ce que le généraliste propose ne fait d'effet, jusqu'au jour où Ray va consulter à sa demande un praticien londonien nommé Gary Ward, inventeur de l'Anatomie en mouvement.

Dans le taxi qui le conduit à son cabinet, Ray ne cache pas son scepticisme.

---

13. Un médecin à la maison.

– J'ai vu tous les médecins, tous les spécialistes, ils n'ont pas pu m'aider et je me demande ce que cet énième expert pourra bien faire de plus.

À la fin de la séance, Ray exécute quelques mouvements du genre de celui que Joe m'a donné à faire. Il a l'air enthousiaste, et de retour dans sa salle de musculation, plutôt que de soulever ses haltères, il répète ses mouvements devant le miroir. C'est drôle de voir les trucs de Joe dans une émission grand public. Et soudain, le miracle a lieu : Ray est guéri. Son dos cesse complètement de lui faire mal. Le médecin revient le voir quelques semaines plus tard et Ray est un homme neuf.

– Mes douleurs au dos ont disparu, dit-il. Je suis aux anges.

À la fin de l'émission, deux mois plus tard, son dos est toujours indolore.

– J'ai l'impression d'avoir rajeuni de vingt ans, dit-il, de l'émotion plein la voix. Je n'exagère pas, ça m'a changé la vie. C'est incroyable !

La contrôleuse s'arrête à ma hauteur pour vérifier mon billet. Quand elle voit ce que je regarde, elle se met à sourire.

– J'ai vu ça l'autre soir, dit-elle. Incroyable, non, comme son dos a guéri ?

Je commence à faire mon mouvement de façon plus assidue et à me convaincre de son efficacité, mais mes tendons restent douloureux. C'est environ un mois avant la Miwok 100K et je suis en plein entraînement. Avant d'aller plus loin, je décide de rencontrer ce magicien en personne.

Gary Ward, l'inventeur de l'Anatomie en mouvement, est manifestement un homme très occupé. L'e-mail que je lui envoie me vaut une réponse automatique :

« Avec la diffusion de *Dr in the House*, l'activité a été particulièrement intense. Si vous cherchez des solutions à vos problèmes corporels, j'ai mis en ligne sur le nouveau site une liste des praticiens qui ont suivi ma formation. »

Avec un peu de persévérance, je finis toutefois par obtenir un rendez-vous. Et, une semaine plus tard, me voilà devant chez lui, dans une rue de la banlieue nord de Londres. Je sonne à la porte. C'est une journée calme et grise. Les maisons mitoyennes des années 1930 sont quelconques, comme lassées que rien ne se passe jamais par ici, à moins que ce ne soit ce qu'elles essaient de me faire croire. Le facteur qui entre et sort par les petits portillons métalliques est le seul signe de vie. La porte s'ouvre et Gary apparaît, souriant dans son survêtement.

– Entrez ! dit-il.

Avant de commencer le traitement, il faut faire un peu de place dans son petit salon, pousser la table basse en verre sur un côté et déplacer quelques coffres à jouets. Un immense écran plat est accroché au mur, face à un canapé en cuir. Tandis que nous déplaçons tout ça, je lui dis que je m'intéresse particulièrement à la biomécanique, à ses implications dans la course à pied.

– Je déteste la question de la gestuelle en course à pied, dit-il doucement, ce qui me laisse perplexe.

– Pourquoi ? je demande.

– Parce que ce ne sont que des conneries.

Je ne sais pas quoi dire. Je suis sûr qu'une bonne technique fait partie de ce qui distingue les bons coureurs des mauvais. C'est le filon que je convoite depuis tant d'années, comme un chercheur d'or édenté, convaincu que ma gestuelle déplorable est le seul obstacle à mon triomphe.

– Et les Kényans ? je proteste. Ils ont une technique magnifique qui vient de leur vie très active. Ils ne la passent pas affalés sur un canapé, devant la télé.

Il ne sait pas grand-chose des coureurs kényans, mais il dit qu'on ne devrait pas travailler la technique. La fonction crée la forme, poursuit-il. Si chaque partie de votre corps fait ce qu'elle doit faire au bon moment, de la bonne manière, si vous n'êtes pas cassé, si tout est aligné et structurellement sain, il n'y a aucune raison de ne pas avoir une gestuelle magnifique. Nous sommes faits pour ça.

– La question que je me pose toujours, c'est : pourquoi ? dit-il. Pourquoi quelqu'un a-t-il une mauvaise gestuelle ? Quelle est la cause ?

Un entraîneur, explique-il, peut demander à quelqu'un qu'il a vu courir avec la tête penchée en avant de la redresser. En théorie, ça permet effectivement d'utiliser plus efficacement l'énergie élastique des fascias. Mais cette personne a peut-être la tête penchée en avant parce qu'elle ne peut pas transférer son poids sur l'avant de ses pieds. Peut-être qu'elle a eu des verrues si pénibles qu'elles l'empêchaient de le faire et que ça lui est resté, une fois les verrues guéries. Le problème vient uniquement du fait qu'elle ne peut pas transférer son poids sur l'avant du pied. En modifiant son port de tête, on ne fera que déplacer le problème.

L'histoire traumatique est au cœur de l'approche de Gary. Je lui parle de la petite amélioration obtenue avec mon poignet. C'est exactement le genre de problèmes historiques dont il aime entendre parler. Il place une feuille de papier sous mon pied et mesure l'amplitude des mouvements d'un côté et de l'autre, puis m'invite à faire la même chose en soutenant mon poignet. L'amplitude double.

– Nous sommes des êtres complexes, mais nous avons une chose très simple appelée squelette qui ne peut se mouvoir que de certaines façons, dit-il. Et si vous ne bougez pas comme les os l'exigent, ça pose problème, parce que vous ne respectez pas votre structure.

Pourquoi est-ce que je devrais bouger comme mes os l'exigent ?

– Imaginez que vous vous fouliez la cheville gauche à 15 ans, ce qui est très courant, dit-il. Vous ferez attention à alléger cette jambe gauche. Les neurosciences nous ont appris que, quand on attache deux doigts ensemble, le cerveau commence dans les 2 heures à se reconfigurer pour considérer que les deux doigts n'en font plus qu'un. Deux heures suffisent. Imaginez ce que ça donne quand on porte un plâtre ou qu'on s'allège sur une jambe pour mettre tout le poids sur l'autre pendant six semaines. Il y aura une surcharge sur votre pied droit, qui aura probablement une tendance plus marquée à la pronation, le bassin prendra une forme différente à cause de l'adaptation sur l'autre jambe, et quand la gauche ira mieux, vous ne remettrez pas forcément votre poids dessus. Vous aurez peut-être l'impression de le faire, mais notre gestuelle reste souvent figée et le provisoire devient permanent.

L'Anatomie en mouvement permet de convaincre le cerveau que le modèle qu'il a adopté pour compenser une vieille blessure n'est plus nécessaire, en lui démontrant en douceur toute l'amplitude du mouvement. Elle aide le cerveau à revenir aux réglages de sortie d'usine. Elle lui démontre qu'il n'a plus besoin de fonctionner en mode sécurisé.

Après avoir examiné mon poignet, Gary me filme tout simplement debout ou marchant dans son couloir. En voyant les images, je me trouve incroyablement tordu. Même immobile, c'est un désastre. Je penche d'un côté, mon cou est tout de travers, mon pied droit est tourné vers l'extérieur...

– On a tous cette perception de nous-mêmes que j'appelle centrée, dit-il. Quelqu'un qui se tient devant moi sans bouger dans sa position naturelle pense qu'il est symétrique.

Il dessine d'autres schémas, me fait faire différents mouvements, puis me renvoie chez moi avec un dossier plein d'instructions. Je suis un peu perplexe. Nous n'avons pas trouvé le bouton magique pour régler instantanément tous les problèmes, comme ça a été le cas pour Ray dans l'émission de la BBC. Il ne m'a pas guéri d'un coup de manivelle sur le pied. Je vais devoir me donner un peu de mal, investir un peu de temps pour apprendre ses mouvements, m'entraîner pour retrouver l'alignement, mais c'est moins inquiétant que les ondes de choc. Le dossier bien calé sous le bras, je me dirige vers la gare avec la ferme intention de m'y mettre. J'ai un programme chargé. Il me faut un corps en bon état de marche.

Une semaine plus tard, le miracle se produit. Pour la première fois depuis des années, mes tendons d'Achille ne me font plus mal. Je me lève un matin et les premiers pas me paraissent normaux. La douleur lancinante qui me rappelait invariablement mon point faible a disparu. Je m'empresse d'aller courir et, comme de bien entendu, rien ne cloche. Pas de tiraillements ni de grimaces à l'échauffement. Je bondis sans douleur dès les premières foulées. La séance suivante se déroule de la même façon. Et celle d'après aussi.

Le problème, quand je raconte ça, c'est que je n'ai aucun moyen de savoir si ça peut marcher pour tout le monde. Ce n'est qu'un cas particulier. Disons qu'il y en a deux avec la guérison miraculeuse de Ray dans *Doctor in the House*. Gary n'est même pas un médecin très expérimenté. En fait, l'idée de l'Anatomie en mouvement lui est venue alors qu'il travaillait comme *bootfitter* dans un magasin de location de skis des Alpes françaises.

Difficile d'ignorer la maigreur des preuves scientifiques. Sauf pour moi, puisque ça marche dans mon cas. Mes tendons d'Achille sont la seule preuve dont j'ai besoin. Aucune étude scientifique ne serait plus convaincante que la satisfaction de courir sans douleur. Pourtant, j'hésite à en parler à d'autres, alors que j'en meurs d'envie, surtout quand j'entends des gens me répéter la sempiternelle histoire des tendons d'Achille devenus douloureux après un changement de technique. Je me dis qu'on va me demander où sont les recherches, qu'on va me trouver crédule. Cela dit, je me fiche pas mal que ce ne soit rien d'autre qu'un effet placebo, qu'il m'ait lavé le cerveau pour guérir ma blessure. Les semaines et les mois passent et je cours toujours sans douleur (ce sera toujours le cas un an après), mais il y a toujours un léger flottement quand j'essaie de l'expliquer.

Rangan Chatterjee, le présentateur de *Doctor in the House*, a publié un livre intitulé *The Four Pillar Plan*[14]. L'un de ces piliers est l'exercice et les conseils qu'il donne s'appuient en partie sur l'Anatomie en mouvement. C'est un généraliste respecté qui continue à exercer. Je le contacte pour lui demander si la maigreur des preuves le dérange.

– C'est une bonne question, dit-il. Mais, avant de chercher des preuves, je regarde d'abord la nocivité du traitement. Avec la chimiothérapie, par exemple, il faut que je trouve des essais très concluants pour la faire subir à des patients.

Il s'avère que Chatterjee est lui aussi un miraculé.

– J'avais une douleur au bas du dos depuis des années, explique-t-il, mais j'essayais de ne pas trop y penser. Puis un jour, alors que j'aidais un ami à déménager, j'ai soulevé une caisse et mon dos a lâché.

14. Le plan aux quatre piliers.

Dans les années qui ont suivi, il a vu kinés, chiropracteurs, ostéopathes et même un chirurgien de la colonne vertébrale.

– Je ne pouvais plus travailler, dit-il. J'ai dû arrêter le sport, alors que je jouais au squash à haut niveau.

Il est ensuite tombé sur une vidéo de Gary et quelque chose a fait *tilt*.

– Nous, médecins, passons notre temps à traiter les symptômes au lieu des causes profondes.

Il est donc allé suivre un week-end de formation pour voir s'il pouvait intégrer certaines des idées de Gary à sa propre pratique. Au cours de ce week-end-là, Gary l'a pris en exemple.

– Il a vu que mon pied droit était coincé. J'avais une semelle pour corriger une surpronation et je la mettais religieusement dans ma chaussure quand j'en changeais, même si je ne sentais pas vraiment de différence.

Gary lui a dit que son pied était bloqué vers l'intérieur et lui a donné quelques mouvements similaires aux miens à faire chez lui. Après quelques jours, le dos de Chatterjee allait déjà mieux.

– Comme mon pied droit ne pouvait pas faire son boulot, mon fessier droit ne se contractait pas, voilà pourquoi mon dos me faisait mal. Maintenant, je joue à nouveau au squash, je fais du ski de bosses et plein d'autres choses. Je suis allé voir beaucoup de gens pour mon dos, mais pour changer de façon de penser, il faut des idées neuves. S'il fallait attendre les preuves, il n'y aurait pas de progrès. Ce que je veux, c'est aider mes patients. Ray, dans l'émission de télé, avait essayé tous les traitements étayés par des preuves. Que pouvait-il faire d'autre, à part jeter l'éponge ?

Le problème de Chatterjee n'était pas dû à une blessure particulière.

– Mon mode de vie avait affaibli mon corps, dit-il. Avec la vie que nous menons, assis en permanence, nos pieds ne travaillent plus, ils sont constamment enfermés dans des chaussures.

Chatterjee est lui aussi un *barefooter* convaincu. Tout est évidemment connecté. C'est sûrement la dernière pièce du puzzle, en tous les cas pour moi. Quoi qu'il en soit, je peux maintenant courir sur l'avant du pied, façon *barefoot*, sans ressentir aucune douleur.

– Le mouvement de Gary a permis à mon corps de réapprendre comment il devait fonctionner, explique Chatterjee. Les muscles de mon pied sont revenus, mon fessier droit fonctionne à nouveau.

L'idée selon laquelle le cerveau a besoin de réapprendre un mouvement afin de réactiver des muscles mis hors service pour une raison ou pour une autre est au cœur de l'Anatomie en mouvement. Elle s'appuie sur la célèbre théorie du gouverneur central, aujourd'hui largement acceptée, du chercheur Tim Noakes, qui dit en substance que le mouvement, la fatigue et le stress corporel sont d'abord contrôlés par le cerveau, et qu'il agit comme une mère trop protectrice, en arrêtant tout avant qu'il y ait blessure ou dégâts. Il semble que la mère soit parfois étourdie et qu'elle oublie de remettre les choses en place une fois le danger écarté.

Gary a puisé beaucoup de ses idées sur la façon dont le cerveau traite les schémas corporels dans une méthode appelée NeuroKinetic Therapy, ou NKT. Elle a été mise au point il y a plus de trente ans par un Américain nommé David Weinstock. Il se trouve que ce Weinstock vit dans le Marin County, en Californie, pas très loin de chez Gary Gellin, qui m'a hébergé pour la Miwok 100K. J'ai donc profité de mon passage là-bas pour aller le rencontrer, pour aller voir s'il pouvait m'expliquer comment fonctionne l'Anatomie en mouvement et pourquoi l'état de mes tendons d'Achille s'était soudain amélioré.

Gary Gellin décide de m'accompagner et nous nous retrouvons tous les trois dans un bar à salade baigné de soleil de Corte Madera, la ville voisine de Mill Valley. Weinstock nous invite tous les deux pour le déjeuner, s'attirant immédiatement la sympathie de Gary, qui n'a pas cessé de me dire dans la voiture tout le scepticisme que lui inspire la NKT. Désarmés par son sourire californien et son assurance décontractée, nous lui mangeons bientôt tous les deux dans la main.

– Ce que nous faisons revient globalement à *rebooter* la partie du cerveau qui contrôle les mouvements, dit-il. Lors d'une séance de NKT, on interroge les gens, puis on les regarde bouger. Nous cherchons à comprendre ce qui travaille trop et ce qui ne travaille pas assez.

Ensuite, il faut laisser les muscles sursollicités se relâcher ou réactiver ceux qui ne le sont pas assez, ce qui permet de reprogrammer le schéma mental dysfonctionnel.

– Gary Ward mélange ses trucs avec les miens, dit-il. Ce qu'il a fait avec vous pour son diagnostic était de la NKT. C'est d'abord un outil de diagnostic. L'Anatomie en mouvement, elle, est une technique intelligemment conçue pour reprogrammer le système de contrôle de la motricité.

Il opine de la tête lorsque je lui parle de mon poignet.

– Quand vous vous cassez quelque chose, un tissu cicatriciel qui ne devrait pas être là se forme. Nous savons maintenant grâce à la recherche que les fascias sont le squelette du système nerveux. Quand on les endommage, on perturbe le contrôle de la motricité. Les gens sont abasourdis quand ils voient quel effet ça peut avoir. Ce n'est pas parce qu'une blessure est ancienne que le cerveau a réparé les dégâts. Il peut très bien s'être contenté d'apprendre à faire avec et de compenser.

Les problèmes peuvent venir de blessures dues au sport, d'une sursollicitation, d'une mauvaise posture, du travail sur ordinateur ou des téléphones portables.

– Bientôt, nous allons avoir une génération de bossus, dit-il.

Je lui explique que mes tendons d'Achille m'ont posé problème pendant cinq ans.

– La tendinite des tendons d'Achille et l'aponévrosite plantaire sont deux des blessures les plus courantes. Elles sont pourtant traitées de manière symptomatique. Je vais vous dire : pour 98 % des coureurs auxquels j'ai eu affaire, le problème venait de fessiers trop faibles. Si vous courez sans les fessiers, je veux dire, sur le plan neurologique, la tension se transmet aux ischios, puis aux mollets. Avec l'accumulation des tensions, ils finissent par tirer sur l'aponévrose plantaire ou par malmener les tendons d'Achille et par provoquer une douleur.

Gary, de plus en plus convaincu, évoque son amie Ellie Greenwood, qui a gagné les Comrades et détient le record de la Western States 100, mais qui est blessée depuis plus d'un an.

– Il faudrait la faire venir ici pour un traitement, dit-il.

Puis il demande à Weinstock s'il connaît un spécialiste de la NKT près de chez elle. Ce ne doit pas être très difficile à trouver. Il y en a 4 500 dans le monde.

Comme Gary Ward, Weinstock n'a toutefois pas beaucoup d'arguments scientifiques à avancer pour justifier ses théories. Je lui demande ce qu'il dit aux gens qui s'en inquiètent.

– Si j'avais attendu d'avoir des preuves avant d'agir, j'en serais encore là où j'en étais il y a vingt ans. Je suis un clinicien, pas un chercheur. Les gens sont très dogmatiques.

Je ne suis pas sûr que chercher des preuves soit dogmatique, mais s'il obtient des résultats, ce que mes jambes semblent confirmer, les gens retourneront le voir. En ce qui me concerne, je suis ravi d'avoir entendu parler de son traitement.

Là-dessus, après un dernier sourire éclatant, il prend congé. Sur le chemin du retour, Gary est tout excité. Dès notre arrivée, il se met à parler de tout ça à sa femme Holly. Le problème – et c'est exactement ce qui se passe quand j'essaie d'expliquer ces choses-là –, c'est qu'elle ne se laisse pas convaincre. Où sont les preuves ? Qu'est-ce que c'est que cette histoire de cicatrices qui perturbent le contrôle moteur ? Franchement, tout ça a l'air absurde. Holly nous regarde comme si on faisait partie d'une secte et qu'on voulait se marier, ou quelque chose comme ça.

Preuve ou pas, deux ultras plus tard, la course me pose encore moins de problèmes que quand j'étais adolescent. Le 5 000 mètres de quartier que je décide de faire avec mon frère Govinda, de retour chez moi, à Northampton, m'en apporte une nouvelle confirmation.

Je n'ai pas couru avec lui depuis le Great Wilderness Challenge. Décidé à prendre ma revanche, je démarre en trombe et creuse un écart qu'il ne comblera jamais.

– Tu sais, me dit-il ensuite, tu as toujours beaucoup écrit sur la technique, dans tes livres et tes articles, mais à vrai dire, la tienne ne m'a jamais semblé très bonne. Aujourd'hui, par contre, c'était différent. Tu avais l'air d'un vrai coureur.

Il a raison. Quand je voyais des photos ou des vidéos de moi en pleine course, je me disais : « Mon Dieu ! C'est vraiment à ça que je ressemble ? » Après tout ce que j'avais fait pour améliorer les choses, le changement n'était pas flagrant. Depuis que je fais mes mouvements, les choses sont différentes. Non seulement mes tendons d'Achille ne me font plus mal, mais je sens que je peux filer facilement à un bon rythme. Malgré les longues séances à petite vitesse de l'entraînement à l'ultra, j'ai fait l'un de mes meilleurs temps à la course de quartier.

C'est donc littéralement avec des ressorts dans les jambes que je m'apprête à aborder l'enchaînement le plus difficile de toute l'aventure, qui commence par mon petit tour d'Anglesey. Le Ring O 'Fire a été le tout premier ultra de Tom Payn et c'est là qu'Elisabet Barnes a commencé, elle aussi. Ils y étaient tous les deux la même année et ils ont tous les deux gagné. Moi, je ne vais pas chercher à les égaler. Je me dis que je vais courir tranquille, sans chercher à faire une perf, que je vais profiter du paysage et me contenter d'engranger les points UTMB. Promis !

10

Je tremble comme une feuille, recroquevillé dans les douches désertes d'un centre de loisirs, quelque part sur la côte nord d'Anglesey. Je ne devrais pas être aussi fatigué après le premier jour. C'est à peine si je peux me baisser pour laver mes jambes pleines de boue. Après avoir franchi la ligne d'arrivée, je suis allé à l'Amlwch Leisure Centre, j'ai récupéré mes sacs entassés avec les autres au milieu de la salle de sport principale et j'ai étalé mon sac de couchage le long d'un des murs latéraux. Comme j'étais arrivé parmi les premiers, j'avais l'embarras du choix. Je m'étais juré de profiter du paysage, mais j'ai fini 8e. Le truc, c'est que je me sentais bien. J'avais l'impression de me retenir, mais maintenant que j'ai fini, je me sens cassé, fragile comme un oisillon tombé du nid.

Une fois à peu près propre, je me dirige vers la piscine. Piquer une tête me semblait être une bonne idée, mais une fois au bord, je n'en suis plus très sûr. Il n'y a personne d'autre que deux jeunes maîtres-nageurs qui arpentent lentement les bords du bassin en écoutant Dizzee Rascal sur un poste minuscule. Je me glisse dans l'eau et reste là sans rien faire. Je peux à peine bouger. Je m'élance sans conviction d'une poussée sur le bord, agitant mes bras au ralenti. Il me faut dix bonnes minutes pour faire une longueur. Les deux jeunes maîtres-nageurs s'ennuient à mourir. J'entame une deuxième longueur, un peu plus rapide. Quand j'arrive à la fin, je sors de l'eau. Ça suffit. Il faut que je mange.

De retour dans la salle de sport, maintenant au chaud dans mes vêtements propres, je m'installe sur mon sac de couchage et sors la nourriture que je me suis préparée. Assis là, je mange lentement en observant les gens qui arrivent de plus en plus nombreux, l'air épuisé, cherchant leurs sacs et les traînant près du mur. Si les gens font ce genre de courses, c'est notamment pour sortir de leur zone de confort, pour mettre un peu de difficulté dans leur vie, de façon à apprécier ce qu'ils ont une fois rentrés à la maison. Un coureur d'ultra m'a raconté un jour le bonheur qu'il avait ressenti en prenant une douche chaude, la joie qu'il a éprouvée en se glissant dans des draps propres, après avoir passé une semaine dans le désert de Gobi. Ici, l'inconfort atteint un autre niveau. Tout autour de moi, les gens sont assis par terre, enroulés dans leur sac de couchage, une capuche sur la tête et le nez dans un Tupperware. Et au-dessus de leur tête, ce n'est pas le ciel étoilé du désert mais les néons du gymnase.

Soudain, un type installé à côté de moi se met à hurler en se roulant par terre. Il a des crampes aux jambes. Deux accompagnateurs sont avec lui, mais ils restent les bras ballants à le regarder en riant nerveusement, se demandant si c'est une blague. Ce n'en est pas une. Il est réellement à l'agonie. Je reste là, hébété moi aussi, mais comme personne ne se décide, je finis par aller l'aider en tirant sur sa jambe tendue jusqu'à ce que la crampe se dissipe.

Il secoue la tête, l'air épuisé, presque absent.

– Désolé, dit-il. Ça ne m'arrive pas d'habitude.

Cette première journée a été longue et personne ici ne semble l'avoir trouvée facile. Je retourne me blottir dans mon sac de couchage.

La salle se remplit peu à peu. Au bout d'un moment, je décide de sortir pour aller voir les gens arriver. Je me sens un peu mieux maintenant. Il semble que je sois le seul à ne pas avoir d'assistance. Je n'en voyais pas vraiment l'intérêt. Ils seraient restés dans le froid pendant des heures sur la côte pour me voir quelques secondes. C'est mon truc à moi, mon propre projet. Ça n'a pas vraiment d'intérêt pour les autres et c'est assez insignifiant. Je ne me voyais pas demander à quelqu'un de me suivre pendant trois jours comme un larbin.

Pourtant, quand on en termine, au moment où on franchit la ligne, quelque chose d'étrange se produit. Les émotions bouillonnent et remontent à la surface. On a l'impression d'avoir vécu quelque chose d'intense, auquel on a en quelque sorte survécu. Et rester là seul, sans personne pour vous dire que tout va bien, donne facilement le sentiment d'être exclu. Je suppose que c'est pour ça que des gens sont chargés de nous accueillir à l'arrivée des Comrades. C'est le plus ancien ultra au monde. On sait là-bas de quoi les gens ont besoin.

Quelques heures se sont écoulées et tout va bien maintenant. Je suis même assez content de n'avoir à me soucier que de moi-même et de mes propres besoins. J'ai de la peine pour ceux qui en terminent maintenant. Il est bientôt l'heure d'aller se coucher, mais ils doivent encore se laver, manger, faire leur lit.

Aujourd'hui, nous avons couru 58 kilomètres. Je n'avais pas réalisé que l'orientation serait aussi importante et je n'y étais pas préparé. L'organisation nous avait dit de prendre des cartes, d'y tracer l'itinéraire et de télécharger les fichiers GPX sur nos téléphones mais je me disais que suivre un sentier côtier ne devait pas être bien sorcier, qu'il fallait juste garder la mer à notre gauche. Ça n'a pas toujours été aussi simple et je me serais trompé plusieurs fois sans les gens qui étaient avec moi. Je me suis notamment retrouvé avec un gars prénommé Scott et un Néerlandais. Scott avait déjà fait la course et il savait très bien où il mettait les pieds. C'était rassurant pour moi d'être avec lui. J'essayais donc de le suivre. Ça se passait assez bien. Son allure me convenait à peu près. Elle était peut-être un peu rapide mais ça m'obligeait à ne pas me relâcher. J'aurais probablement marché un peu plus si j'avais été seul, mais j'ai fini par trouver le rythme et nous avons fait pratiquement les 30 derniers kilomètres ensemble.

J'ai eu quelques passages à vide, dont l'un aux alentours du 30e kilomètre, où j'ai commencé à avoir des vertiges. J'avais l'impression de tituber. Pendant un moment, je me suis dit que ma course était terminée, mais j'ai juste marché une minute ou deux et, me souvenant de l'épisode de la Miwok, j'ai bu beaucoup d'eau, j'ai mangé deux boulettes énergétiques et quelques dattes en attendant que ça passe. Après un moment, je me suis remis à courir, d'abord très lentement, mais au moins, j'étais à nouveau en mouvement. Puis c'est passé et je me suis à nouveau senti tout à fait bien.

Le deuxième passage à vide s'est produit à moins de 2 kilomètres de l'arrivée. Comme nous étions tout près, je me suis résolu à finir en marchant. C'était une belle soirée et je me suis dit joyeusement que j'allais en profiter mais, comme si on m'avait tendu une embuscade, je me suis soudain mis à broyer du noir, à me demander : « À quoi bon faire de l'ultra, pourquoi courir après ces stupides points UTMB ? » Puis j'ai fini par prendre mentalement du recul, par observer les pensées affluer et me suis mis à rire de moi-même, à me demander si les choses allaient se passer comme ça à chaque course, si la crise existentielle était inévitable. Mobilisant toute ma raison, j'ai fini par me dire : « Allez ! Ne te laisse pas aller comme ça à moins de 2 kilomètres de l'arrivée. »

Mes deux compagnons m'avaient lâché un peu plus tôt. Ne sachant pas quel chemin prendre, ils s'étaient arrêtés à un croisement, ce qui m'a permis de les rattraper. Je pensais donc finir en marchant, mais quand ils sont repartis en courant, je leur ai emboîté le pas et nous avons terminé ensemble.

Il est maintenant 9 heures du soir et 106 kilomètres nous attendent demain. Il faut encore que je trace l'itinéraire sur ma carte et que je dorme un peu. Mieux vaut que je retourne à ma place dans le gymnase.

Je ne dors pas beaucoup cette nuit-là. La salle reste éclairée très tard et la moitié seulement est éteinte ensuite. C'est heureusement celle où je me trouve et j'ai eu la bonne idée de prendre un masque comme ceux qu'on distribue dans les avions. Lumière ou pas, mes jambes me font trop mal pour que je puisse dormir. Je passe mon temps à me tourner et me retourner en me demandant comment elles vont me porter le lendemain.

Vers 4 heures du matin, je renonce à trouver le sommeil et me lève pour aller aux toilettes. Comme je suis déjà debout, je me dis que c'est un moyen d'éviter le *rush*. En traversant le gymnase, je vois des gens dormir à même le sol, en plein sous les néons, sans masque ni tapis.

Après mon passage aux toilettes, je retourne m'asseoir sur mon sac de couchage où j'attends comme un condamné. À 4 h 50 précises, Quentin, l'un des organisateurs, se présente comme promis dans la salle avec un sourire sarcastique en brandissant gaiement son portable qui crache à plein volume *Ring of Fire*, la chanson de Johnny Cash qui est aussi l'hymne de la course.

Je ne crois pas que beaucoup de gens dorment. En quelques minutes, tous sont debout et vaquent à leurs occupations, préparent leurs sacs ou s'enduisent de vaseline. Mes jambes ne vont bizarrement pas trop mal, alors qu'elles m'ont fait souffrir toute la nuit. Mes pieds vont bien, eux aussi. Sur les 15 derniers kilomètres de la première journée, j'avais la plante en feu à cause des impacts répétés et de mes semelles fines.

Au lever du soleil, nous voilà partis pour la deuxième étape de notre périple autour d'Anglesey. Après une quinzaine de kilomètres, je me cale dans le sillage d'un gars du Yorkshire et d'une Galloise, une journaliste sportive de la télé nommée Lowri Morgan. Le gars du Yorkshire, qui l'a reconnue, est un peu sous le charme. Il n'arrête pas de lui poser des questions sur les rallyes qu'elle couvre pour la télé galloise. Elle a aussi réalisé des documentaires sur l'ultra. Elle nous raconte qu'elle a participé à une course de 160 kilomètres dans l'Arctique où on traîne tout son matériel derrière soi, dans une pulka. Il lui a fallu 174 heures pour en venir à bout et elle a été la seule à terminer la course, cette année-là. À côté, celle-ci passerait presque pour un aller-retour au fond du jardin.

Le soleil brille et il commence à faire assez chaud sur le chemin côtier qui nous mène au fond de criques isolées, dans le lit de rivières asséchées ou aux abords de petits ports de pêche. L'autre coureur commence à lâcher prise et j'ai l'impression que l'allure de Lowri est un peu trop soutenue pour moi, mais elle aime discuter et la conversation fait passer le temps. Je lui demande pourquoi elle a eu envie de faire une course aussi folle que celle de l'Arctique.

– Je ne sais pas vraiment, dit-elle.

Mais comme rien ne presse, elle prend le temps d'y réfléchir.

– Je pense que l'ultra nous emmène dans des endroits où on ne va pas assez souvent, reprend-elle.

Elle ne parle pas de lieux géographiques, mais d'états d'esprit.

– Ça peut vous mettre à nu. Dans l'Arctique, j'ai été seule très longtemps. On sort transformé d'une expérience comme ça.

Elle m'interroge du regard mais j'ai du mal à la suivre.

– On peut transposer cette force dans d'autres domaines de la vie. Au boulot, par exemple, quand j'ai été licenciée, je ne me suis pas inquiétée. Je me suis dit que j'avais déjà affronté des démons bien plus forts.

Elle me raconte avoir été invitée un jour à parler de son expérience sportive dans un foyer pour femmes en détresse. Avant d'aller dans l'Arctique, leur a-t-elle expliqué, elle détestait l'obscurité. Courir la nuit lui faisait peur, parce qu'il fait plus froid, qu'on se sent plus seul et qu'on peut facilement s'imaginer des choses.

– Mais la première nuit de la course, j'ai vu des aurores boréales. C'était comme s'il y avait de la musique dans le ciel. Ensuite, mon attitude a changé. J'avais l'impression que les étoiles faisaient leur show rien que pour moi et j'étais impatiente de voir la nuit tomber.

À la fin de son intervention, elle a réalisé qu'elle avait elle-même décidé de se mettre en danger, alors que celles à qui elle s'adressait n'avaient pas le choix, et s'en est excusée.

– Mais une femme est ensuite venue me dire que je n'avais pas à le faire, que mon expérience lui serait utile. Elle a dit que ma description de la nuit et de l'aurore boréale lui avait rappelé ce qu'elle avait ressenti le soir où elle était partie avec ses trois jeunes enfants et deux sacs-poubelles.

Le chemin nous conduit dans l'allée d'une grande maison. Un homme sur son transat lève le nez de son journal à notre arrivée. Il a l'air en colère.

– Allez-vous-en ! crie-t-il soudain.

– Vous cherchez le chemin côtier ? demande alors une femme qui se présente à ses côtés.

Absorbés par l'histoire captivante de Lowri, nous avons raté une bifurcation. Elle n'est heureusement qu'à quelques centaines de mètres.

Dans la montée qui suit, on peut voir notre ami du Yorkshire à quelques encablures devant nous. Nous n'avons perdu qu'une poignée de minutes. Une fois sur le bon chemin, Lowri me parle d'une autre course qu'elle a faite en Amazonie.

– J'ai été piquée par des frelons alors qu'on faisait un film sur la course. Ma langue s'est mise à gonfler et j'ai commencé à m'inquiéter. J'avais une quarantaine de piqûres et, comme j'avais suffisamment d'images, je me suis dit que j'allais m'arrêter au ravitaillement suivant.

Le bénévole qui le tenait a examiné sa langue et n'a rien remarqué d'anormal.

– J'ai alors réalisé que c'était une illusion due au fait que je voulais abandonner. Je perdais les ongles de mes doigts de pied. J'ai malgré tout décidé d'aller au moins jusqu'au ravitaillement suivant. Il fallait y arriver avant 16 heures, à cause des jaguars.

Cette histoire devient de plus en plus folle. Je lui propose à plusieurs reprises de faire une pause pour vérifier que nous sommes toujours sur le tracé. J'ai vraiment besoin de reprendre mon souffle, mais elle m'assure que tout va bien, qu'elle connaît le chemin puisqu'elle a déjà fait la course, et m'encourage à continuer.

– J'étais donc en piteux état, dit-elle, reprenant son récit, mais je me suis souvenue de ce petit mot que ma mère m'avait donné. Pour m'alléger, j'avais coupé tout ce qui dépassait de mes sacs de nourriture et le manche de ma brosse à dents, mais j'avais gardé précieusement ce mot. Je l'ai sorti de mon sac. C'était une citation de Confucius : « Notre plus grande gloire n'est pas d'éviter la chute mais de savoir nous relever chaque fois que nous tombons. » Je l'ai lue et la douleur s'est dissipée. J'étais comme enveloppée dans un voile de spiritualité. Je devais me pincer les jambes pour m'assurer qu'elles étaient toujours là. J'étais sidérée que la douleur ait complètement disparu.

Cette transformation soudaine à peine croyable me rappelle ma propre résurrection de la Miwok 100K. Dans le cas de Lowri, c'était clairement mental, puisque ça lui est arrivé après la lecture de ce petit mot.

Je dois finalement la laisser prendre le large. Il faut que je coure à mon propre rythme. Le sentier serpente le long de minuscules *cottages* perchés sur le bord d'une falaise avant de plonger vers une crique perdue par une piste étroite. Les habitants qu'on voit sur le pas de leur porte ont l'air de vivre là depuis 1920.

Juste avant le ravitaillement de la mi-course, nous atteignons une petite ville. Sur la route qui longe le port et nous ramène très vite à l'artère principale, la plante de mes pieds commence à chauffer. Arrivé au ravitaillement, je trouve Lowri assise sur une chaise avec son fils de 2 ans sur les genoux. Elle a l'air épuisée. Je l'entends dire aux organisateurs que l'idée d'abandonner la taraude.

– Ne soyez pas ridicule, lui répondent-ils.

Je lui suggère de marcher un peu, ce qui m'a bien réussi la veille, mais telle que je la vois là, avec son fils, elle m'a l'air sur le point de céder à l'envie de renoncer. C'est vrai, à quoi bon continuer ? Il reste 48 kilomètres et il faudra encore remettre ça demain. Elle se sent sûrement terriblement mal. Je ne vais pas mieux, mais j'ai besoin des points UTMB. Elle, elle a déjà terminé cette course. Elle donne des conférences et fait des films sur les épreuves auxquelles elle participe. Elle n'a pas besoin de finir celle-là.

Je garde finalement tout ça pour moi et repars en la laissant à ses hésitations. J'apprendrai plus tard qu'elle est repartie elle aussi mais qu'elle n'a pas fini l'étape. Je la contacterai après quelques semaines pour savoir ce qui s'est passé.

– Je suis tombée malade à ce ravitaillement, me dira-t-elle. Mon père, qui est médecin, a dit que c'était le sang. Ça m'a inquiétée alors j'ai abandonné. Je ne l'avais jamais fait. C'était la tempête sous mon crâne. Quand on s'arrête, on se dit que la douleur va disparaître. C'est le cas mais les remords prennent le relais.

De mon côté, je commence vraiment à souffrir. Il reste 48 kilomètres. Ça me paraît énorme. Je passe mon temps à regarder ma montre, ce qui ne m'aide pas. À chaque fois, j'espère qu'elle m'affichera un kilomètre de plus, mais c'est loin d'être le cas et c'est comme un direct à l'estomac.

J'essaie de résister mais c'est trop tentant. Elle est là, à mon poignet, et peut m'annoncer de bonnes nouvelles, me dire que je progresse, mais c'est à chaque fois une déception.

Me voilà à nouveau avec le Hollandais de la première étape. Il m'a rattrapé peu après la mi-course, l'air encore frais, alors j'essaie de m'accrocher le plus longtemps possible. Il n'est pourtant pas de très bonne compagnie. Quand je lui demande comment il va, pour entamer la conversation, il me lance un regard étonné, comme s'il n'avait pas remarqué ma présence.

– Bien, évidemment ! répond-il.

Avec les autres coureurs, quand il y a un doute à une intersection, on compare nos cartes et on en discute avant de repartir. Mon compagnon hollandais, lui, semble toujours savoir où il va et poursuit son chemin sans un mot. Il a l'air tellement sûr de lui que je le suis sans hésiter, mais après quelques erreurs de navigation, je décide de le laisser prendre le large.

Au bout d'un moment, alors que je le croyais loin devant, il surgit soudain derrière moi et me double à grandes enjambées. Je suppose qu'il a dû se tromper quelque part.

– Tu t'es perdu ? je lui demande.

– Non, répond-il, sans autre explication.

Un peu plus tard, il me laisse tout bonnement pantois. Peut-être que ça en dit long sur la nature bestiale de l'ultra, sur l'état de pure survie dans lequel il peut nous mettre, un état où les convenances n'ont plus vraiment d'importance… À moins que ce ne soit une habitude hollandaise.

Quoi qu'il en soit, alors qu'il me précède d'une cinquantaine de mètres, à la sortie d'une plage de galets déserte, il s'arrête sans crier gare, baisse son short, s'accroupit et se met à vidanger ses intestins en plein milieu du chemin. Quand j'arrive à sa hauteur, il se relève, attrape quelques mouchoirs et commence à s'essuyer les fesses le plus naturellement du monde. Comme je ne peux pas faire autrement, je passe à côté de lui. Quelques minutes plus tard, il me rattrape et court à mes côtés. Nous n'en dirons pas un mot.

* * *

Quand j'arrive dans la forêt, la chaleur de l'après-midi cède la place à la fraîcheur du soir. Quentin, l'organisateur, m'a raconté avec délectation que des gens qui s'étaient perdus de nuit dans cette forêt l'année précédente avaient dû attendre le lever du jour pour retrouver leur chemin. J'y ai pensé toute la journée, je suis donc bien content d'y arriver longtemps avant que l'obscurité ne s'installe. J'en suis maintenant au stade où je dois me parler pour avancer. Je me contente d'abord d'un « Allez ! » de temps en temps. Puis, aux alentours du 80e kilomètre, je hausse le ton, presque en colère :

Tu vas y arriver ! Plus que 10 miles et t'en auras fini avec cette merde !

J'ai mal partout. La douleur irradie de mes muscles, de mes articulations, de l'aine aux genoux en passant par les hanches. Je sais que si je m'arrête, elle s'en ira, mais je continue parce que je suis dans cette foutue course.

À un moment, je me surprends à fredonner une vieille chanson de mon enfance. C'était la fin des années 1970 et mes parents étaient les adeptes d'un gourou indien. Nous étions allés l'écouter parler à un festival. C'était l'été, il faisait une chaleur écrasante et un orage a éclaté. Je devais avoir 5 ans mais je m'en souviens clairement. Mon père m'a emmené à l'abri, dans une tente où un Indien chantait. Je connaissais sa chanson parce que mes parents la chantaient à la maison, mais l'orage l'a gravée définitivement dans ma mémoire. Elle s'appelle *Downpour of the Holy Name*[15]. Je sais que ça peut paraître étrange, mais pour une raison que j'ignore, cet instant me rappelle la tente, la sensation que j'ai éprouvée, et je me mets malgré moi à la chanter. Elle m'aide à tenir le coup un moment. Je me sens plus à l'aise, je cours doucement, la douleur se dissipe.

15. Littéralement : le déluge du saint nom.

Je me demanderai plus tard pourquoi cette chanson m'est venue à l'esprit et en quoi elle a pu aider. J'essaie aussi de réciter le mantra qu'un ami m'a donné et de répéter les noms de mes enfants, mais ni l'un ni l'autre ne font le même effet. Ça peut sembler ingrat mais je ne fais pas cette course pour mes enfants. Ils se moquent de savoir si je la finirai ou pas. Je la fais pour le petit garçon enfoui tout au fond de moi. Le retrouver grâce à cette chanson me fait oublier tout le reste, comme dans un rêve.

Je traverse la forêt sans même m'en rendre compte et me voilà soudain à l'avant-dernier ravitaillement. Kilomètre 96. Il en reste 10. Je m'assois sur une chaise et j'essaie de manger quelque chose. Un sandwich au beurre de cacahuète. Je réalise que je suis toujours en 8ᵉ position. L'esprit de compétition me pousse toujours à me battre, à être attentif à ce qui se passe autour de moi, à tout faire pour finir dans le top 10, mais une autre partie de moi s'en fiche. Contente-toi de terminer, dit-elle.

Je me redresse mais je suis terriblement raide. Je n'aurais pas dû m'asseoir. Une Irlandaise arrivée plusieurs heures après moi la veille me dépasse, l'air en forme.

– Plus que deux tours de parc, dit-elle gaiement.

Je n'ai pas l'énergie de lui répondre.

Un peu plus loin, j'arrive à un carrefour. Comme je suis seul, je sors ma carte. Selon l'itinéraire que j'ai tracé à la main, je devrais aller tout droit, mais le balisage du chemin côtier indique qu'il faut tourner à gauche. Je regarde autour de moi, il n'y a personne en vue. Les instructions étaient de suivre les indications du sentier à 99 %, mais il faut parfois prendre un chemin différent, nous ont dit les organisateurs. Et si c'était le cas ici ? Le problème, c'est que je ne fais pas confiance à ma carte. Je n'étais pas très concentré quand j'ai recopié le tracé, la veille dans le gymnase. J'étais trop fatigué. Je ne suis pas sûr d'avoir été assez attentif. Je tourne donc à gauche.

Il s'avère que c'est la mauvaise direction. J'essaie toujours de suivre ma carte mais ça n'a plus aucun sens. Plutôt que de faire demi-tour, je décide de couper par une route censée me ramener sur le bon chemin et je suis bientôt complètement perdu. Il est quelque chose comme 8 heures du soir et la nuit commence à tomber.

Seul sur cette route de campagne, j'entends soudain une voiture approcher. C'est une Range Rover. Je lui fais signe de s'arrêter. La femme qui est au volant ralentit en arrivant à ma hauteur. Je lui souris en agitant la main. Soudain, elle accélère et me dépasse sans un regard.

Je dois avoir l'air d'un fou, surtout maintenant que je ne suis plus sur l'itinéraire de la course. Une petite maison apparaît un peu plus loin. Il y a de la lumière. Il faut que je retrouve mon chemin, alors je vais frapper à la porte. À travers la fenêtre, je peux voir un homme assis dans son salon qui me regarde approcher, l'air apeuré. Il vient finalement ouvrir, puis sort sur le perron et referme derrière lui.

– Qu'est-ce que je peux faire pour vous ? demande-t-il.

Il m'explique par où passer. Je ne suis qu'à quelques kilomètres de l'arrivée, qui se trouve dans le village d'Aberffraw. En étudiant la carte, je réalise que j'arrive du mauvais côté et que je vais manquer le dernier point de contrôle, ce qui signifie 3 heures de pénalité. Il n'y a qu'un mile entre ce point de contrôle et le village, et la barrière horaire est à 2 heures du matin, il me reste donc près de 6 heures pour y arriver. Même en marchant lentement, il me faudrait moins d'une heure, mais je suis cuit. J'opte pour la pénalité. Je veux juste en finir.

Avec 3 heures de pénalité, mes ambitions n'ont plus lieu d'être. C'est en fait un soulagement, comme si une petite voix agaçante cessait de me résonner dans la tête. Le dernier kilomètre est une route en ligne droite. Il fait sombre maintenant et mes pieds sont en feu. C'est alors que des choses étranges se produisent. J'essaie de boire à la pipette qui dépasse de ma gourde, mais elle est fermée par un couvercle dont j'ignorais l'existence. Je ne l'ai même jamais utilisé et c'est étrange de devoir l'ouvrir. Puis, quelque chose commence à surgir tout autour de moi. Pop ! Pop ! Pop ! J'ai l'impression d'être encerclé. J'essaie de chasser ces trucs en agitant les bras dans l'obscurité. C'est peut-être à cause de ce couvercle sur ma pipette ? Je le retire à nouveau mais ça ne fait aucune différence.

Aberffraw me paraît toujours aussi lointain, comme une ville fantôme impossible à atteindre. Et puis soudain, j'y suis. Les pops cessent quand je traverse le pont avant de remonter la rue principale, déserte et silencieuse, bordée de maisons grises et mitoyennes, qui me mène à la salle des fêtes. Les portes sont ouvertes. J'entre.

Il n'y a pratiquement personne. L'ambiance est irréelle. Où sont-ils tous passés ? Je m'assois sur une chaise. Trois ou quatre personnes vont et viennent autour de moi. Puis Quentin apparaît. Il m'explique qu'il y a une petite pièce à l'arrière de la salle pour ceux qui sont arrivés les premiers. Mieux vaut aller y piquer un roupillon, suggère-t-il, parce que des coureurs à l'agonie ne vont pas cesser d'arriver toute la nuit, ce qui ne sera pas de tout repos, mais je ne peux pas bouger. Heureusement, les organisateurs nous ont préparé des pâtes. Au départ, j'avais l'intention d'acheter de quoi manger au village. J'imaginais que j'allais me doucher, me changer, puis que j'irais à pied à la friterie du coin, mais je peux à peine me baisser pour dénouer mes lacets. Quentin me tend une assiette de pâtes, j'ai du mal à manger. Je grelotte à nouveau et j'ai un immense besoin que quelqu'un me prenne dans ses bras.

Ça paraît ridicule, je sais, mais je me sens traumatisé, assis là seul, dans cette salle morose. Je ne suis plus bon à rien. Je n'ai pas la force de recopier le tracé du lendemain sur ma carte, ni d'appeler Marietta. Elle m'a envoyé un message – « Est-ce que tu as fini ? » –je ne peux pas répondre. Je sais que quelques mots suffisent. J'ai encore assez d'énergie pour les taper, mais je suis incapable de concevoir la moindre phrase. Je n'ai pas la force de me changer. Il n'y a pas de douches mais j'ai des vêtements propres et même un pyjama dans mon sac. Tout ce que je peux faire, c'est aller gonfler mon matelas dans la pièce de derrière, dérouler mon sac de couchage et m'y glisser dans les vêtements que j'ai portés toute la journée.

Je n'arrive pas à trouver le sommeil. J'ai tellement mal aux jambes que je dois faire un effort pour ne pas gémir. Je n'ai pas d'eau. Je suis au bout du rouleau. Je me tourne et me retourne. Nous ne sommes que cinq dans la réserve de la salle commune du village, allongés sous des tables empilées, à même les dalles de moquette rugueuses. Je suppose que tous les autres ont abandonné ou qu'ils ont réservé des chambres dans les hôtels du coin, où leur assistance peut les aider à s'organiser.

Pour la deuxième nuit consécutive, je ne dors pas du tout. Enfin, à 4 h 50, les néons me crachent leur lumière en pleine face et Quentin entre, souriant, en brandissant son téléphone d'où sort *Ring of Fire*.

Bizarrement, je ne me sens pas trop mal, une fois levé. Ou plutôt, je me sens mal mais mes jambes vont mieux que je ne l'imaginais. C'est étrange, parce qu'au lendemain d'un marathon (donc, a fortiori, après un ultra de 106 kilomètres sur un chemin côtier vallonné), on n'est plus qu'une épave à peine capable de marcher. C'est comme si mon corps s'était mis dans la nuit en mode réparation express, même sans sommeil, comme si, sachant ce qui l'attendait, il avait trouvé des ressources secrètes, comme s'il en avait gardé en réserve.

* * *

Après avoir fait nos sacs, nous sortons sous une pluie battante, qui tombe à l'horizontale. La dernière étape commence bien tristement, après tout ce que nous avons déjà enduré. Il fait encore sombre. Le silence et l'indifférence règnent dans les maisons grises. C'est dimanche matin, une journée à rester couché, surtout par un temps aussi pourri. Personne ne s'intéresse à nous.

Au signal de Quentin, nous nous mettons péniblement en mouvement. Il reste seulement 53 kilomètres. Avec ma pénalité, ma seule préoccupation aujourd'hui est de ne pas manquer un autre point de contrôle. Si ça m'arrive, je serai sans doute hors délai et j'ai besoin de mes cinq points UTMB. J'opte donc pour la prudence et me place à l'arrière du peloton, sans jamais quitter les autres des yeux, pour être sûr de ne pas me perdre.

À la sortie d'Aberffraw, alors que le jour n'est pas encore tout à fait levé, nous traversons une petite plage. De grosses vagues déferlent et, sur le parking, un type sort une combinaison de sa voiture. Il se prépare à aller surfer. L'air étonné, il nous regarde défiler en silence, l'un après l'autre, comme des fantômes, avec nos sacs à dos et nos grimaces de douleur. Nos regards se croisent.

– Moi qui me prenais pour un fou... dit-il.

Au point où j'en suis, je ne peux pas m'empêcher de me dire qu'il a raison. Il n'y a plus ni joie ni satisfaction, plus rien que la folie de courir pour la troisième journée consécutive par un temps pareil avec des gens que je ne connais même pas. Ça n'a pas de sens.

Pourtant, je continue. En courant lentement à l'arrière du peloton, les choses sont différentes. Plutôt que d'essayer de rattraper des gens, de les dépasser, de rester devant et d'être constamment à fond, je peux prendre mon temps et apprécier. Si j'avais fait toute la course comme ça, j'aurais peut-être pu en profiter. Pourquoi faut-il que je cherche toujours à être le mieux classé possible ? Je pourrais y aller tranquille, en profitant du paysage, de l'atmosphère, de la compagnie des autres. Ma place est ici. J'ai fait les deux premières étapes trop vite. Je suis content, ici, à l'arrière.

Au bout d'un moment, je commence toutefois à me dire qu'on marche trop. Je suis quand même venu là pour courir. Jusqu'ici, je suis resté avec deux gars de Liverpool, mais je finis par avoir envie d'aller plus vite. Je commence à me sentir mieux, alors quand ils se remettent à marcher, je reste au pas de course, creusant l'écart au risque de me retrouver à nouveau seul. Les montées passent sans que je m'en aperçoive. Sur les 15 derniers kilomètres, je ne fais que courir. Le mode résurrection magique est à nouveau enclenché. Un type de Bolton remonte lui aussi très vite, quelques encablures devant moi. Je l'ai en point de mire et, déchaîné à l'approche de l'arrivée, je passe la vitesse supérieure. Dans le dernier mile, j'avale une bosse en trombe et le rattrape, comme si je faisais des accélérations en côte. Il s'écarte.

- Allez, fonce Superman ! me crie-t-il. Ça, c'est du *finish* !

Je prends le dernier virage à fond et franchis la ligne les bras levés, en hurlant. Le type en termine à son tour. Il s'approche, tout sourire.

– Alors là, mon gars, dit-il en écrasant ma main dans la sienne, d'où tu as sorti ça ?

Je me le demande, moi aussi. Les deux gars de Liverpool arrivent une dizaine de minutes plus tard. Ils ne sprintent pas, ne cherchent à dépasser personne. Ils sont juste venus là pour faire le tour de l'île en courant. Ils veulent savourer la fin de leur aventure.

Et voilà mon ami hollandais. Cette fois, je l'ai dépassé à 3 kilomètres de l'arrivée. Il a eu l'air surpris de me voir, mais au passage de la ligne, il me sourit et nous nous serrons la main. Finalement, j'ai peut-être gagné son respect, pourtant il est toujours aussi peu loquace.

Je suis tellement électrique qu'après m'être assis un moment pour m'imprégner de l'instant, pour me réjouir d'en avoir fini avec tout ça, d'avoir fait tout le tour d'Anglesey en courant et empoché cinq magnifiques points UTMB, je me lève et vais à ma voiture. Je me sens si bien que je m'imagine rentrer directement chez moi, à plus de 500 kilomètres, en traversant tout le Devon.

Je mets le moteur en marche. Ça me fait bizarre d'être assis là, dans ma voiture. C'est comme si je retrouvais la civilisation après avoir passé des mois dans la nature. Je sors du parking et commence à rouler, mais c'est fou ! je peux à peine appuyer sur les pédales. Tout a l'air de se dérouler au ralenti. Les gens me klaxonnent. Je m'arrête cinq minutes plus tard. J'attrape mon téléphone, cherche l'hôtel le plus proche et me réserve une chambre.

11

Quand j'explique que j'ai l'intention de courir 24 heures sur une piste de 400 mètres, les gens restent perplexes, comme s'ils ne comprenaient pas vraiment ce que je dis. Puis, après un moment de réflexion, leur réaction est le plus souvent du genre :

– Mon Dieu, qu'est-ce qu'on doit s'ennuyer !

En fait, il y a beaucoup de choses à en dire, mais ça n'a jamais été ennuyeux.

Cette course exerce sur moi une fascination étrange. J'aime sa façon de mêler le banal et l'extraordinaire, j'aime que les gens tentent d'accomplir des exploits époustouflants, non pas dans l'Himalaya ou les profondeurs de la jungle, mais sur une piste de Tooting, dans le sud de Londres. Ça montre qu'il n'y a pas besoin d'aller à l'autre bout du monde pour trouver l'aventure, l'émerveillement, la folie et tout ce dont on peut rêver, que tout ça est à portée de main, à condition d'ouvrir les yeux. « Rien de pire qu'un dingue en futal psychédélique allongé sur une plage du tiers-monde, fumant une putain de dope en faisant semblant d'atteindre l'illumination. Quand je cherche l'illumination, je vais dans mon antre et je chante », disent les paroles d'un morceau inoubliable d'Alabama 3. Moi, je vais sur la piste du coin et je cours.

Ça me rappelle *Hands on a Hardbody*, l'excellent documentaire de 1997 (dont on a par la suite fait une comédie musicale jouée à Broadway) sur un concours organisé chaque année à Longview, au Texas, par un concessionnaire automobile local. La règle est simple : les concurrents posent les mains sur un pick-up Nissan Hardbody et celui qui tient le plus longtemps le gagne. C'est banal et ennuyeux mais, assez vite, ces hommes et ces femmes rassemblés sur un parking deviennent les acteurs d'un drame captivant. Comme ils n'ont rien d'autre à faire et nulle part où aller, les personnages se confient les uns aux autres comme à la caméra. Au fil des jours, des amitiés et des rancœurs se nouent, les émotions sont à leur comble, les gens atteignent de hauts niveaux de conscience. Des durs à cuire tels que des commandos de marine se décomposent et prennent leurs jambes à leur cou, alors que des gens qui n'ont l'air de rien restent impassibles et sont de plus en plus forts, aussi bien physiquement que mentalement.

« Ils disent que c'est un concours d'endurance, explique dans le documentaire un concurrent nommé Benny Perkins, qui a gagné deux ans plus tôt, mais c'est surtout à celui qui tiendra mentalement le plus longtemps. C'est de ça qu'il s'agit, parce que si tu craques, t'as perdu. »

Dans ce parking, l'humanité est observée au microscope, comme dans une boîte de Petri, tandis que le scalpel du temps pèle les couches et les dissèque pour révéler ce qu'il y a dessous.

C'est la même chose aux 24 heures de Tooting. Je l'ai vu quand j'y suis allé en spectateur. Lorsque les coureurs et leurs équipes d'assistance se sont rassemblés pour le briefing d'avant-course, par une après-midi fraîche et couverte, il y avait de l'électricité dans l'air. À côté de moi se trouvait Jamie, un consultant en gestion qui vit à moins d'un kilomètre du stade. Il venait de terminer le légendaire Spartathlon, une course de 246 kilomètres qui se déroule en Grèce. Je lui ai demandé pourquoi il faisait des épreuves aussi longues.

– Je suppose que je cherche ma limite. Peut-être que j'arrêterai quand je l'aurai trouvée, m'a-t-il répondu avec un grand sourire.

Cette nuit-là, quand je suis revenu à 3 heures du matin, il tournait en marchant avec une jambe bandée.

– Cette fois, je l'ai peut-être bien trouvée, m'a-t-il lancé gaiement.

Shankara Smith, la directrice de course, m'a dit :

– Ici, tu ne peux pas te dire que c'est toi contre la montagne, parce qu'il n'y en a pas. Tu es seul face à toi-même.

– Le plus gros obstacle à surmonter, c'est toi, a-t-elle insisté. Ce n'est pas la victoire de l'esprit sur la matière, mais celle du cœur sur l'esprit. Si tu ne parviens pas à faire taire cet esprit, tu n'y arrives pas, parce qu'il te dit que c'est impossible.

Comme dans *Hands on a Hardbody*, les plus impressionnants ne sont pas ceux auxquels on pense d'emblée. Ann Bath, 68 ans, en fait partie. Elle ne courait pas bien vite, qui plus est dans une posture un peu penchée, mais elle avançait implacablement. D'autres faisaient des pauses de temps en temps pour se faire masser ou manger quelque chose, alors qu'elle continuait tranquillement, sans jamais s'arrêter. En fin de compte, elle a parcouru ce jour-là la distance incroyable de 185 kilomètres.

En furetant parmi les coureurs qui jubilaient une fois l'épreuve terminée, je suis tombé sur Pat, une femme de 76 ans. Assise dans sa voiture, elle retirait les pansements collés sur ses orteils. Je lui ai demandé comment ça s'était passé.

– J'ai évidemment eu des hallucinations, comme à chaque fois, m'a-t-elle répondu dans un éclat de rire, en jetant les pansements à ses pieds. Mais d'habitude, je cours avec une amie et on hallucine à tour de rôle.

Pat était la doyenne de la course. Elle venait de parcourir 135 kilomètres mais n'avait aucune intention d'aller le crier sur les toits.

– C'est pas terrible, a-t-elle ajouté. L'année dernière, j'en ai fait 140.

Pour elle, c'était la routine. En plus d'un nombre incalculable de 24 heures, elle en était à 456 marathons, alors qu'elle n'avait commencé à courir qu'à l'approche de la cinquantaine.

– Ça m'occupe, a-t-elle répondu, quand je lui ai demandé pourquoi elle en faisait autant. Autrement, qu'est-ce que je ferais de mes samedis ?

Derrière la modestie des coureurs, je sentais bien qu'il y avait autre chose. Le nom complet de la course est Self-Transcendence 24-Hour et on la doit aux adeptes de Sri Chinmoy, un maître spirituel indien qui disait : « La course à pied est une transcendance continue et c'est aussi l'expression de notre vie intérieure. »

J'ai demandé ce jour-là à un autre coureur s'il avait ressenti cette transcendance.

– À certains moments, oui, c'est sûr, m'a-t-il assuré, l'air malicieux, comme s'il ne pouvait pas en dire plus. C'est vraiment quelque chose, mais on ne peut pas le comprendre si on ne l'a pas vécu soi-même.

* * *

Me voilà donc, un an plus tard, au volant de ma voiture, roulant vers la piste où je vais passer les 24 heures qui viennent. Nous sortons une table et deux chaises longues, les boîtes de boules énergétiques que nous avons préparées, de la boisson et des fraises. Marietta a accepté de m'assister. Après le Ring O 'Fire, je me suis dit qu'il valait mieux ne pas affronter ça tout seul.

Je n'ai pas réussi à m'entraîner sur piste, mais en guise de préparation, j'ai passé un week-end avec l'équipe britannique de 24 heures. Le fait que la sélection nationale ait passé ce week-end-là dans une auberge de jeunesse du Berkshire en dit long sur la confidentialité de la pratique. Nous avons dormi sur des lits de camp à six par chambre et chacun a payé sa part.

Pendant que nous préparions le dîner, ce qui n'était pas commode avec les couteaux émoussés de l'auberge, Robbie Britton, le capitaine qui a pris la 3e place des derniers championnats du monde de 24 heures, m'a dit que l'essentiel était de rester dans l'instant.

– Je me dis juste qu'il faut courir une heure, m'a-t-il expliqué. Même quand je suis complètement cassé, je sais que je peux encore courir une heure et c'est ce que je fais. Ensuite, je pense à la suivante.

Pendant le week-end, un biomécanicien et un nutritionniste dispensent des cours dans une petite « salle de classe », à l'arrière de l'auberge. Malgré le cadre, les athlètes prennent la préparation des championnats du monde très au sérieux. Parmi eux figure Dan Lawson, champion d'Europe des 24 heures qui, depuis son titre, se trouve sur la liste de l'Agence mondiale antidopage (AMA), comme tous les athlètes de ce niveau. Son inscription sur cette liste, dit-il en plaisantant à moitié, a ruiné sa vie. Il vit la moitié de l'année à Goa, en Inde, et avait l'habitude de partir à l'aventure, de dormir à la belle étoile quand ça lui chantait. Désormais, il doit informer l'agence de tous ses faits et gestes au cas où on viendrait le contrôler.

Nous faisons deux sorties d'une heure et demie et je suis facilement tout le monde, ce qui me rassure. Je leur demande quel est leur meilleur temps au marathon et il s'avère que la plupart le courent moins vite que moi. Comme je l'ai appris à Oman avec Elisabet Barnes, le record au marathon n'est pas vraiment une référence fiable dans cette discipline.

Après ce week-end de préparation avec l'équipe britannique, c'est malgré tout avec un certain optimisme que j'entame mon premier tour de piste à Tooting, un samedi après-midi couvert de la mi-septembre.

Je passe les premières heures à bavarder avec d'autres coureurs et à faire des grimaces à Marietta, à sa sœur et à son neveu, qui sont venus m'encourager un moment. Je m'en tiens à une stratégie prudente qui consiste à marcher cinq minutes toutes les demi-heures. Ça ne semble pas indispensable à ce stade et je me retrouve au fin fond du classement, qui est mis à jour toutes les heures et affiché sur le bord de la piste, mais c'est le plan que j'ai mis au point avec mon entraîneur. Je mise sur la prévoyance, le long terme. Je suis sûr qu'au fil du temps, je vais progresser au classement.

* * *

Il est à peu près minuit quand je décide pour la première fois d'abandonner, après une douzaine d'heures de course.

Reste dans l'instant, m'a dit Robbie Britton. C'est un excellent conseil, dans la vie comme dans cette course. C'est même souvent la clé du bonheur. Mais, dans cette course comme dans la vie, ce n'est pas simple. Difficile de ne pas penser au temps qui reste. Y penser trop fort peut vous faire disjoncter. C'est comme essayer de se représenter la distance qui nous sépare d'une étoile située à cent millions d'années-lumière de la Terre.

Ça se produit pour la première fois après 9 heures de course. Jusqu'ici, je plaisantais avec Marietta à chaque passage, mais cette fois, je la fixe avec gravité pour lui signifier, comme à moi-même, que quelque chose a changé.

– Ça devient dur, je dis.

Mon corps commence à peiner. La douleur m'envahit. J'ai les pieds en feu. Soudain, une idée s'impose : il y en a encore pour 15 heures. Bam ! Les lumières s'éteignent. Je sombre dans les abysses.

Je modifie mon plan de marche pour passer à quelque chose de plus simple à gérer : trois tours de course pour un de marche. Mon univers rétrécit. Bientôt, je passe à deux tours de course pour un de marche, puis à un sur deux, avant de m'arrêter totalement.

Marietta me dit d'aller voir le kiné. Je vais me faire masser dans une petite salle à côté de la piste, où se trouve une équipe médicale. Je me sens un peu mieux ensuite et je repars, mais vers 2 heures du matin, je suis à nouveau à la dérive.

– Laissez-moi partir ! je supplie, en m'adressant à la nuit, à la course, à moi-même.

D'autres abandonnent. Pourquoi pas moi ? J'ai tout un tas d'excuses bien réelles, authentiques. C'est trop proche du Ring O 'Fire. Beaucoup de gens me l'ont dit. Ils avaient raison. Je n'ai plus de jambes. Je dois reconnaître que je ne suis pas Superman.

– Et Kilian ? dit Marietta. Qu'est-ce qu'il ferait ?

Bon sang mais je ne suis pas Kilian ! Ça ne se voit pas ? Pourquoi insiste-t-elle pour que je continue ? Je lui en veux comme si c'était elle qui m'obligeait à continuer. J'entends déjà mon coach Tom qui dira que c'était plus raisonnable d'arrêter, qu'il n'y avait pas de raison de me détruire à trois semaines d'une autre course que je devrai finir pour obtenir les précieux points UTMB. Celle-ci n'a aucun sens. Je ne peux pas les finir toutes. Et puis je ne me suis même pas entraîné sur piste. C'était stupide. Tom me l'a dit, mais je ne l'ai pas écouté.

Quand je suis allé voir la kiné, elle m'a dit que c'était ça qui me mettait dans cet état. L'élasticité de la piste impose d'utiliser d'autres muscles pour se stabiliser. Cette fois, ce n'est pas mon mental. Mon corps est tout simplement fatigué et mal préparé. Je dois l'accepter.

À mesure que la nuit avance, je suis de plus en plus courbé, comme si je vieillissais en avance rapide. Je fais désormais une pause après deux tours de marche, puis je passe à une pause à chaque tour. Assis dans le coffre ouvert de la voiture, je retire mes chaussures pour masser mes pieds douloureux.

* * *

Pendant les premières heures, quand c'était encore facile, je me suis retrouvé avec un gars qui m'a dit que, pour terminer une course comme celle-là, il fallait mettre de l'ordre dans sa tête. Ses quatre premiers ultras s'étaient soldés par des abandons. Il disait avoir désormais remis de l'ordre dans sa tête. Je lui ai demandé ce qu'il voulait dire par là.

– Dans l'ultra, il y a toujours un moment où on veut arrêter. Ton esprit essaye de te convaincre qu'il n'y a pas le choix, que tu ne peux pas continuer. Il faut donc savoir pourquoi tu es là. Il faut avoir la ferme conviction que tu dois continuer. Si ta tête est en ordre, tu peux le faire.

Mais le problème, ce n'est pas ma tête, ce sont mes jambes. J'essaie de changer de chaussures, ça ne marche pas. C'est l'élasticité de la piste qui me tue. Vers 6 heures du matin, j'annonce à Marietta que j'arrête. La douleur est trop forte. Un millier d'aiguilles chauffées au rouge s'enfoncent dans mes pieds à chaque pas. Ce n'est pas comme à la Miwok ou au Ring O 'Fire, où j'ai réussi à retrouver des forces à la fin. Cette fois, c'est un naufrage en règle. Elle me suggère de retourner voir la kiné. Je réponds que ça ne sert à rien. Ça fera peut-être de l'effet un moment mais j'en ai encore pour 6 heures. Un tour est déjà au-dessus de mes forces. Je ne vois pas comment je pourrais tenir encore 6 heures.

Je vais malgré tout voir la kiné.

– Mes pieds sont morts. Faites quelque chose pour moi, s'il vous plaît.

– Ces chaussures ont l'air neuves, dit-elle, alors que je m'allonge. Vous les avez depuis combien de temps ?

Je les porte aujourd'hui pour la première fois. J'ai eu la stupide idée de faire de cette course un test extrême de matériel dans l'optique d'un article pour un magazine. Je me prenais pour le lapin Duracell et je pensais que ce serait un bon moyen de savoir ce qui tient vraiment la distance. Je n'imaginais pas lâcher le premier.

– Deux semaines, je réponds, trop honteux pour dire la vérité, pour reconnaître que j'ai enfreint la plus vieille règle de la course à pied : ne jamais rien tester le jour de la course.

Elle hausse les sourcils, comme si c'était une évidence, comme si j'étais un parfait crétin.

– Eh ben, c'est pour ça que vous avez mal aux pieds, dit-elle sans aucune empathie.

Je m'en veux terriblement. Évidemment qu'on ne peut pas faire une chose pareille avec des chaussures neuves. J'ai encore fait n'importe quoi.

La kiné me masse les pieds et je réussis à faire quelques kilomètres de plus, mais à 8 heures du matin, je suis une épave. Je ne fais que marcher et me reposer depuis 6 heures. Je suis à moins de 3 kilomètres-heure de moyenne.

Un peu à court d'idées, Marietta me propose de faire une sieste avant de renoncer complètement. L'idée ne me convainc pas vraiment mais je m'installe dans mon sac de couchage, à l'arrière de la voiture. Comme c'est bon de s'arrêter, de s'étendre, de sentir le soulagement se répandre dans mes veines. Je n'arrive toutefois pas à dormir. Je trouve anormal d'être allongé là alors que la course continue. Ma tête y est toujours. Je me redresse péniblement et regarde le jour gris se lever. Marietta va me chercher une tasse de thé à l'autre bout du stade. J'observe les autres coureurs, les derniers survivants, toujours en mouvement. Comment font-ils ? Ils avancent comme des jouets mécaniques. Certains sont manifestement dans le dur mais ils continuent à marcher, à se traîner, à trottiner. Celui qui est en tête bondit toujours à grandes enjambées. Incroyable ! Je me sens lamentable.

Marietta est de retour.

– Ça ira mieux si tu termines, dit-elle.

– Je ne peux pas.

C'est tout ce que je trouve à dire. Je suis cassé. Ce n'est plus un choix.

Le type qui a installé ses affaires à côté des miennes est un géant prénommé Kartik. C'est un adepte de Sri Chinmoy et il marche depuis la 7e heure de course, souvent les yeux fermés. M'ayant vu assis à l'arrière de la voiture, il vient vers moi. Ses gestes sont pleins de douceur.

– C'est normal de souffrir à ce stade, dit-il, mais si tu t'arrêtes maintenant, tu ne sauras jamais ce qui peut se passer ensuite. Tu pourrais avoir des surprises.

– Je suis complètement cassé.

– Tu t'es blessé ? Si c'est le cas, il vaut mieux t'arrêter.

– Je ne suis pas blessé mais j'ai mal partout, surtout aux pieds. Mes chaussures sont neuves.

Il me regarde droit dans les yeux.

– Ce serait dommage d'abandonner au moment où ça devient intéressant, ajoute-t-il avec un sourire bienveillant, avant de retourner sur la piste pour reprendre son bonhomme de chemin.

Je reste assis une dizaine de minutes à le regarder tourner en rond, puis j'aperçois un Indien enveloppé dans une couverture, qui, comme Kartik, se traîne depuis des heures, le regard fixe, bougeant à peine. Il a l'air d'être encore en plus mauvais état que moi, mais il est toujours là. Il continue à avancer. Marietta fait une dernière tentative :

– Tu ne veux pas rester assis là, en attendant la fin de la course. Tu veux finir là-bas, sur la piste, sur tes deux jambes.

Je regarde l'Indien et son effort comme celui de tous ceux – hommes et femmes – qui continuent à courir, à marcher malgré l'enfer qu'ils traversent, en état de choc, brisés, mais toujours en mouvement, cela me donne envie de pleurer. Une femme court même en chantant. Je me décide à sortir de la voiture. Il faut que je continue. Sans me poser de question, je me remets à marcher avec les autres, plié en deux, avec ma capuche sur la tête.

Chaque pas me fait souffrir, mais en sortant du dernier virage, j'aperçois un trait en travers de la piste et je me dis que, passé ce trait, je vais essayer de faire le reste de la ligne droite en trottinant. Je me dis : « Essaie d'être souple, léger. » Je commence à tout petits pas – droite, gauche, droite, gauche... Voilà, je cours. J'arrive à hauteur de la dame chargée de compter mes tours.

– Mais tu cours, Adharanand ! C'est fantastique ! me lance-t-elle, radieuse.

Je n'avais pas l'intention d'aller plus loin mais son enthousiasme me décide à continuer. Je me dis que je vais faire encore un petit bout, mais je réalise que courir est finalement moins pénible que marcher, que les impacts sont moins douloureux pour mes pieds. Je peux peut-être faire un tour complet. Au moment où je repasse devant Marietta, je me rends compte que je me sens bien, que je peux continuer. J'essaie de marcher un moment mais c'est plus douloureux, alors je me remets à courir. Marietta me regarde passer ébahie.

Je cours toujours, lentement, à toutes petites foulées, mais je cours, lorsque je repasse devant les officiels qui comptent les tours. Ils sont tous vraiment ravis de me revoir. Ça faisait des heures qu'on ne m'avait pas vu courir.

– Allez, Adharanand ! crient-ils en m'acclamant.

Cette fois, Marietta sourit en me voyant arriver. Elle a pris son appareil pour faire une photo et, juste pour le plaisir, pour le cliché, j'accélère en passant à sa hauteur. Avec cette photo, je pourrai faire croire que je volais littéralement. C'est étrange, mais ça me fait du bien, beaucoup de bien même, de courir comme il faut, pas en petites foulées rasantes, mais pour de bon. Mes jambes me font l'impression de sortir d'un profond sommeil, de bâiller en s'étirant. « Salut, chef ! Comment va ? » Ravi, je décide d'en profiter et me mets à doubler des gens, y compris ceux qui sont dans le haut du classement. Et si j'en faisais trop ? Les doutes reviennent mais je les ignore.

Un tour à la fois.

Reste dans l'instant.

Et je continue à courir. Je tiens une douzaine de tours, 5 kilomètres, avant de me reposer un peu. Chaque fois que je passe devant Marietta, nous échangeons des regards incrédules. Je me suis tellement plaint que je lui exprime mon incompréhension, les mains tournées vers le ciel. Je ne comprends pas ce qui m'arrive. Je me sens aussi frais qu'à la première heure de course. La douleur s'est totalement dissipée. Je m'assois une trentaine de secondes pour masser mes pieds, mais j'ai hâte d'y retourner. J'ai beaucoup de temps à rattraper et je me remets en route sans même m'en rendre compte.

Puis, comme si tout s'animait, s'éveillait en se débarrassant du poids de la fatigue, les nuages se dissipent et le soleil apparaît. J'ai l'impression de passer moi aussi de l'obscurité à la lumière. C'est la *self-transcendence*. Je suis passé de l'autre côté, celui du soleil éclatant et du bonheur permanent. J'envoie des baisers aux comptables qui m'applaudissent et scandent mon nom à chacun de mes passages.

Dans le dernier kilomètre, je suis à fond, esquivant les autres coureurs et leurs supporters comme sur un trottoir surpeuplé. Pour les cinq dernières minutes, quelqu'un doit m'accompagner pour marquer l'endroit exact où je m'arrêterai, mais il ne peut pas suivre. Il doit couper par la pelouse pour essayer de me rattraper. Mon frère, qui vient d'arriver, court avec moi en poussant des cris de joie.

– Allez Dhar ! Allez !

Je n'en finis plus d'accélérer. C'est incroyable ! Je sprinte littéralement. Quand le signal sonore annonce la fin de la course, je suis pris de court. Je n'ai aucune envie de m'arrêter, je veux continuer à voler. Je me sens maintenant mieux qu'au début.

Mais je m'arrête, évidemment. Je l'ai fait. Je m'écroule mais je ne pleure pas. Je ris. Voilà mon marqueur. En nage et confus, il secoue la tête. Marietta, mon incroyable équipière, arrive à son tour. Avant la course, elle m'avait demandé pourquoi j'avais besoin d'une assistance. Était-ce bien nécessaire que quelqu'un veille toute la nuit pour me passer mes gourdes ? Je ne pourrais pas les attraper moi-même ? Nous avons maintenant la réponse.

Au départ, elle n'avait pas l'intention de rester là en permanence. Elle devait s'éclipser un moment pour faire un somme mais elle ne l'a pas fait. Elle dit que c'était tellement émouvant qu'elle n'a pas pu rater un seul instant, qu'il fallait qu'elle voie les gens continuer malgré les difficultés. Je ne suis pas le seul mort-vivant, qui titubait au bord du gouffre, pour qui le ciel a fini par se dégager.

– C'était comme assister à une vie tout entière, dit-elle, en s'asseyant comme moi sur son transat, sans vraiment réaliser que tout est terminé. Voir les gens tourner en passant par des hauts et des bas, parfois anéantis, hagards, à peine capables de mettre un pied devant l'autre, parfois survolant la piste en chantant, en riant, en criant... Certains étaient hors-jeu, à terre, mais ils se sont relevés et se sont remis en mouvement. Et, tout le long, il y avait cette tension d'une puissance incroyable.

Oui, je l'ai ressenti moi aussi, quand j'étais assis à l'arrière de la voiture, dans mon sac de couchage, en observant ce qui se passait sans moi, et j'ai dû y retourner.

– Les gens commencent avec une stratégie, explique Shankara Smith, qui n'a raté aucune édition depuis la première, en 1989 – c'est son père qui était alors le directeur de course. Ils ont un objectif, mais pour nous, le plus émouvant, c'est de voir ceux pour qui tout va mal continuer, résister. C'est ce qui nous inspire le plus.

Une heure plus tard, nous nous rassemblons tous pour la remise des prix. Je suis 28e sur les trente-deux *finishers*. Treize ont abandonné. J'ai couru 143 kilomètres. Ça n'a rien d'impressionnant mais les chiffres n'ont pas d'importance. Sur cette piste de Tooting, j'ai vécu une expérience inoubliable, j'ai appris ce que c'est que de se battre, de souffrir, de sentir le temps qui passe, mais j'ai aussi découvert la force des liens avec les autres, de leur soutien, qui vous portent et vous permettent d'aller puiser au plus profond, de réaliser ce que vous croyez impossible.

Je trouve toujours miraculeux de m'être remis à courir. J'ai atteint pendant cette course un degré d'épuisement inédit pour moi, mais la résurrection en a été d'autant plus spectaculaire. Plus jamais je ne pourrai me dire qu'il est impossible de continuer. Après une telle renaissance, je ne pourrai plus jamais dire que je suis trop fatigué, que je suis laminé, parce que je sais maintenant avec certitude que ce qui semble impossible ne l'est pas, que quelle que soit la douleur, je peux toujours renaître, ça peut toujours revenir.

* * *

Les preuves se multiplient à chaque course. Depuis que j'ai commencé l'ultra, on ne cesse de me répéter que tout est dans la tête, mais il m'a fallu cette course de Tooting pour le comprendre vraiment. Ce n'est pas qu'une question de dialogue intérieur ni de détermination. Votre esprit sait trouver les arguments incontestables, ceux qui font mouche. Il peut même générer de vraies douleurs. Il suffit pourtant de changer de point de vue, de réaliser par exemple que l'arrivée est proche, de se laisser émouvoir par les efforts des autres ou de lire une citation exaltante pour qu'elles se dissipent. Qu'elles soient réelles ou pas, elles ne sont pas irrémédiables.

D'un point de vue scientifique, on en revient à la théorie du gouverneur central avancée par Tim Noakes, qui dit que, lors d'un effort extrême comme celui de la course de fond, le cerveau bride le corps longtemps avant que vous soyez en danger. Nous avons évolué ainsi pour conserver toujours un peu d'énergie en réserve en cas d'urgence, si, par exemple, un ours nous tombait dessus.

Dans son brillant livre *Endurance*, le journaliste Alex Hutchinson dit avoir demandé à Tim Noakes quel était selon lui l'argument le plus convaincant pour justifier sa théorie. Comme il est sud-africain, le chercheur lui a cité le cas de ceux qui terminent les Comrades juste avant la barrière horaire des 12 heures. Des coureurs sans prétentions piquent des sprints invraisemblables au terme d'un ultramarathon épique, alors qu'ils devraient être au comble de l'épuisement, perclus de traumatismes musculaires et à court de carburant. De toute évidence, ils étaient capables d'aller plus vite, dit-il, alors pourquoi ne l'ont-ils pas fait ?

C'est exactement ce que j'ai vécu à chacun des ultras que j'ai courus, ou presque. À chaque fois, mon esprit m'a empêché de continuer en combinant des arguments intelligents et la perception de la douleur. Contrairement aux meilleurs coureurs d'ultra ou à ceux qui ont vécu des traumatismes, qui connaissent la douleur, s'y attendent et lui font face sans crainte de s'y perdre, je m'y suis docilement soumis à chaque fois, m'apitoyant sur mon sort, laissant mon corps s'affaiblir et ma foulée se raccourcir au point de ne plus avancer. Ce n'est que lorsque mon esprit a compris que la fin était proche, que lui et moi étions en sécurité, que j'ai pu me libérer et puiser à nouveau dans mes réserves.

La meilleure façon d'empêcher mon esprit de prendre le dessus, c'est de ne pas penser à la distance qui me sépare de l'arrivée et de rester dans le présent, comme me l'ont dit beaucoup de coureurs d'ultra. Dans son livre, Alex Hutchinson raconte la fascinante histoire de Diane Van Deren, qui s'est mise à l'ultra à l'approche de la quarantaine, après avoir eu recours à la chirurgie pour soigner son épilepsie. Après l'opération, elle pouvait courir pendant des heures sans avoir la moindre idée du temps qui passait. C'était assez problématique dans sa vie de tous les jours, mais elle est devenue une formidable coureuse d'ultra, parce que « son esprit se fiche pas mal de la distance qui la sépare de l'arrivée », selon son neuropsychologue.

« Incapable de lire une carte comme de savoir où elle en est, écrit Hutchinson, elle ne se focalise pas sur ce qui l'attend » et, à cause de sa mauvaise mémoire à court terme, elle ne tient pas non plus vraiment compte de ce qu'elle a déjà parcouru. « Elle n'a pas d'autre choix que de se concentrer sur la tâche immédiate d'aller de l'avant, sans penser plus loin que le pas qui vient. »

Il faut que je prenne exemple sur Diane Van Deren. C'est toujours la représentation de ce qui m'attend qui me cloue au sol. Dès que la tâche devient envisageable, je ressuscite. Pour éviter de m'effondrer, je dois cesser d'anticiper. Ne pas regarder ma montre, ou même ne pas la mettre en route, pourrait certainement m'y aider. Si je veux essayer de ne pas penser à ce qui reste, je n'ai pas besoin qu'un truc bipe constamment à mon poignet pour me le rappeler. Lors de la dernière étape du Ring O 'Fire, comme j'avais renoncé au classement, je ne l'ai pas démarrée. J'allais évidemment moins vite, mais le fait est que je me suis senti beaucoup mieux. C'était un soulagement, comme si je m'étais débarrassé d'un compagnon particulièrement pénible, qui insistait toutes les cinq minutes pour me dire quelle distance il restait. Ça me fait penser à Zach Miller et à sa Casio à cinq dollars. Il ne calcule pas le kilométrage quand il court. C'est peut-être ce qui lui permet de se donner à fond, sans retenue ni entrave.

Dans trois semaines, je dois faire mon premier 100 miles. Pour en venir à bout sans m'effondrer, la clé sera de rester dans l'instant, de ne pas penser à l'avenir mais d'accepter le présent tel qu'il est, comme un moine zen. « Dès que vous honorez l'instant présent, tous les malheurs et les problèmes se dissolvent, et la vie se déroule dans la joie et la facilité », dit l'écrivain conférencier Eckhart Tolle.

Bien sûr, mon esprit trouvera les moyens de me jouer des tours, mais cette fois, j'espère que je serai prêt.

12

Alors que je me concentrais sur mes propres défis, le monde de l'ultra était en pleine ébullition. Le week-end même où je faisais le tour d'Anglesey se déroulait l'Ultra-Trail du Mont-Blanc. Tout le monde en parlait comme de l'ultra le plus relevé de tous les temps. Zach Miller était de retour après son coup d'éclat de 2016. Il y avait également deux anciens vainqueurs – François D'Haene et Xavier Thévenard –, tous deux français. Gediminas Grinius, l'ami lituanien de Gary Gellin, ancien combattant d'Irak et 2e en 2016, était là, lui aussi, tout comme une flopée d'Américains prometteurs, dont notre ami Sage Canaday, de Boulder. Tous visaient la victoire mais les regards étaient surtout braqués sur deux hommes : Kilian Jornet et Jim Walmsley.

Le second, qui a fait irruption sur la scène américaine il y a quelques années en décrochant une série de records époustouflants, ne fait pas l'unanimité. Pour sa première participation à la Western States 100, en 2016, il n'avait pas encore de sponsor, ce qui ne l'a pas empêché de clamer haut et fort qu'il allait non seulement la gagner, mais en battre le record. Du fait du caractère historique de la course et de l'inexpérience de Walmsley, dont c'était le premier 100 miles, sa fanfaronnade en a enthousiasmé certains, mais en a braqué d'autres.

Dès le départ, il a pris les commandes et ses temps de passage ont assez vite affiché 40 minutes de moins que ceux du recordman. Toujours aussi fringuant au 93e mile (150e km), il a alors commis une erreur de parcours devenue célèbre. Quand son équipe d'assistance l'a retrouvé, errant sur une route déserte, il avait l'air abattu, dévasté.

Son avance était telle qu'il aurait encore pu remporter la course, mais le cœur n'y était plus. « J'ai été instantanément et totalement démoralisé », a-t-il déclaré par la suite.

Il a malgré tout terminé en marchant, pour arriver à la 20e place avec 4 heures de retard sur le record.

En 2017, il s'est à nouveau présenté au départ de la Western States après avoir fait des promesses mirobolantes, mais s'y est à nouveau cassé les dents. Parti sur les bases du record, il a été pris de vomissements au 70e mile (112e km) et devait s'allonger une dizaine de minutes à l'ombre tous les 100 mètres. Il a fini par abandonner.

Les gens ont alors commencé à dire qu'il était incapable de gérer les 100 miles, qu'il était trop arrogant, mais il a continué à faire sensation en remportant une course sur deux dans des temps hyper rapides. Quand j'étais en Californie, tout le monde parlait de lui. « Ce Walmsley est imbattable... », disait-on avant d'ajouter : « ... sur moins de 100 miles. » La distance allait toutefois bien finir par lui sourire. Sa première participation à l'UTMB, avec ses 500 miles (171 km), était donc un grand événement, d'autant que ce serait sa première confrontation avec Kilian Jornet, le maître incontesté de la discipline.

À 29 ans, il a pratiquement tout gagné. Son histoire est légendaire. Né dans un refuge des Pyrénées espagnoles – son père était guide de haute montagne –, il a gravi le pic d'Aneto, point culminant du massif, à 5 ans.

Il s'est d'abord passionné pour le ski-alpinisme, qu'il a pratiqué au plus haut niveau et qui lui a valu plusieurs titres de champion du monde. Il est venu au trail à 18 ans et, à 21, il remportait la première de ses trois victoires à l'UTMB, lors de l'édition de 2008. Il a également gagné la Western States 100 et, quelques mois avant l'UTMB 2017, il s'est imposé à la Hardrock 100, toujours aux États-Unis, malgré une luxation de l'épaule due à une chute survenue à 140 kilomètres de l'arrivée. En véritable Superman, il a lui-même remis son épaule en place, s'est confectionné une écharpe de fortune et a filé vers la victoire.

À la recherche de nouveaux défis, il s'est lancé en 2014 dans un projet baptisé Summits of My Life, consistant à battre les records d'ascension des sept sommets les plus emblématiques, du mont Blanc à l'Everest, en passant par le Kilimanjaro.

Peu de temps après sa tentative à l'Everest, dernier sommet de son projet, j'ai pu l'interviewer à Londres. Je l'ai emmené boire un verre dans un restaurant indien branché de King's Cross. Il portait un gros sac à l'épaule et la ville semblait l'impressionner, comme quelqu'un qu'on aurait emmené loin de son habitat naturel.

Son attachée de presse m'avait dit qu'il détestait la foule et qu'il ne passait pas plus de quelques jours par an en ville. Il a vécu à Chamonix, où se déroule l'UTMB, mais trouvait la ville « trop grande, trop fréquentée », alors qu'elle ne compte qu'une dizaine de milliers d'habitants. Il s'est ensuite installé dans un coin perdu de Norvège avec sa compagne, la coureuse d'ultra suédoise Emelie Forsberg.

Malgré tout ce qu'il a accompli, son dernier tour de force ne s'est pas déroulé comme il l'entendait. Le 20 mai, il a tenté l'ascension express de l'Everest. Il avait déjà battu les records de celles du Kilimanjaro, du mont Blanc, du Cervin, du Denali et de l'Aconcagua. Le moment était venu de s'attaquer au plus gros morceau.

Parti sur les chapeaux de roues du camp de base situé près du monastère de Rongbuk, d'où il faut en général quatre jours pour atteindre le sommet, y compris avec oxygène et cordes fixes, il a été victime de douleurs abdominales aux alentours de 7 700 mètres et devait s'arrêter tous les deux ou trois pas en raison des crampes d'estomac et des vomissements. Il a continué malgré tout et dit avoir atteint le sommet à minuit. La voie qui se fait donc en quatre jours ne lui a demandé que 26 heures, mais ce n'était pas un record. Plutôt que de renoncer et de rentrer, il a décidé de se reposer quelques jours au camp de base avancé pour monter une deuxième fois au sommet moins de six jours après la première, toujours seul et sans oxygène ni cordes fixes.

– Le record n'était pas important, dit-il en détaillant le menu. Ce qui m'intéressait à l'Everest, c'était de voir si, dans l'Himalaya, il est possible de grimper léger, seul et sans corde, comme on le fait dans les Alpes ou ailleurs, d'y aller avec le minimum, sans tout le matos des grosses expéditions. Et ça l'est.

À ma question sur sa préparation de l'ascension de l'Everest, sur son volume d'entraînement, il répond :

– Ma préparation a commencé quand j'étais petit. J'ai fait ma première randonnée à dix-huit mois. On a marché 7 heures.

À 3 ans, il gravissait déjà des sommets, mais ce n'était pas un enfant prodige tenu à bout de bras par des parents étouffants. Il aimait ça, dit-il, et cet amour lui est resté chevillé au corps.

– Nous ne faisions que jouer. Personne ne nous obligeait. Nos parents nous laissaient passer devant et choisir l'itinéraire. On allait aussi loin qu'on voulait.

Ainsi a-t-il appris très jeune à être autonome en montagne. Sa mère l'emmenait marcher pieds nus, la nuit, pour qu'il sente la terre, la connexion avec la nature.

– Bien sûr, on tombait tout le temps et on se faisait des tas d'égratignures, mais c'était amusant, dit-il.

Malgré les milliers d'heures qu'il a passées à cavaler en montagne, il ne s'est blessé qu'une fois avant la Hardrock 100, et c'est arrivé en traversant une rue, dans une petite ville d'Espagne, quand il avait 18 ans.

Au total, dit-il, il passe environ 1 200 heures par an en montagne où il fait 600 000 mètres de dénivelé positif, ce qui fait en moyenne plus de 3 heures et 1 640 mètres par jour. À titre de comparaison, le Ben Nevis, point culminant des îles britanniques, se trouve à 1 345 mètres.

S'il est si fort en montagne, ce n'est toutefois pas seulement grâce à cet entraînement intensif, reconnaît-il.

– J'ai une bonne génétique de coureur. Même si je le voulais très fort, je ne pourrais jamais jouer en NBA, mais j'ai fait un jour un test de VO2 max[16] et elle est assez élevée.

16. Mesure de la capacité à transporter l'oxygène, qui est un facteur déterminant de la performance dans les sports d'endurance (NdT).

C'est un pur euphémisme. Le résultat du test de VO2 max de Kilian Jornet a même stupéfié les chercheurs qui l'ont effectué. Avec 90 millilitres par kilo et par minute, c'est l'une des plus élevées jamais mesurées. Sa fréquence cardiaque au repos – autre témoin de la condition physique – est seulement de trente-quatre pulsations par minute. Qui plus est, il récupère très vite, ce qui lui permet de s'entraîner dur tous les jours.

Et la force mentale ?

– Je ne déteste pas ressentir la douleur, dit-il. Quand je commence à avoir mal, je ne m'inquiète pas, je m'en fiche. Je n'aime pas trop ça mais ça ne me dérange pas.

Tout ça combiné à son enfance, passée à crapahuter en montagne, explique pourquoi personne ne parvient à le suivre.

Malgré tous ses succès, aussi bien dans le trail que l'alpinisme, tout n'a pas toujours été rose pour lui. Les plus hauts sommets sont certes devenus ses terrains de jeu, mais ce jeu reste dangereux. En 2012, alors qu'il préparait une tentative de record de la traversée du massif du Mont-Blanc, première étape de son projet Summits of My Life, en compagnie de Stéphane Brosse, triple champion du monde de ski-alpinisme, une corniche s'est effondrée sous leurs pieds, causant la mort de son partenaire. L'accident l'a profondément affecté et l'a amené à se demander pourquoi il faisait tout ça.

– C'était mon héros, puis mon ami. Nous étions à 20 centimètres l'un de l'autre quand il est tombé et je me suis demandé : « Pourquoi lui et pas moi ? » Il avait des enfants, il aurait été plus juste que ce soit moi.

Un an plus tard, Kilian et sa compagne Emelie Forsberg, qui est également championne du monde de skyrunning, ont dû être secourus par mauvais temps, au-dessus de Chamonix[17]. « Je suis très en colère quand je vois qu'il continue à monter en baskets en altitude malgré nos demandes », a déclaré à la presse le chef des services de secours de l'époque, pas impressionné pour deux sous.

17. C'était à l'éperon Frendo, sur la face nord de l'aiguille du Midi (NdT).

Puis, peu de temps avant sa tentative à l'Everest, le célèbre grimpeur Ueli Steck s'est tué dans l'Himalaya, ce qui l'a également bouleversé.

– J'étais déjà allé à l'Everest en 2016, dit-il. Cette année-là, j'avais pris plus de risques, j'ai fait des choses que je ne ferais plus aujourd'hui. En montagne, l'appréciation du risque dépend de différentes choses – de l'état dans lequel tu te sens, de tes capacités, mais aussi de la façon dont tu vois la vie à ce moment-là. Depuis la mort de Ueli, je suis plus prudent.

Rien de tout ça n'empêchera pourtant Kilian de continuer à repousser ses limites et à faire tomber les records.

– C'est risqué, reconnaît-il, mais la vie est risquée. On ne va pas la passer assis dans son canapé. Dire « je t'aime » à quelqu'un, c'est déjà prendre un risque. En montagne, j'essaie de trouver l'équilibre entre le risque et la sécurité, le seuil où je peux trouver mes limites et relever de nouveaux défis.

Pour l'instant, le défi de Kilian, c'est le retour à la compétition, la confrontation avec Jim Walmsley et le reste du gratin mondial du trail. Il n'a pas participé à l'UTMB depuis cinq ans, mais avec un tel plateau, il se devait d'y être.

Or donc, tandis que je grelottais dans une salle des fêtes d'Anglesey, l'une des plus grandes courses de l'histoire du trail se déroulait dans les Alpes. Au début, Kilian, Jim Walmsley et François D'Haene avec son 1,92 mètre ont fait course commune. Ils filaient sur des bases bien inférieures au record mais, selon des témoins, Walmsley a dit :

– C'est trop lent.

– Non, c'est trop rapide, a répondu Kilian.

C'est pourtant François D'Haene qui est passé le premier à l'offensive, peu après la mi-course. Walmsley, à nouveau en difficulté avec l'accumulation des kilomètres, a commencé à perdre des places, laissant Kilian seul aux prises avec l'immense Français. Il n'a toutefois rien pu faire. D'Haene, qui l'a maintenu sous pression jusqu'au bout, a regagné Chamonix un peu plus de 19 heures après en être parti et s'est offert sa troisième victoire à l'UTMB, rejoignant Kilian dans les annales de la course.

L'Espagnol, 2e, est arrivé 15 minutes plus tard et Jim Walmsley, au plus mal vers le 130e kilomètre, a su se ressaisir pour prendre la 5e place – son meilleur résultat sur 100 miles. Zach Miller, blessé cette année-là, n'a jamais été en mesure de participer à la bagarre, mais a quand même fini 9e. Sage Canaday n'est pas tombé et n'a pas eu besoin de points de suture, comme lors de l'édition précédente, mais il n'a pas fait une bonne course et a dû se contenter de la 50e position, ce qui, selon lui, est probablement son plus mauvais résultat.

La course fut finalement à la hauteur du battage médiatique, ce qui a raffermi son statut de sommet mondial du trail. L'année prochaine, ce sera mon tour de m'aligner aux côtés des plus grands, mais il me faudra d'abord aller dans les Pyrénées pour empocher les six points du 100 Miles Sud de France.

* * *

De toutes les épreuves auxquelles je me suis inscrit, c'est celle qui m'effraie le plus. Ce sera ma première course en montagne, ma première expérience de nuit, mon premier 100 miles et mon troisième gros ultra en cinq semaines.

Tom Payn et Rachel, qu'il vient d'épouser, y seront eux aussi avec l'intention de décrocher les six derniers points nécessaires pour participer à la prochaine édition de l'UTMB, mais leur préparation a été beaucoup plus rigoureuse que la mienne. Quelques mois avant la course, ils ont reconnu l'intégralité du parcours. Attablé avec moi dans un café de Font Romeu, la veille de la course, Tom m'explique que c'est beaucoup plus difficile qu'il ne s'y attendait.

– C'est plus dur que l'UTMB, dit-il, ce qui n'est pas tout à fait ce que j'ai envie d'entendre maintenant.

Il pense que je dois tabler sur 35 heures environ.

– Il se peut que tu ailles plus vite, dit-il, mais mieux vaut être prêt à y passer tout ce temps, au cas où tout irait mal.

La course se termine sur la plage d'Argelès, au bord de la Méditerranée. Comme elle commence à 10 heures, je devrais y arriver le deuxième jour au coucher du soleil. Ce serait le bon moment pour terminer. Je n'aurais qu'à retirer mon sac pour aller piquer une tête.

Cette image me viendra plusieurs fois à l'esprit pendant la course et, à chaque fois, je me dirai que je ne dois pas oublier de retirer mon téléphone de ma poche avant de plonger. Mais n'anticipons pas, chaque chose en son temps.

Nous sommes environ trois cents hommes et femmes à nous aligner par une belle matinée devant un gymnase, à la périphérie de Font Romeu. Les autres sont presque tous des Français et des habitués de la montagne.

Dans l'aire de départ, Tom lui-même semble inquiet, comme si un nuage obscurcissait son teint d'ordinaire radieux.

Le signal du départ est donné par une huile locale, d'un coup de fusil de chasse, et nous voilà partis, bondissant entre les arbres dans une descente sans difficultés qui nous conduit au pied des montagnes. Comme je le craignais après mes récents exploits, mes jambes sont très vite lourdes. Mes chevilles et mes quadris commencent déjà à souffrir. « Il est encore tôt, les filles, je leur dis. Retournez vous coucher. Il faudra être fortes dans un moment. »

Les premiers kilomètres passent pourtant facilement. Il y a beaucoup de descente. Nous passons à travers les remparts d'un château. Plusieurs ravitaillements sont tenus par des militaires. Après une douzaine de kilomètres, le sentier se met à monter très fort. Droit vers le sommet. Ici, on ne peut que marcher. Je m'agrippe aux rochers et aux touffes d'herbe pour essayer de soulager mes jambes. On dirait que je suis le seul à ne pas utiliser de bâtons, ce qui m'amène déjà à des pensées négatives. Je me dis que je fais plus d'efforts, que je me suis mal préparé. Ça montre à quel point je suis déconnecté. Je constate pourtant que je ne perds pas de places. Je double même des gens avec des bâtons, qui soufflent beaucoup trop fort pour un début de course.

Dans la montée, la vue est superbe et je m'autorise quelques arrêts pour prendre des photos. Ces petites pauses, cette mise en veille de l'impérieuse nécessité d'avancer, seront bénéfiques à long terme.

Une fois au sommet, la première vraie descente commence. Je l'entame prudemment. Je suis encore novice sur ces sentiers. Vacillant, instable, je me fais dépasser par une nuée de coureurs. Je me dis : « Laisse-les partir », craignant qu'avec la vitesse, une chute ne vienne tout compromettre. Il faut juste que je reste en mouvement. La vitesse n'est pas importante.

Je dois quand même être assez pathétique à voir, avec toutes mes précautions, alors que tout le monde me double en bondissant. Au bas de la descente, se trouve un ravitaillement – quelques tables de pique-nique dressées à l'extérieur d'une ferme abandonnée depuis longtemps. J'attrape un peu de pain et de fromage, et m'assois un moment. Alors que je m'apprête à repartir, Rachel arrive à son tour. Elle est surprise de me trouver là.

– Je pensais que tu étais loin devant, dit-elle.

– J'essaye de me freiner, je réponds.

Ce n'est qu'à moitié vrai parce que je ne crois pas pouvoir aller plus vite sur des sentiers aussi raides.

Je me lève et me lance dans une nouvelle ascension. Rachel me rattrape près du sommet. Elle semble pleine d'énergie et nous restons côte à côte sur la crête avant d'arriver à une autre descente vertigineuse. Le sol est un mélange de terre sans consistance, de pierres acérées et de roches délitées. Je me fais à nouveau doubler par des tas de gens. Il semble qu'il y ait deux techniques : soit ils font de petits pas rapides, agiles et légers, soit de grandes et solides enjambées, quel que soit le terrain, en évitant les pierres et les rochers qui viennent à leur rencontre.

Rachel est encore moins douée que moi pour la descente, et quand je quitte le ravitaillement au fond de la vallée, elle n'est toujours pas là.

Il faut à nouveau monter. C'est le jeu. Les ascensions permettent au moins de récupérer des descentes et j'y perds moins de places. Nous en sommes à 32 kilomètres et tout va bien. Je suis calme, serein, mais ce n'est que le début. La teinte dorée du crépuscule s'installe lentement. La nuit approche.

J'arrive à la première des trois bases-vie, située dans la petite ville de Vernet-les-Bains, juste avant 19 heures. Courant avec aisance, je dépasse des gens qui en sont déjà réduits à marcher, alors que les rues sont en faux plat descendant. C'est mon terrain de prédilection. Je suis toujours un routard dans l'âme. Doubler me galvanise et j'arrive au gymnase de la ville comme si j'étais en train d'accomplir une mission de la plus haute importance. Première base-vie atteinte. Sensation de solidité.

J'aperçois Marietta et notre amie Charlotte, venue l'aider pour l'assistance. Elle est masseuse et s'occupe de mes jambes pendant que je refais le plein de calories : pâtes, gâteaux, cacahuètes... J'ingurgite le tout ensemble. Tout ça prend plus de temps que prévu, mais au moment de repartir, je me sens frais, comme si je venais tout juste de commencer. Veste sur le dos et frontale allumée, je suis paré pour la nuit. Prêt à affronter mes peurs.

Alors que je me dirige vers la sortie, je repère Rachel. Elle s'apprête également à repartir. Elle a l'air affolée, apeurée.

– Il faut juste que j'aille remplir mes gourdes, dit-elle.

– Je vais repartir en marchant, je dis. La prochaine montée est longue. Tu me rattraperas vite.

Elle opine de la tête mais je ne la reverrai plus de toute la course. Tom, lui, est loin, très loin devant, en 5ᵉ position, me dit Marietta.

* * *

En quittant les rues éclairées, je réalise que quelque chose cloche avec ma lampe frontale. Comme elle est toute neuve, je pense d'abord qu'il s'agit d'un problème dû à la gestion intelligente de l'intensité, mais je réalise vite que les piles sont à plat. Je me sens idiot. À chaque course, j'ai commis une erreur de débutant. Je n'en reviens pas d'avoir oublié de vérifier les piles. J'en ai d'autres mais elles ne tiennent que six heures. Les organisateurs exigent heureusement qu'on ait une deuxième frontale, mais la mienne est vieille, elle n'éclaire pas beaucoup et je n'ai pas non plus vérifié l'état des piles.

En fin de compte, elles tiendront toute la nuit à elles deux, mais je perdrai beaucoup de temps et d'énergie à m'en soucier et à supplier les autres coureurs de me donner des piles.

Une fois ma frontale allumée, j'entame la montée à la sortie de Vernet-les-Bains. Si je me souviens bien de ce qu'on m'a dit, c'est la plus longue de la course, alors j'y vais tranquillement. Grimper dans le noir n'est pas très difficile. Je vais tellement lentement qu'il n'y a rien à craindre, mais l'obscurité assombrit mes pensées et suscite une appréhension. De temps à autre, je tombe sur des gens qui se reposent, assis au bord du sentier. À les voir surgir soudain de l'obscurité avec leur mine blafarde, on dirait des rescapés d'une terrible catastrophe.

Ça n'en finit pas de monter. La pente est impitoyable. Je m'accorde une pause de deux minutes toutes les 20 minutes. Un type d'une soixantaine d'années suit le même plan de marche et nous faisons nos pauses ensemble. On reste assis sans même s'adresser la parole, le regard perdu dans l'obscurité, puis on repart. « Accroche-toi », je me dis. Un pas après l'autre.

Le vent forcit au fil de la montée. Je prends d'abord ça pour un signe de la proximité du sommet, mais je me rends vite compte que c'est juste un effet de l'altitude. Le sommet peut encore être très loin.

Avec mon t-shirt trempé de sueur, ma veste ne me tient pas bien chaud. Je me souviens que, dans le récit de l'UTMB qu'il a publié sur son blog, le coureur américain Dylan Bowman dit que sa seule erreur a été de ne pas se couvrir suffisamment quand il a commencé à avoir froid. Quand on se refroidit en montagne, il n'est pas facile d'inverser la tendance. Je décide donc de m'arrêter pour enfiler une couche de plus.

La pente ne commence à s'adoucir qu'après 2 heures d'ascension. Droit devant, de la lumière, des gens qui parlent. Émergeant de ma solitude, je tombe sur des adolescents assis autour d'un feu de camp. Ce n'est pas un ravitaillement, juste un bref répit. Les jeunes parlent espagnol. Le ravitaillement est à 5 kilomètres, me disent-ils.

– Ça monte ou ça descend ? je demande.

– Ça monte.

Je reste calme. Quelle que soit l'orientation de la pente, je dois faire avec si je veux rallier l'arrivée. Va pour la montée.

À mon grand soulagement, la pente est toutefois plus douce ici. Je suis maintenant trop fatigué pour courir, mais je peux encore marcher vite et, une heure plus tard, j'arrive au ravitaillement.

Le vent me transperce littéralement à l'approche du bâtiment de pierres. Il y a de la lumière et, par une fenêtre, je peux voir des coureurs assis autour d'une longue table. J'entre et m'assois sur un banc en souriant aux deux hommes qui se trouvent face à moi. Ils m'ignorent et continuent à manger. Je n'ai pas faim mais je pioche quelques trucs dans les bols en carton disposés sur la table. Des chips, du gâteau… C'est une maigre récolte. La plupart des bols ont besoin d'être remplis, et je ne suis pas en état d'y remédier. Je bois du Coca et pose mon front sur mes bras croisés. Un bref instant, le découragement me submerge. Il ne faut pas faire une chose pareille. Je me sens soudain malade. La faiblesse m'envahit. J'essaie de résister, de ne pas sombrer. Je me lève et remets mon sac sur mon dos. Ce serait dangereux de rester ici plus longtemps. L'envie d'arrêter, de rester au chaud dans ce refuge, devient trop forte. Je sors après avoir attrapé un morceau de chocolat. Quelle direction ? Je ne sais pas. Il n'y a personne à qui demander. Je reste là à grelotter comme un drap mouillé en plein vent. Il faut que je bouge.

J'aperçois une balise réfléchissante. Je me dirige vers elle. Le chemin de crête est plat, ici. Le ciel est plein d'étoiles, mais je garde les yeux rivés au sol, dans mon halo lumineux. J'essaye de manger le chocolat, ça m'écœure. J'en suis presque malade, alors je le recrache et reprends mon chemin.

Le sentier reste facile pendant un moment, puis commence à descendre dans la pierraille. Les pentes raides étaient déjà difficiles de jour, mais la nuit, elles deviennent dangereuses. Je passe mon temps à trébucher sur les cailloux et les racines. Je n'ai pas une minute de répit. Mon Dieu, il faut que je fasse attention. Des gens me rattrapent et me dépassent. Ils ont l'air de descendre avec aisance. J'essaye de rester dans leur sillage, mais je n'ai pas le pied aussi sûr et je me retrouve à nouveau à trébucher tout seul.

Au bout d'une heure, le sol devient plus régulier à mon grand soulagement. Le chemin est maintenant en balcon. Sur cette portion plus plate, j'avance plus vite, sans toutefois cesser de trébucher. Au bord d'un précipice de 150 mètres, c'est assez effrayant. Au début, je trouve assez drôle d'avoir l'air ivre mort, mais mon sens de l'humour a des limites. Comment se fait-il que je ne puisse pas courir une minute sans risquer de me tuer ?

Vers 5 heures du matin, alors qu'il fait toujours nuit, j'arrive à la deuxième base-vie, qui se trouve au 88e kilomètre, après 19 heures de course. Ma progression est régulière. Tom et Rachel m'ont dit que les 65 premiers kilomètres étaient les plus durs. C'est dans la poche. Je me sens toujours bien. En fin d'après-midi, je serai sur la plage. Tout va marcher comme sur des roulettes.

Charlotte me masse à nouveau les jambes, mon psoas est soudain pris de spasmes. M'ayant vu grimacer de douleur, un officiel insiste pour que j'aille voir un médecin. À l'infirmerie, un type salement écorché aux genoux est en train d'être transfusé. Un autre a l'air hébété, comme si on venait de le frapper. Après avoir examiné mes hanches, le médecin me dit que le muscle est inflammé. Il secoue la tête et me conseille de m'arrêter. Je voudrais lui dire que mes pieds, mes quadriceps, mes chevilles me font tous beaucoup plus mal, que j'ai du mal à manger, mais je garde tout ça pour moi. Je lui dis que je continue, alors il me masse avec un peu de crème, me donne un antalgique et me fait déguerpir.

Avant que je ne reparte, un autre officiel m'avertit qu'une grosse montée m'attend, suivie d'une autre descente abrupte avant une nouvelle ascension.

– *Muy duro*, dit-il en espagnol.

Tom m'a dit que c'était plus facile à partir d'ici, mais je suppose qu'il reste encore quelques bosses. Elles ne peuvent toutefois pas être aussi dures que les premières.

– Et après les deux montées, c'est facile ? je lui demande.

– Oui, dit-il, mais il n'a pas l'air très sûr de lui.

– Il me reste deux grosses montées, je dis à Marietta. Je peux m'en sortir.

Et donc, une heure après mon arrivée, nourri et rajeuni, je me remets en route dans le noir, direction : la mer.

Le jour semble ne jamais vouloir se lever. La montée est effectivement très dure et je suis content d'avoir été prévenu. Il faut escalader des tas de rochers pleins d'aspérités. Alors que j'entame la descente de l'autre versant, le soleil apparaît enfin. À la lumière du jour, les choses deviennent plus faciles. Je me mets à gambader et à gagner des places. Je me prendrais presque pour Jim Walmsley. Plutôt que de trottiner tranquillement, je force l'allure dans la descente. Je déchire. Presque 24 heures de course et je me réveille. Allez, vas-y ! Au ravitaillement suivant, je déborde d'énergie. Marietta m'y attend.

– Tu as l'air super ! dit-elle.

Je me sens super. Je ne m'attarde pas. Je remets mon sac et c'est reparti. Dernière grosse montée.

L'officiel avait raison. Celle-là est *muy dura*. Plus ça monte et plus c'est raide. Il n'y a que de la boue et de l'herbe rase, rien à quoi s'accrocher. Un gars me demande pourquoi je n'ai pas de bâtons. Monter, toujours plus haut. C'est interminable. Chaque fois que j'aperçois le ciel entre les arbres, je me dis que le sommet est tout proche, mais le sentier change de direction et la montée continue.

On finit quand même par y arriver. De là, on voit la mer. Je m'arrête comme tout le monde pour l'admirer. Apparemment, nous en sommes encore très loin.

Après une dizaine de minutes à crapahuter sur une arête rocheuse, on arrive au plus petit ravitaillement de la course – juste une table avec de l'eau et du Coca – puis vient une route bétonnée très raide. Les autres se laissent aller et disparaissent au loin. J'essaye de les imiter mais j'en suis incapable. Mes quadris sont trop cramés.

La route semble descendre pendant des heures et j'attends la prochaine montée avec impatience, mais quand elle se présente, j'ai du mal à enchaîner, bien qu'elle soit courte. Pour la première fois depuis le départ, je me sens vraiment en difficulté. Comme si je ne pouvais pas y arriver. Maintenant, le chemin est plat, il n'y a pas de difficulté, mais chaque fois que j'essaie de courir, j'y renonce très vite et me remets à marcher lentement. Je m'assois pour téléphoner à Marietta.

– Je vais peut-être avoir besoin de piles neuves pour la lampe frontale, je dis.

Il est 17 heures et la dernière grande base-vie du Perthus, sur la frontière espagnole, n'est toujours pas en vue.

– Je vais peut-être devoir y passer une deuxième nuit.

Ma voix trahit la panique. Je suis à deux doigts de la rupture.

– Tout va bien, me dit-elle. Continue à avancer.

Je me lève et trouve malgré tout la force de repartir. Quinze minutes plus tard, je suis au ravitaillement.

Marietta va chercher des chaises et nous entamons la routine désormais bien rodée du massage en mangeant. D'après mes calculs, il me reste 24 kilomètres à parcourir, ce que confirme un panneau accroché à l'entrée. Je suis à un jet de pierre de l'arrivée. S'il ne reste pas de difficultés, je peux être sur la plage avant 21 h 30, juste après la tombée de la nuit. Il sera peut-être encore temps d'aller piquer une tête. Je demande à Marietta de penser à m'apporter une serviette et des vêtements de rechange.

Mes assistantes acceptent d'aller m'attendre à l'avant-dernier ravitaillement, situé à une dizaine de kilomètres. Je devrais y être un peu après 20 heures. Je les quitte en agitant la main, la bouche pleine de banane. Je suis à nouveau plein d'allant. Finalement, 100 miles, ce n'est peut-être pas la mer à boire, même en montagne.

Le soleil est encore chaud quand je quitte la route pour attaquer une nouvelle montée sur un sentier sec et poussiéreux. J'essaye de boire à la pipette qui sort de mon sac, mais rien ne vient. Je retire mon sac, remets le tube en place et essaie à nouveau, mais ça ne marche pas mieux. Je démonte tout et recommence. Je ne peux pas continuer sans eau. Enfin, je comprends ce qui pose problème : il y a une bulle d'air dans la poche à eau. Je l'ouvre et renverse la moitié de la boisson énergétique sur moi, je réussis à évacuer la bulle d'air. Je remets mon sac et reprends ma route, mais deux minutes plus tard, c'est à nouveau la panne. Quel bordel ! Je me retourne. Un groupe de coureurs monte à ma rencontre. J'essaie de garder mon calme, mais tout ça m'exaspère. Comment se fait-il qu'il fasse encore aussi chaud ? Je m'assieds sur une motte de terre et retourne la poche à eau dans tous les sens. Je réalise alors qu'elle était à l'envers. Je la remets dans le bon sens et tout rentre dans l'ordre. Me voilà reparti.

La montée est plus longue que je ne pensais. Comment se fait-il qu'on ne soit pas encore en haut ? Je presse le pas, puis me mets à trotter et à m'invectiver à voix haute : « Allez ! C'est tout ce que t'as dans le ventre ? J'y crois pas ! Une si petite bosse... »

Mais la petite bosse n'en finit plus et mes remontrances sonnent faux.

Il faut rester raisonnable. Quatorze kilomètres, c'est encore une jolie distance.

Le groupe qui me suivait me rattrape. Cinq gars, qui marchent en silence, l'un derrière l'autre. Je m'accroche à eux et cale mes pas sur les leurs, jusqu'au ravitaillement suivant. Il est tenu par deux vieilles dames sur leur trente-et-un qui insistent pour me faire boire une soupe au vermicelle. Je l'avale dans la lumière chaude du soir. Je suppose que c'est le dernier point haut de la course. Pourtant, après le ravitaillement, le chemin bifurque brutalement et file droit vers un énorme raidard où poussent quelques arbres. Incrédule, j'observe les autres, mais ils se lancent dans l'ascension sans l'ombre d'une hésitation.

– Va falloir être fort, me dit l'un d'eux.

Alors je me retrousse les manches et leur emboîte le pas.

Le soleil se couche une heure plus tard, quand nous atteignons le sommet.

Tout l'horizon s'embrase, faisant flamboyer les Pyrénées d'un côté et rosir la Méditerranée de l'autre. Je fais une pause pour profiter du spectacle. J'ai une sacrée chance d'être ici à ce moment précis, dans la fraîcheur du soir. C'est peut-être le plus beau coucher de soleil que j'aie jamais vu, mais je ne peux pas m'attarder.

J'essaie de calculer le temps qu'il me faudra pour retrouver Marietta au prochain ravitaillement. Une heure, peut-être... Sur 1,5 kilomètre, la descente est incroyablement raide et je ne suis pas mécontent de passer ici avant la nuit. Je frémis à l'idée de me coltiner une descente pareille dans le noir avec des jambes dans cet état.

Au bout d'un moment, un chemin de terre se présente. Il fait maintenant bien sombre, alors j'allume ma frontale. J'essaie de courir mais ça me demande trop d'efforts. La marche rapide suffira. J'y suis presque.

J'avance en silence dans l'obscurité et la forêt, sur un chemin en balcon qui n'a pas l'air de vouloir redescendre. Il est maintenant 21 heures et toujours aucun signe du ravitaillement. De temps à autre, je double un type qui marche lentement, mains sur les hanches, ou quelqu'un me rattrape en trottinant doucement, mais je suis seul la plupart du temps. Et voilà que je commence à voir des choses.

Je suis là, à me traîner sur le sentier en me disant que le ravitaillement ne doit plus être loin, quand je l'aperçois enfin devant moi. Je distingue un bâtiment avec une fenêtre éclairée. Autour, des gens avec des lampes frontales vont et viennent. Je vérifie l'heure : 21 h 15. Il était temps. Pourtant, quand j'y arrive, il n'y a plus rien. Juste l'obscurité qui me glace les sangs. J'ai tout imaginé. Il n'y a même pas l'ombre d'un rocher qu'on pourrait prendre pour une maison, ce qui m'aurait un peu rassuré.

Sous le choc, je repars en courant. Ah ! Cette fois, c'est la bonne. Je vois à nouveau des lumières, un bâtiment, mais tout disparaît une fois de plus. Je m'arrête net. Je commence à avoir peur.

La troisième fois, je sais à quoi m'en tenir. Il faut juste que je m'y fasse. L'important, c'est de continuer à avancer. Je devrais bientôt y être. Je m'attends à voir apparaître les lumières d'Argelès d'une minute à l'autre, dans la vallée, mais l'obscurité est toujours aussi épaisse. Pourquoi fait-il si noir ? Je ne serais pas en train de perdre la boule, de sombrer dans une faille spatio-temporelle ? Heureusement, je suis en train de rattraper quelqu'un. Il ou elle est en train de passer sous une grande arche en bois sur laquelle on peut lire « Bienvenue à... », des branches cachent le nom du lieu. Sûrement l'entrée d'une ville. Mais l'arche n'est pas plus réelle que le reste.

J'essaie de me remettre à courir. Il faut que je descende rapidement de cette montagne. Quelques minutes plus tard, j'aperçois une tente battue par le vent. Je m'approche prudemment mais elle est bien réelle. J'écarte le rabat. À l'intérieur, une table avec de la nourriture. C'est le ravitaillement.

Ce serait risqué de m'asseoir. Je dois rester en mouvement. Marietta et Charlotte ne sont pas là. Je suppose qu'elles sont allées directement à l'arrivée. Elles n'ont pas dû pouvoir venir jusqu'ici avec leur petite voiture de location. Je n'arrive pas à me souvenir s'il reste 6 miles ou 6 kilomètres. Je demande à un bénévole.

– Quinze, dit-il.

Je n'ai rien compris. Ça veut dire quoi, *kanze* ?

– C'est du français ? je demande.

Il hoche la tête et confirme :

– Quinze kilomètres.

– Quinze ?!

Sous mon crâne, c'est la tempête. Je me dirige vers la sortie.

– Vous partez ? me demande un homme, qui apparaît, souriant, dans l'embrasure de la porte.

– Euh, oui, je bredouille, sans vraiment réaliser ce que je fais.

– Prenez à droite. Ensuite, il y a 5 kilomètres de descente jusqu'au prochain ravitaillement.

– C'est en pente douce ?

– Pas vraiment, mais ça va aller.

Quelques minutes plus tard, me voilà agrippé des deux mains à des buissons pleins d'épines pour ne pas glisser. Je réalise que je me suis perdu. Deux gars passent dans les parages et je les suis un moment, jusqu'à ce que j'aperçoive un faisceau lumineux remontant la colline face à moi. J'appelle les gars mais ils continuent dans la direction opposée. Moi, je vais vers cette lumière, jusqu'à ce que je réalise qu'il n'y en a pas. Il n'y a pas non plus de colline.

Je ne vais pas m'en sortir vivant. Tout autour de moi, je vois des lumières, des gens faisant le service sur leur terrasse, d'autres bavardant assis sur des rocking-chairs. Je suis tétanisé.

Soudain, une femme apparaît devant moi et se met à applaudir. Un homme arrive à son tour derrière moi et l'embrasse, puis tout excités, ils se parlent en français. Je vois parfaitement qu'ils sont réels. Il faut que je reste avec eux. C'est mon seul espoir. Je fonce à travers la forêt et me colle à eux. Je dois à tout prix rester au contact. Je suis si proche que leurs dos remplissent tout mon champ de vision. Je dois ignorer tout le reste.

Ils descendent rapidement dans la caillasse. Calé derrière la dame, je garde les yeux rivés sur ses pieds. Les miens suivent le mouvement au millimètre. Elle va vite et mes quadris chauffent, mais je ne dois pas la laisser me distancer, alors je braque mon regard encore plus intensément sur elle.

Nous descendons l'un après l'autre, en file indienne. Cette portion est tellement difficile, même de jour, que les gens du coin l'appellent la *Descente de la mort*, me dira-t-on plus tard. Alors que nous dépassons d'autres coureurs à l'arrêt, effrayés, qui nous observent médusés, quelque chose d'étrange se produit. Mes quadris cessent de me faire mal, mes pieds deviennent agiles et une chaleur m'envahit peu à peu, comme une vague bienfaisante. Je me sens soudain calme, tout entier dans l'instant.

Le couple de Français bavarde comme si c'était la balade du dimanche après-midi, et moi, je les suis silencieusement avec application. La pente est si raide qu'il y a parfois des cordes, mais plus rien ne m'atteint. Je suis dans la zone, concentré comme jamais. C'est une sensation fantastique.

Après avoir traversé un ruisseau, nous arrivons enfin à un petit village. Il est 23 h 30. Une fois sur la route, je vois les portes d'une voiture s'ouvrir. Marietta et Charlotte en sortent. J'ai du mal à croire que j'y suis arrivé.

Mes assistantes sont là depuis des heures. Les bénévoles savent désormais tout de moi. Ils sont heureux de me voir arriver. Je m'assois.

Plus que 10 kilomètres à parcourir. J'essaie de savoir si l'on doit rester sur la route jusqu'au bout – la dernière portion est sûrement plus facile – mais les réponses ne sont pas claires.

Après une nouvelle soupe aux vermicelles, je m'apprête à repartir et je salue tout le monde :

– On se voit à l'arrivée !

Sur un peu moins d'un kilomètre, nous suivons une route en faux plat descendant. Après ce que je viens de faire, c'est un grand soulagement, mais je repère ensuite une balise, très loin au-dessus de la route, dans la forêt. Je me dis que c'est forcément une blague, pas du tout. Au bord de la route, un petit sentier part droit dans la pente. Il reste un sommet à gravir.

J'inspire profondément et décide de ne pas paniquer, d'accepter. Un pas après l'autre. Ça fait maintenant plus de 37 heures que je suis parti. J'ai perdu toute notion du temps. Mon classement n'a pas la moindre importance. Je sais seulement que si je continue, quelles que soient les difficultés, je finirai bien par arriver.

Et c'est effectivement ainsi que les choses se passent. Dimanche, à 01 h 45, je descends quelques marches pour arriver au port de plaisance, puis à la plage. Je cours au bord de l'eau. J'y suis presque. La voilà, l'arche d'arrivée. Je me précipite, trébuchant sur la ligne. C'est terminé. Je l'ai fait. 39 h 53. Je suis là, immobile, mais il ne se passe rien. Il n'y a personne pour dire un mot. Le lieu est désert.

Deux vieux messieurs souriants apparaissent enfin. L'un d'eux me met une médaille autour du cou et me montre mon classement sur l'écran d'un ordinateur. 93e sur trois cents partants. Il ouvre un petit réfrigérateur et me propose à boire. Il y a l'embarras du choix. N'importe quoi fera l'affaire. Il me tend une canette en souriant.

Marietta me rejoint et me prend dans ses bras. On a réussi. Bon sang, on a sacrément gazé !

* * *

Je m'attendais à éclater en sanglots à l'arrivée, mais ça n'a pas été le cas. J'étais tout à fait serein. J'ai rassemblé mes affaires et nous sommes rentrés à l'hôtel, où j'ai pris un bain avant d'aller me coucher. Le lendemain matin, je m'installe au balcon de ma chambre. À 9 h 47, quelques minutes avant la quarante-huitième heure – le temps limite –, je repère un gars avec dossard et sac à dos qui traverse le parking et descend quelques marches pour arriver sur le port. Un couple sorti pour sa promenade matinale l'observe, scrute son visage anxieux, grimaçant de douleur, puis passe son chemin. Il regarde autour de lui, cherchant quelque chose, puis l'ayant repéré, il se met à courir. Et moi, assis-là à le regarder, je fonds en larmes.

Je sais ce que ce gars vient de vivre, je le vois dans ses yeux, je sais qu'il va y arriver et c'est plus fort que moi. Assis là, je verse toutes les larmes de mon corps pour les moments où je me suis vu mourir, où j'ai cru que les montées n'en finiraient jamais, pour les innombrables fois où je suis reparti sac au dos, pour le moment où Marietta m'a dit combien j'avais l'air fort, pour les massages de Charlotte, la gentillesse des bénévoles qui se donnaient un mal de chien pour que je ne manque de rien, pour ce couple que j'ai suivi comme son ombre... Tout ça était gravé sur le visage de cet homme et toute cette force, cette générosité, cette gentillesse m'ont bouleversé.

Mais comment Tom et Rachel s'en sont-ils sortis ? Je les ai très vite perdus de vue pendant la course. La leur, comme je vais l'apprendre, a été encore plus dure que la mienne.

Nous nous retrouvons le dimanche après-midi, dans un café du port, pour refaire la course devant une bière.

Tom est parti très fort dans le peloton de tête, comme il en a l'habitude. Tout s'est très bien passé pendant la quasi-totalité de la course, dit-il.

– À la sortie de la dernière base-vie, au Perthus, j'étais encore 4e ou 5e et je sentais déjà l'odeur de l'écurie, mais dans la descente qui a suivi, mon genou a commencé à me faire mal.

Au bas de la *Descente de la mort*, il pouvait à peine le plier.

– J'ai dû me résoudre à marcher. Chaque fois que j'essayais de courir, la douleur me rappelait à l'ordre.

Il a dû finir sur une jambe en utilisant ses bâtons comme des béquilles. À un moment, la douleur est devenue si forte qu'il s'est allongé une dizaine de minutes sur le bord de la route.

– J'avais juste besoin d'un moment de répit, dit-il.

Il souffrait tellement qu'il lui a fallu 35 minutes pour faire le dernier kilomètre sur le front de mer.

Après l'arrivée, on l'a conduit à un poste de secours où il est resté 8 heures sur un lit de camp, jusqu'à ce que Marietta vienne le chercher.

– C'était comme une scène de guerre sous cette tente, avec tous ces gens étendus sur des lits métalliques sous des couvertures en laine, dit-elle.

Elle a découvert Tom sous l'une de ces couvertures, le visage émacié, les lèvres bleues, les yeux fermés.

– Il avait l'air proche de la mort.

– Je n'arrêtais pas de me réveiller en me demandant où j'étais, mais content d'être encore entier, dit Tom. Je ne sais pas combien de temps je serais resté là si Marietta ne m'avait pas ramené à l'hôtel.

Quant à Rachel, toujours sous le choc, elle raconte sa course avec les yeux dans le vague. Partie peu après moi de la première base-vie, à Vernet-les-Bains, elle a fait la longue ascension en plein vent, mais a préféré continuer plutôt que de s'arrêter pour se couvrir davantage. Au sommet, elle était en hypothermie et les officiels l'ont mise hors course. Ils ont pris son dossard, lui ont préparé un lit et elle est allée dormir. À son réveil, 5 heures plus tard, elle a demandé à repartir.

– Ils m'ont dit que ce serait difficile, mais j'ai répondu : « Non, le plus dur serait d'abandonner », explique-elle en riant.

Son ton trahit toutefois son indignation.

– Tu vois ce que je veux dire ? Je ne suis pas venue là pour abandonner. Il n'était pas question que j'arrête.

Rachel avait été recalée deux fois au tirage au sort de l'UTMB, ce qui voulait dire qu'elle avait la garantie d'y participer cette année, à condition qu'elle obtienne les points. Elle n'allait pas laisser tomber.

Après 5 heures de repos, elle était proche de la barrière horaire, mais passée en mode compétition, elle n'a cessé de remonter au classement pour terminer en 44 heures. Pour finir, nous avons tous les trois nos points UTMB et la garantie d'y participer, Tom en tant que membre de l'élite et moi avec un dossard presse.

– Chamonix, nous voilà ! fait Tom.

Puis on trinque et on se congratule chaleureusement, heureux de pouvoir nous lancer dans une nouvelle folie du même acabit.

13

C'est quelque chose de voir les meilleurs coureurs côte à côte au départ de l'Ultra-Trail du Mont-Blanc, à Chamonix. Ces gars et ces filles-là sont d'incroyables athlètes, dont le corps semble solide comme le roc.

Pourtant, tout le battage médiatique d'avant-course sur ces superstars qu'on présente comme les meilleurs spécialistes mondiaux de l'endurance ne sonne pas tout à fait juste. Alors que la caméra survole la place noire de monde pour aller zoomer sur les athlètes du premier rang, prêts à s'élancer pour l'UTMB, je ne peux pas m'empêcher de me demander pourquoi ils sont tous blancs. Puisque le plateau est censé être le plus relevé au monde, où sont passés les Kényans ?

Dans n'importe quelle course de fond traditionnelle, qu'il s'agisse d'un grand marathon, d'un cross de niveau international ou d'un 10 000 mètres olympique, à quelques exceptions près, tous les meilleurs viennent d'Afrique de l'Est. Sur le marathon, les Kényans et les Éthiopiens dominent outrageusement. En 2017, par exemple, quatre-vingt-douze des cent meilleurs mondiaux sur la distance étaient originaires d'Afrique de l'Est et, côté féminin, la proportion était de 73 %. Dans l'ultra, en revanche, il n'y a pratiquement aucun Africain parmi les coureurs de l'élite.

Un Kényan ou un Éthiopien tente parfois sa chance aux Comrades, mais c'est la seule exception et c'est rarement un succès. Les Comrades et les autres épreuves sur route d'Afrique du Sud sont les seuls grands ultras où la tête de course n'est pas totalement blanche, parce que les meilleurs coureurs noirs du pays baignent dans cette culture. Mais pour l'essentiel, les Noirs sont totalement absents de l'ultra trail.

En y réfléchissant, il me vient une idée. Elle peut s'avérer désastreuse, mais peut aussi avoir d'importantes conséquences, à la fois pour les Kényans et pour l'ultra. Puisque personne ne veut les présenter l'un à l'autre, j'estime que c'est à moi de le faire.

Mon idée consiste à en convaincre quelques-uns d'allonger la distance. Parmi les meilleurs coureurs d'ultra, un nombre de plus en plus important vient de la piste ou de la route, en particulier aux États-Unis. C'est donc certainement possible. J'ai aussi constaté que beaucoup parmi eux étaient, dans leur jeunesse, des spécialistes du *steeple*, l'épreuve dans laquelle il faut franchir des haies et une rivière. C'est le cas de Zach Miller et de Jim Walmsley, par exemple, ce qui me paraît logique, dans la mesure où ils démontraient par là que leur talent ne relevait pas seulement de la course, mais aussi de la capacité à franchir des obstacles. Or, le *steeple* est la discipline où l'hégémonie des Kényans est la plus totale. Chez les hommes, ils ont remporté toutes les médailles d'or olympiques depuis 1968, sauf une... l'année où le pays a boycotté les Jeux. Je pense qu'on peut dire sans risque de se tromper qu'ils savent franchir les obstacles en courant. En ce qui concerne les irrégularités du terrain, les Kényans comme les Éthiopiens s'entraînent presque exclusivement sur des sentiers vallonnés. Bref, ils ont tout ce qu'il faut.

Quand je demande aux athlètes d'Iten, capitale kényane de la course à pied, s'ils accepteraient de participer à un ultra, l'idée les laisse d'abord perplexes. Pourquoi iraient-ils courir 80 kilomètres ? Ils me regardent d'un œil suspicieux. Certains se demandent si c'est possible. Duncan Kibet, le meilleur d'entre eux, qui court le marathon en 2 h 04, manifeste un certain intérêt. Je lui explique que, pour commencer, je cherche quelqu'un pour courir 80 kilomètres.

– Il faut combien de jours ? me demande-t-il.

– Ça ne prend pas plusieurs jours, puisque ça fait à peine deux marathons, je réponds.

Sa réaction montre à quel point ils sont loin de tout ça, mais le point le plus problématique est celui de l'argent. La question « Combien y a-t-il à gagner ? » arrive assez rapidement, or la réponse est : « Rien. » Même à l'UTMB, il n'y a pas de prime pour le vainqueur[18].

Au Kenya, les marathoniens prometteurs sont recrutés par des agents, généralement européens, qui les envoient courir à l'étranger et prennent un pourcentage de leurs gains. Comme il n'y a pas d'argent à y gagner, les agents ne cherchent pas d'ultramarathoniens. S'il y a tellement de bons coureurs au Kenya, c'est parce que la course peut leur permettre de changer de vie, d'échapper à la pauvreté et d'aider leurs proches. Même la modeste prime d'un marathon européen de deuxième catégorie représente une grosse somme au Kenya et suffit à tout changer. L'argent est donc une motivation essentielle. Ils n'ont pas le luxe de courir pour le plaisir.

Avec le développement de l'ultra, les occasions de gagner de l'argent sont toutefois de plus en plus nombreuses. Quelques *ultra runners* de l'élite ont maintenant des agents qui leur négocient de gros contrats avec les sponsors et de plus en plus de courses offrent des prix en espèces pour attirer les meilleurs. Pour les milliers de Kényans qui vivent comme des professionnels et misent tout sur l'entraînement, sans parvenir à se faire inviter dans les grandes courses sur route, l'ultra pourrait être un moyen de mettre leurs talents à profit.

Mon idée ne fait toutefois pas l'unanimité dans le milieu. L'un des cadres d'un fabricant de vêtements de trail que j'ai contacté dans l'optique d'un partenariat avec des coureurs kényans se montre très direct. Dans sa réponse à mon e-mail, il dit souhaiter que les Kényans ne découvrent jamais l'ultra trail.

« Le trail est attrayant parce que c'est trépidant et parce que chaque athlète a une histoire authentique, parce qu'il est humain, qu'il a des

18. En 2018, une prime a pour la première fois été versée aux dix premiers de l'UTMB. Son montant était de 2 000 euros pour le vainqueur (NdA).

émotions, des valeurs. Ce ne sont pas des “machines” formatées pour courir vite », écrit-il.

Cette réponse me choque et je réagis immédiatement : « Les Kényans ont des histoires incroyables à raconter. Ce sont des gens, pas des machines, qui plus est, des gens incroyables. Tous ont “une histoire authentique. Ils sont humains, ils ont des émotions, des valeurs”. »

Il le reconnaît finalement mais regrette que les marques ne racontent pas ces histoires. C’est exactement ce que je lui propose de faire, à lui, dirigeant d’une des marques en question, mais ça ne l’intéresse manifestement pas.

La participation des meilleurs Kényans ne pourrait que faire monter le niveau de la discipline. Si deux d’entre eux se présentaient au départ de l’UTMB, aux côtés des Jornet, Walmsley, Miller et consorts, l’intérêt et l’enthousiasme seraient encore plus importants. Et si ces cracks de l’ultra veulent vraiment être considérés comme les plus grands spécialistes mondiaux de l’endurance, ils doivent se frotter aux meilleurs. Le sport de haut niveau, c’est la confrontation des meilleurs, le choc des titans. Si l’ultra veut vraiment prendre une dimension mondiale, il doit s’ouvrir aux athlètes des plus grandes nations de la course de fond.

Mon idée suscite heureusement des réactions plus positives dans le monde de l’ultra. Je décide de lancer une cagnotte en ligne pour financer la participation d’un athlète kényan à une épreuve et les deux premières promesses de don viennent de Gary Gellin et de Sage Canaday. J’en parle à Zach Miller, qui est très enthousiaste à l’idée de se mesurer aux meilleurs Kényans, et propose même de les inviter à venir s’entraîner avec lui à Barr Camp. Je contacte Jim Walmsley, qui trouve lui aussi le défi très excitant, mais sachant mieux que personne le temps que prend l’adaptation aux longues distances, en particulier les 100 miles, il reste un peu sceptique.

– Les Kényans sont des coureurs talentueux, dit-il, et certains sont incontestablement capables de tout gagner, mais il ne suffit pas de choisir quelqu’un qui court le marathon en 2 h 08. Il doit être prêt à prendre le temps de s’adapter.

C'est justement un gars en 2 h 08 nommé Francis Bowen qui accepte ma proposition. Il pourrait bien devenir le marathonien le plus rapide à se présenter au départ d'un ultra trail, ce qui est, en soi, passionnant. La course en question est la Wendover Woods 50, qui se déroule dans le Buckinghamshire, en Angleterre. C'est une boucle de 10 miles (16 km) à faire cinq fois, ce qui, pour un novice, réduira le risque d'erreur de parcours. Il n'a qu'un mois pour s'y préparer, mais il promet d'allonger ses séances et d'être au point le jour J.

Par une fraîche matinée de novembre, je vais donc chercher Francis à l'aéroport d'Heathrow pour l'emmener chez un couple de coureurs londoniens qui a accepté de l'héberger.

Dans le train, il ne cesse de m'interroger sur la distance et son appréhension est manifeste. Une fois sur place, je lui laisse une paire de chaussures de trail neuves et un équipement complet, sac à dos compris, et lui suggère d'essayer le tout un jour ou deux avant la course.

* * *

Il fait encore froid et le soleil se lève tout juste quand nous débarquons en voiture dans le champ où le départ de la course doit avoir lieu. Tom Payn, qui a fait la connaissance de Francis au Kenya, est au volant. Il a accepté de venir faire l'assistance avec moi. Le champ est tellement givré qu'on le dirait couvert de neige et l'herbe craque sous nos pieds quand nous descendons de voiture. Francis, qui s'en amuse, me demande de le prendre en photo dans le champ tout blanc. Il n'a jamais vu ça.

Alors que nous allons l'inscrire, des gens se retournent sur notre passage. Ce n'est pas tous les jours qu'un coureur kényan de haut niveau participe à une course comme celle-là. Malgré ses 43 ans, Francis a toujours l'allure d'un grand athlète et sa peau noir foncé laisse peu de doute sur ses origines. On l'aide à épingler son dossard et on l'accompagne au départ. Il a l'air serein.

Ce n'est pas une grande course et j'ai l'impression qu'on en fait un peu trop, tous les deux, à lui porter son équipement. C'est comme si

Chris Froome se présentait au départ d'une course de village avec des jambières chauffantes et deux assistants pour tenir son vélo.

Francis n'aime pas le froid. Il n'arrête pas de me dire qu'il ne sent plus ses pieds. Pourtant le soleil brille et la journée s'annonce très belle. Je lui dis de rester derrière les *leaders* au premier tour, de ne pas se précipiter. Ça l'aidera à se faire une idée du parcours et à ne pas partir trop vite. Il me regarde comme s'il ne comprenait pas un traître mot, mais il acquiesce quand même.

Et c'est parti. Un flot désordonné de quatre cents coureurs se déverse brutalement. Quand il passe à ma hauteur, une centaine de mètres après le départ, Francis est en milieu de peloton. Je l'aperçois au dernier moment. J'espère qu'il a bien compris mes instructions.

Tom et moi allons prendre un café, puis nous nous installons dans la voiture. Il a hâte de voir comment ça va se passer. Francis ne doit pas seulement gagner, mais réaliser un bon temps pour obtenir sa qualification à la prochaine édition de la North Face 50, une grande course californienne. C'est aussi un 50 miles (90 km), mais le vainqueur gagne 10 000 dollars. Francis doit donc aller vite pour décrocher l'un des dossards-élite.

– S'il court vite ici, dit Tom, ça va faire du bruit. Il va se faire remarquer.

Quelques journalistes m'ont déjà contacté et Francis fait le buzz sur les réseaux sociaux alors que je suis resté le plus discret possible. Comme je l'espérais, le monde de l'ultra semble intrigué par ce coureur kényan.

Une heure après le départ, nous allons à la tente qui abrite le point de contrôle et le ravitaillement où les coureurs passent à chaque tour. Le soleil est déjà haut. Très vite, des applaudissements retentissent et les gens se rassemblent pour voir arriver le premier. Ce n'est pas Francis, mais il n'est pas loin derrière. Il a suivi mes consignes à la lettre. Il est 3e, tout près des deux premiers. Il entre dans la tente et s'assoit, souriant. Il a l'air de faire son footing matinal. On lui donne une banane et du gâteau. Tom remplit sa poche à eau.

– Aïe, quel froid ! dit-il.

– À part ça, tout va bien ? je demande.

– Oui, bien, bien.

Voyant que les deux premiers s'apprêtent à entamer le tour suivant, il se lève à son tour et leur emboîte le pas. Après son départ, Tom et moi échangeons un regard complice. Il avait l'air frais. Tout se déroule comme prévu.

Le deuxième tour s'achève exactement comme le premier. Les trois hommes de tête sont toujours dans le même ordre. Francis semble toujours aussi frais et détendu.

À la fin du troisième, il apparaît le premier. Il a produit son effort. Il dégage toujours la même impression de force, d'aisance et de puissance. Déjà 30 miles (48 km) et c'est tout juste s'il transpire, mais il fait de grands gestes pour nous montrer que quelque chose ne va pas. Il entre dans la tente et s'assied.

– Que se passe-t-il ? je demande.

– J'arrête, dit-il. J'ai mal au gros orteil.

Attends... Qu'est que c'est que cette histoire d'orteil ?

– Tout va bien, je lui dis. C'est génial ce que tu fais. Il ne te reste que deux tours.

Il me regarde comme si j'avais perdu la tête, comme si je ne l'avais pas entendu, puis secoue la tête

– Mon orteil me fait mal, répète-t-il, en me regardant cette fois droit dans les yeux, pour s'assurer que j'imprime bien.

– Mais Francis, c'est ça l'ultra ! C'est normal que ça fasse mal. Ça n'empêche pas de continuer.

Ses deux poursuivants sont arrivés et s'apprêtent déjà à repartir. Tom se souvient alors qu'il a les mêmes chaussures que Francis, mais une demi-pointure plus grande. Il court les chercher dans la voiture.

J'essaie de lui parler de la course à 10 000 dollars en Californie. Il faut qu'il fasse un bon temps pour pouvoir y participer et empocher ce pactole.

– Non, dit-il. Mon orteil me fait mal.

Il enlève sa chaussure pour me le montrer. Je ne vois rien d'anormal.

Tom est revenu mais Francis refuse d'essayer ses chaussures.

– Je dois prendre soin de mon corps, dit-il. Si je continue, je pourrais me blesser.

Tom essaie lui aussi de le convaincre en lui parlant de la course de Californie. Francis l'écoute patiemment et lui répète, en détachant bien toutes les syllabes :

– Mon orteil... Il me fait mal.

Assis là, impuissants, nous le regardons manger sa banane. Avec le froid, explique-t-il, il ne sentait pas ses orteils au début de la course, et dans les descentes, ils venaient taper à l'avant des chaussures. Avec tout ce que j'ai enduré pour finir mes ultras, tout ce que j'ai fait pour qu'il puisse être ici, ce n'est pas ce que j'ai envie d'entendre. Autour de moi, dans la tente, il y a maintenant des tas de coureurs ordinaires. Certains achèvent seulement le deuxième tour. Ils retirent leurs chaussures pour examiner leurs ampoules puis claudiquent çà et là, mais finissent tous par se rechausser gaiement pour repartir. Au bout d'une dizaine de minutes, nous regagnons la voiture pour rentrer à Londres.

* * *

Francis est reparti depuis longtemps au Kenya mais son abandon continue à me tarabuster. C'est, d'une certaine façon, une bonne illustration de la différence entre marathon et ultra. Dans le premier cas, il faut surmonter la fatigue, les douleurs musculaires et déjouer les pièges de votre esprit, mais guère plus. Dans le second, toutes sortes de problèmes peuvent survenir et surviennent généralement bel et bien. La douleur est inévitable. Je ne parle pas de fatigue mais d'une véritable souffrance.

Reste à savoir si c'est une bonne chose... J'étais déçu que Francis jette l'éponge au premier problème venu. C'est en tout cas comme ça que je voyais les choses. Or, que faisait-il, sinon être à l'écoute de son corps, réagir de manière rationnelle et sensée ? Ce corps, c'est son gagne-pain. En tant que coureur professionnel, il ne peut pas se permettre la moindre blessure. Voilà pourquoi il a abandonné.

Ça m'a également fait réfléchir à la façon dont les Kényans pratiquent la course à pied. Je me souviens avoir vu une interview de Wilson Kipsang, ancien recordman du monde du marathon, dans laquelle on lui demandait à quel moment de la course il commençait à avoir mal. Il a souri et a répondu : « Dans le dernier kilomètre. » C'était peut-être une boutade ou une façon d'éluder la question, mais je me suis demandé s'il arrivait aux Kényans de sortir de leur zone de confort. Ils ne sont bien sûr pas insensibles à la fatigue, à l'épuisement, mais ils courent avec une telle aisance, apparemment « sans effort », comme on le dit souvent, qu'on peut se demander s'ils passent par les mêmes affres que nous autres.

Joe Kelly trouvait que l'appellation *course d'endurance* n'était pas appropriée. Selon lui, elle signifie qu'il faut surmonter une souffrance, l'endurer. *Course d'efficacité* lui paraissait plus juste, parce que pour bien courir longtemps, il ne faut pas lutter contre son corps mais l'utiliser efficacement, tout comme les ressources énergétiques. C'est ce que les Kényans font si bien. Dans l'ultra, avec l'allongement de la distance, les irrégularités du terrain et un nombre de variables plus important, c'est plus difficile à réaliser.

Peut-être que beaucoup d'entre nous veulent souffrir et que c'est ce qui nous attire le plus dans l'ultra. Certains disent qu'ils apprécient les moments difficiles, qu'ils les attendent avec impatience. « J'aime aller dans ces zones sombres et les dépasser, a déclaré avec délectation l'Américain Timothy Olson, après avoir fini 4e à l'UTMB. On croit toujours avoir touché le fond lors de la dernière course, mais l'ultra continue à me surprendre parce qu'on peut toujours s'enfoncer plus loin dans l'obscurité. »

Dans un article intitulé « Psychologie de la course pied », le docteur Arnold Cooper explique que les longues distances attirent notamment parce qu'elles répondent à des « besoins narcissiques et masochistes » qui sont, selon lui, « magnifiquement comblés lorsqu'on va clairement au-delà de ce pour quoi le corps humain est fait ».

Si l'on ne tient pas compte du narcissisme, le plaisir que les coureurs d'ultra tirent de la douleur relève bien de certaines définitions du masochisme. Dans son essai, le professeur Sailors raconte que, lorsqu'elle est allée voir un ami courir le marathon de Chicago, elle a été choquée que Nike distribue après la course des flyers sur lesquels on pouvait lire : « Les tétons sanglants sont un trophée. » Et, dans l'ultra, ce n'est qu'un début.

Paul Rozin, professeur de psychologie à l'université de Pennsylvanie, parle de « masochisme bénin » pour désigner le plaisir que procure le fait de surmonter la douleur due aux expériences faussement dangereuses. Dans un article intitulé « Glad to be Sad »[19], il explique que ce plaisir provient de la victoire « de l'esprit sur le corps ». Il cite en exemple le goût pour les piments forts et les mélodrames, mais le terme peut également s'appliquer à la jouissance tirée de la course de grand fond, me dit-il quand je l'interroge. L'auto-transcendance serait ainsi une expression de ce masochisme bénin. Rozin utilise également les termes d'*inversions hédoniques*, qui me plaisent bien.

Beaucoup d'*ultra runners* m'ont dit aussi que la souffrance qu'ils éprouvent lors des courses est un moyen de rompre avec le confort et la normalité de leur vie quotidienne. Elle leur permet de se sentir pleinement en vie, expliquent-ils. « La plupart des gens iraient mieux s'ils souffraient un peu plus dans la vie », dit carrément l'un des concurrents, dans le documentaire sur la terrible Barkley.

Pour Francis, qui mène déjà une vie difficile au Kenya, la souffrance et la douleur étaient sans doute moins attrayantes. Il était encore très loin d'être dans le dur quand il a décidé d'arrêter et de rentrer à la maison.

Peu de temps après la course, je retourne voir Gary Ward pour faire le point sur mes exercices. Quand je lui parle de l'abandon de Francis, il trouve formidable qu'un athlète professionnel prenne si grand soin de son corps. Cette histoire lui donne la chair de poule, dit-il.

Tout ça me ramène à la question que beaucoup – souvent des non-coureurs – me posent quand je leur dis que je fais des courses de 100 miles : « Ce n'est pas très bon pour toi, si ? »

---

19. Heureux d'être triste.

Après celle des Pyrénées, je pouvais à peine marcher. Malgré deux jours sans sommeil et une bonne dose d'ibuprofène, je n'ai pas pu dormir. Plusieurs mois après la course, j'ai toujours l'impression de marcher sur des aiguilles à cause des lésions que les terminaisons nerveuses de mes orteils ont subies. Quand les secouristes qui ont examiné mon psoas au 88e kilomètre m'ont conseillé d'arrêter à cause de l'inflammation, non seulement je ne les ai pas écoutés, mais j'en ai fait 72 de plus. Et, au poste de secours, beaucoup d'autres voulaient continuer alors qu'ils étaient encore plus mal en point.

De nombreux *ultra runners* prennent des antidouleurs en course. Lors de mes 24 heures sur piste, j'ai vu les équipes d'assistance en distribuer comme si c'était la chose la plus normale du monde.

D'après Robbie Britton, c'est un problème très répandu dans l'ultra.

– Lors de mon premier 100 miles, me raconte-t-il, je me souviens que quelqu'un a dit qu'il devait se faire prescrire des antalgiques parce que ceux qu'on peut acheter sans ordonnance ne lui faisaient pas d'effet. Il est tellement risqué de prendre des AINS [anti-inflammatoires non stéroïdiens] tels que l'ibuprofène pendant un ultra que je ne comprends pas qu'on puisse le faire délibérément. C'est juste dangereux.

Des études ont effectivement montré qu'ils peuvent provoquer des problèmes rénaux ou des lésions intestinales et augmenter le risque de crise cardiaque. La douleur est un moyen pour notre corps de nous faire comprendre qu'il faut ralentir, mais nous autres, coureurs d'ultra, nous l'ignorons. Ça nous permet de trouver nos limites, d'atteindre nos objectifs ou même de gagner des courses, mais ce n'est pas bon pour notre santé.

Et ceux qui s'en sortent apparemment sans trop de dommages, sans chutes ni lésions musculaires et sans se faire mal au point de devoir prendre des antalgiques ne sont pas indemnes pour autant. En 2012, les cardiologues Carl Lavie et James O'Keefe, qui sont aussi coureurs, ont fait sensation avec une étude démontrant que la course est clairement bénéfique pour la santé lorsqu'elle est pratiquée avec modération, mais qu'on en perd les bénéfices et qu'elle peut même devenir nocive quand cette pratique est « excessive ». Au départ, ils avaient fixé la limite à 2 h 30 par semaine, mais après de nouvelles recherches, Lavie l'a portée à 5 heures par semaine. Les coureurs d'ultra la dépassent bien sûr largement, parfois même en une seule journée.

Lavie et O'Keefe étaient particulièrement préoccupés par les lésions cardiaques, notamment le durcissement du péricarde, provoquées par les efforts extrêmes. Dans un *TED Talk* sur le sujet, O'Keefe explique que l'exercice est l'un des meilleurs traitements qui soit pour toutes les affections, mais « comme pour tout médicament, ajoute-t-il, il existe un dosage optimal. Si vous n'en prenez pas assez, vous n'en tirez pas de bénéfices. Si vous en prenez trop, ça peut être dangereux, voire fatal. »

Il cite à l'appui l'exemple de Philippidès, qui a couru de Marathon à Athènes pour annoncer la victoire sur les Perses en 490 av. J.-C. et qui en est mort, ce qui a inspiré le marathon moderne. O'Keefe raconte aussi l'histoire du coureur américain Micah True, le héros de *Born to Run*, qui vivait au Mexique avec les Tarahumaras. On le nommait là-bas Caballo Blanco, le cheval blanc, pour ses célèbres qualités physiques. Or, lui aussi est mort en 2012 lors d'une sortie de course à pied à l'âge de 58 ans.

« Quand ils ont procédé à l'autopsie, ils ont découvert que du tissu cicatriciel avait provoqué une hypertrophie et un épaississement du cœur, explique O'Keefe. En tant que cardiologue, je cherche le régime et le mode de vie les plus sains, et j'arrive à la conclusion que courir des marathons et pratiquer l'endurance extrême ne font pas partie de la recette. »

Ça fait froid dans le dos. Le seul problème, avec l'étude du docteur O'Keefe, c'est que la pratique « extrême » de la course à pied y est définie comme la combinaison de l'intensité et de la durée. L'ultra peut être extrême dans la durée, mais c'est en général de très faible intensité. La marche constitue une part importante de la plupart des épreuves.

O'Keefe dit non seulement que l'exercice « modéré » est bénéfique mais qu'on peut « semble-t-il le pratiquer toute la journée sans encombre si on reste raisonnable. » Et où fixe-t-il la limite du raisonnable ? À six minutes au kilomètre, ce qui est en fait assez rapide pour un ultra.

Le problème avec l'ultra, c'est qu'il n'y a pas assez d'études pour pouvoir tirer des conclusions fermes. La plupart portent sur le marathon, que beaucoup de gens courent à une allure supérieure à six minutes au kilomètre, et ils s'entraînent également plus vite que ça.

L'université John Moores de Liverpool a réalisé une étude en 2009 lors du Lakeland 50 (ce sont des miles) et de sa version longue de 100 miles. Ses conclusions font écho à celle du docteur O'Keefe. Tous les coureurs qui y ont participé pratiquaient le marathon et l'ultra depuis plus de deux ans et n'avaient pas de problèmes cardiaques connus. Au final, vingt-cinq des quarante-cinq coureurs sélectionnés, âgés de 24 à 62 ans, ont pu achever l'étude. On leur a fait faire des dosages sanguins de la troponine cardiaque et des électrocardiogrammes (ECG) avant et après la course.

Le taux de troponine I a augmenté chez vingt et un des vingt-cinq coureurs et, dans trois cas, il était suffisamment élevé pour évoquer une atteinte cardiaque importante.

Selon O'Keefe, le taux de troponine I augmente quand des cellules cardiaques meurent. « Normalement, on réagit immédiatement parce que cela annonce qu'une crise cardiaque se prépare. Dans ce cas, ce sont des microlésions. Ce n'est pas un gros problème si vous le faites une fois de temps en temps. Elles guérissent, et quelques jours plus tard, c'est réparé. Mais, quand on le fait souvent, les cavités cardiaques deviennent cicatricielles. »

Au départ des deux épreuves du Lakeland, les ECG présentaient les caractéristiques typiques d'un cœur sain qu'on observe souvent chez les coureurs. À l'arrivée, en revanche, plus de 50 % des ECG révélaient des modifications de l'activité électrique, dont certaines sont rares, aussi bien au repos qu'à l'effort.

D'après le professeur John Somauroo, l'un des auteurs de l'étude, ces résultats laissent supposer que « courir en continu sur 50 ou 100 miles n'est peut-être pas bon pour le cœur ».

Avant de mettre vos chaussures de course à pied à la poubelle, sachez toutefois que d'autres études ont donné des résultats contraires.

Celle qui a été réalisée en 2013 à l'université australienne de Ballarat a ainsi révélé que les coureurs d'ultra ont jusqu'à seize ans d'espérance de vie supplémentaire par rapport à la moyenne. Ces recherches, dirigées par le docteur Fadi Charchar, portaient sur les effets de la course à pied au niveau des télomères.

« Dans nos cellules, les télomères sont des structures qui fonctionnent comme le bout plastifié de nos lacets. Elles empêchent nos gènes de s'effilocher », explique-t-il. Leur taille diminue avec l'âge et plus ils sont courts, plus nous sommes sujets aux maladies. « Le truc, dit-il, c'est qu'on peut effectivement faire en sorte que nos télomères durent plus longtemps et nous avons constaté que pratiquer la course à pied – et même à haute dose – peut faire des merveilles pour les télomères. »

Les chercheurs ont ainsi découvert que les coureurs d'ultra qui font 40 à 100 kilomètres par semaine ont des télomères 11 % plus longs, ce qui, selon eux, équivaut à seize années supplémentaires d'espérance de vie.

« Les ultramarathoniens de notre étude avaient un âge moyen de 43 ans, explique le docteur Charchar. D'après nos résultats, leur âge biologique était de 27 ans. »

En 2014, le docteur Martin Hoffman, professeur de médecine physique et de réadaptation à l'université de Californie, a dirigé une étude sur un peu plus de mille deux cents ultramarathoniens. Il en a conclu qu'ils étaient en meilleure santé que les autres, qu'ils souffraient moins de la plupart des affections graves et qu'ils étaient moins souvent en arrêt-maladie. Je l'ai interrogé sur les études selon lesquelles il existe un lien entre l'ultra et les crises cardiaques et il m'a répondu qu'il n'en était pas convaincu.

– À l'heure actuelle, m'a-t-il dit, rien ne prouve que l'ultra puisse avoir des effets délétères à long terme.

Comme Francis, nous savons très bien que la douleur est un signal que notre corps nous envoie pour nous dire d'arrêter, pour nous signifier que nous risquons de nous blesser, mais ceux qui font de l'ultra pour être en bonne santé sont rares. Sans même parler du risque de se blesser, de tomber d'une falaise et de perdre une jambe, d'avoir des ampoules de la taille de balles de tennis, la plupart d'entre nous savent que l'ultra consiste à en faire voir de toutes les couleurs à notre corps, ce qui n'est pas forcément très bon pour la santé. Reste à savoir si ça nous préoccupe.

Hoffman a poursuivi récemment son étude de 2014 en posant la question suivante à 1 394 coureurs : « Si vous aviez la certitude absolue que l'ultra marathon était mauvais pour la santé, cesseriez-vous de vous entraîner et de participer à de telles épreuves ? »

74 % ont répondu « non ».

* * *

Malgré l'abandon de Francis à Wendover Woods, je ne renonce pas à mon idée d'initier les grands athlètes d'Afrique de l'Est à l'ultra. Ayant entendu parler du projet, Conyers Davis, un lecteur américain de *Courir avec les Kényans*, mon premier livre, me contacte et propose de m'aider à en faire venir quelques-uns aux États-Unis pour qu'ils participent à un ultra trail.

Conyers vit en Californie et tient à ce que les choses aillent vite. Nous choisissons donc la Lake Sonoma 50, une course de 50 miles dans le comté californien dont elle porte le nom. Sage Canaday a remporté la dernière édition quelques semaines avant mon arrivée aux États-Unis pour la Miwok 100K. C'est un défi d'envergure pour un Kényan sans expérience de l'ultra.

Cette fois, nous décidons d'aligner deux athlètes pour augmenter nos chances de succès. Francis souhaite renouveler l'expérience et une coureuse nommée Risper Kimaiyo est également d'accord pour faire l'essai. Je l'ai rencontrée après sa victoire de 2013 au marathon d'Édimbourg et nous sommes restés en contact. Son record au marathon est de 2 h 29, mais elle a aussi remporté les championnats du monde de 50 kilomètres en 2016 à Doha, ce qui est plus étonnant. C'est une championne du monde d'ultra en titre. Le fait que ce résultat soit passé totalement inaperçu en dit long sur la confidentialité du 50 kilomètres sur route dans le monde de l'ultra. Une victoire sur les sentiers de la Lake Sonoma aurait beaucoup plus de retentissement.

L'un des problèmes est qu'il n'y a pas d'argent à y gagner. Faute d'avoir pu les convaincre de voir les choses à plus long terme, de prendre en compte les offres de sponsoring qui pourraient se présenter ensuite, l'effervescence qu'ils pourraient susciter, nous promettons de prendre leurs frais en charge et de leur verser une petite prime s'ils gagnent ou s'ils obtiennent un bon résultat.

Hélas, rien de tout ça n'arrivera jamais. Francis se blesse et, malgré les séances de kiné intensives que nous lui trouvons quelques semaines avant la course, il ne sera pas en état d'y participer. Une semaine avant l'épreuve, alors que nous avons obtenu les fonds nécessaires auprès de la communauté des ultramarathoniens, que j'ai donné des interviews et fait tout le nécessaire pour convaincre l'ultra sphère de l'intérêt du projet, Risper m'annonce qu'elle y renonce parce que son agent a réussi à la faire inviter au marathon de Rome.

Une victoire à Rome vaut 10 000 euros. C'est un marathon sur route, le domaine de prédilection des Kényans. Les grands marathons sont leur pain quotidien. Inutile d'expliquer quoi que ce soit à leur famille. Il y a toutes les raisons d'y participer, contrairement à cet étrange ultra à la manque, où il faut courir deux fois plus pour des prunes.

L'ultra m'a appris une chose : même quand on est au trente-sixième dessous, il est toujours possible de se relever. Il n'est donc pas question de renoncer. Conyers et moi réalisons rapidement que nous avons commis l'erreur de ne pas impliquer les agents des athlètes.

Nous contactons donc celui de Risper. Le prochain ultra qui pourrait faire l'affaire est la North Face 50, qu'on a fait miroiter à Francis pour essayer de le faire repartir à Wendover. Il est doté de 10 000 dollars. L'argument est imparable.

Ce qui est chouette avec les coureurs kényans, c'est qu'ils se croient généralement capables de gagner n'importe quelle course. Ils semblent avoir une formidable confiance en eux, mais ce n'est pas de l'arrogance. Bien sûr, ça ne marche pas à tous les coups mais ils ne s'en font pas s'ils échouent. Ils se relèvent et recommencent. Voilà pourquoi les départs des courses kényanes sont de véritables foires d'empoigne. Tout le monde pense pouvoir gagner et cherche à se placer aux avant-postes.

Quoi qu'il en soit, Risper est d'accord et son agent lui donne le feu vert. Elle dit s'être beaucoup entraînée en Afrique du Sud, où l'ultra est très populaire. À la différence de beaucoup d'autres de ses compatriotes, elle sait donc à quoi s'en tenir. À ses yeux, ça n'a rien d'étrange et c'est pour cette raison qu'elle a participé aux championnats du monde des 50 kilomètres.

– Je suis allé au Qatar et j'ai aimé ça, dit-elle.

Francis, lui, n'a plus d'agent mais, chaque fois qu'on en parle, il manifeste un peu moins d'intérêt pour l'ultra. Finalement, il me dit de trouver quelqu'un d'autre. Il veut revenir au marathon sur route pendant qu'il en est encore temps.

Quand il l'apprend, Antonio, l'agent de Risper, propose de le remplacer par l'un des athlètes dont il s'occupe, un Éthiopien nommé Mohammed Teman. Il a un record de 2 h 12 au marathon et, comme Risper, il s'est déjà illustré dans l'ultra en prenant la 2e place des Comrades en 2015.

Ils ont tous deux obtenu leurs succès sur la route mais je suis convaincu que l'ultra trail leur réussira aussi bien. Ayant couru au Kenya et en Éthiopie, je sais qu'on s'y entraîne presque exclusivement sur chemin et je ne crois pas que les bons sentiers roulants de la North Face 50 leur poseront le moindre problème. Ils ont six mois pour s'y préparer. C'est parti.

Hélas, les dieux de l'ultra se montrent à nouveau retors. Nous faisons des pieds et des mains pour convaincre ceux qui ont fait des promesses de dons dans l'optique de la Lake Sonoma de changer de projet, pour régler les formalités de voyage et inscrire les coureurs, mais quand Mohammed arrive en Californie, une semaine avant la course, des feux de forêt sans précédent font rage à 250 kilomètres du site où elle doit avoir lieu. Risper, elle, reste bloquée à Nairobi dans l'attente de son visa américain, prête à sauter dans un avion dès qu'elle l'aura. Il n'arrivera jamais. Ça n'a finalement pas d'importance, puisque l'épreuve est annulée. Le vent a poussé les fumées vers la côte et l'air est à peine respirable dans la baie de San Francisco comme sur les hauteurs du Marin County, où elle devait se dérouler – et où j'ai couru la Miwok 100K. Les habitants sont invités à rester chez eux. Courir est fortement déconseillé, quelle que soit la distance.

Comme des boxeurs KO debout, on titube un moment en balançant des crochets dans le vide. Puisque Mohammed est aux États-Unis, nous essayons de lui trouver une autre course. Conyers, qui est de Philadelphie, réalise que le marathon de la ville doit avoir lieu le même jour que la North Face 50. Le premier prix est également de 10 000 dollars. Il appelle les organisateurs, qui acceptent avec joie d'inviter Mohammed.

Via Internet, on nous suggère plutôt de l'inscrire à la JFK 50, le plus vieil ultra des États-Unis, qui a lieu le même week-end, dans le Maryland. Zach Miller, qui devait lui aussi courir la North Face 50, décide d'y aller. On pourrait faire comme lui. Nous contactons à nouveau les organisateurs, qui se disent eux aussi ravis d'inviter Mohammed, mais il s'est fait à l'idée de participer au marathon de Philadelphie. La prime est alléchante et, avec le marathon, il sait où il met les pieds. Antonio, lui, ne comprend pas qu'il y ait seulement 1 000 dollars à gagner à la JFK 50. Ça ne colle pas.

– 1 000 dollars pour courir 80 kilomètres ?

C'est drôle, cette idée que la prime doit augmenter avec la distance. On me l'a souvent dit quand je cherchais des Kényans prêts à se mettre à l'ultra. Ils doivent penser que les sprinters ne gagnent pas grand-chose.

Antonio fait toutefois remarquer qu'au-delà de la prime, ceux qui ont fait des dons en ligne s'attendent à voir Mohammed participer à un ultra, c'est donc un devoir. Reste que c'est lui qui va courir et je sais par expérience qu'on ne peut pas se lancer sur une telle distance sans une réelle motivation. On ne peut pas s'attendre à une grande performance si on le force à le faire, surtout face à un compétiteur tel que Zach Miller.

Pour finir, le sort nous réserve un dernier uppercut. Lorsqu'il se renseigne sur le prix des billets pour la côte Est, où les deux courses ont lieu, Conyers réalise qu'elles coïncident avec Thanksgiving, la semaine la plus chargée dans les transports américains. Le vol va coûter plusieurs milliers de dollars dans les deux cas. L'argent de la collecte est épuisé depuis longtemps et Conyers a déjà payé une partie des frais de sa poche.

Pour finir, Mohammed se rabat sur un marathon local, dans un secteur de Californie épargné par les feux de forêt. Avec tous les déboires que nous venons de vivre, nous sommes à peine surpris de le voir finir 2ᵉ, à quelques secondes du vainqueur, après avoir été mal orienté alors qu'il était en tête. De son séjour en Californie, il ne ramènera que cinq dollars, le souvenir d'une expérience aussi confuse que déroutante et de quelques belles rencontres, dont celle d'Arnold Schwarzenegger, avec qui il se retrouve sur une estrade, le lendemain de la course, pour distribuer gratuitement plusieurs centaines de dindes de Thanksgiving. Ce n'est pas tout à fait la fin que j'imaginais, mais les choses pourraient bien ne pas en rester là… Conyers parle déjà de remettre ça l'année prochaine.

14

Elisabet Barnes s'est montrée plutôt discrète, ces derniers temps. Je la contacte pour lui demander si elle a toujours l'intention de courir l'Ultra-Trail du Mont-Blanc. Elle est inscrite et figure sur la liste officielle des partants, mais à ma connaissance, elle n'a participé à aucune course depuis le Marathon des Sables, qu'elle a de nouveau remporté, il y a neuf mois.

– Non, je ne cours pas, dit-elle. Je fais un break... pour récupérer.

Pour en savoir plus, j'arrange un rendez-vous. Par un matin frisquet, nous nous retrouvons à une terrasse londonienne. Beaucoup de choses se sont passées depuis notre sortie le long de la Tamise.

– Je ne sais toujours pas ce qui ne va pas, dit-elle. Après le MdS, j'étais vraiment fatiguée. Une semaine après, je pouvais à peine marcher. Je restais au lit toute la journée. Mentalement et spirituellement, je me sentais connectée à quelque chose là-bas [dans le désert]. Ensuite, je me suis sentie complètement à plat.

Depuis notre dernière rencontre, elle s'est séparée de son mari et a repris l'entreprise qu'elle dirigeait avec lui, elle a entamé une autre relation qui a tourné court et a commencé une formation de coach, elle a organisé plusieurs camps d'entraînement en altitude et a participé à une épreuve de six jours dans les Rocheuses, elle a couru 360 kilomètres en Suède et s'est rendue dans l'Himalaya pour sa deuxième Everest Trail Race. Pas étonnant qu'elle soit fatiguée.

– Oui, ça faisait beaucoup de choses en même temps, reconnaît-elle.

Après l'Everest Trail, elle a attrapé un rhume qui a duré des semaines. Elle prenait du retard dans son plan d'entraînement et ne pouvait pas préparer correctement l'édition suivante du MdS. Elle a fait une analyse de sang, elle a lu beaucoup de choses sur la nutrition et elle est devenue vegan. C'est fou, le nombre de coureurs d'ultra qui le sont. C'est le cas de Tom et Rachel. Scott Jurek, sept fois vainqueur de la Western States 100, est le plus célèbre mais il y en a beaucoup d'autres. Quand on commence à taper : « Pourquoi les coureurs d'ultra sont... », Google ajoute automatiquement « vegan ».

Elisabet mangeait beaucoup de viande, me dit-elle.

– J'adorais les steaks, je raffolais du poisson, je prenais des œufs tous les matins, poursuit-elle en riant, comme si c'était de l'histoire ancienne, alors que quelques mois seulement se sont écoulés. Je ne me vois pas revenir en arrière. Je n'imagine plus manger de la viande.

Son nouveau compagnon, l'*ultra runner* norvégien Sondre Amdahl, est également végétalien.

– Il m'a influencée. C'est lui qui m'a ouvert les yeux.

Bien qu'elle ait renoncé à y participer, Elisabet sera présente à l'UTMB pour assurer l'assistance de Sondre, qui fait partie de l'élite.

– J'ai lu beaucoup de recherches qui établissent un lien entre les protéines animales et le cancer ou les maladies cardiaques, entre autres, dit-elle. Mon père était cardiaque, ma mère avait la maladie d'Alzheimer, alors je me disais : « La vie est courte. Je vais probablement attraper quelque chose à la soixantaine, pas question de perdre mon temps assise dans un bureau. »

Elle a réalisé depuis qu'elle était fataliste, qu'elle ne pensait pas pouvoir échapper à ces maladies.

– Pourtant, on peut. C'est difficile à reconnaître, mais on n'aime pas renoncer à ce qui nous fait plaisir. Pour certains, il est impensable d'arrêter le bacon.

Je lui demande comment elle explique qu'il y ait autant de vegans parmi les ultramarathoniens.

– C'est un état d'esprit. Quand on court des ultras, on est habitué aux changements. En fait, pour moi, renoncer à la viande n'était qu'un petit détail dans un ensemble beaucoup plus vaste.

Le véganisme a toutefois un concurrent de taille dans le monde de l'ultra : le régime *Low Carb High Fat* (LCHF). Pauvre en glucides et riche en graisses, il suppose généralement de manger beaucoup de viande. L'idée de base est que nos réserves de graisse sont une source d'énergie pratiquement illimitée, mais difficile à exploiter. Il faut donc s'entraîner à les brûler en limitant l'apport en glucides et en mangeant beaucoup de gras. J'ai toujours été intrigué par ce régime, qu'on appelle aussi paléo parce que, d'après ses partisans, il correspond à l'alimentation des premiers êtres humains et aux besoins auxquels notre corps s'est adapté. L'idée de rester au plus près de la nature, qu'on retrouve dans le minimalisme pour les chaussures, me plaît beaucoup, mais ce régime me pose deux problèmes. Premièrement, il implique de manger beaucoup de viande, or c'est difficile pour quelqu'un comme moi, qui a toujours été végétarien et qui n'en connaît même pas le goût. Certains disent qu'on peut concilier végétarisme et régime LCHF, mais en réalité, c'est très difficile. Mon deuxième problème, c'est que la graisse ne me réussit pas. Quand je mange quelque chose de gras, j'ai généralement envie d'aller me coucher, pas d'aller courir.

J'en ai parlé un jour avec Scott Jurek, qui s'est montré assez catégorique :

– Ce n'est pas un régime sain à long terme. On peut obtenir des résultats au départ, parce qu'on élimine le sucre et les aliments transformés, mais des études ont montré que manger de telles quantités de viande n'est pas bon à long terme. Les gens sont toujours à la recherche d'une solution rapide, mais le véganisme a fait ses preuves dans le temps. Les glucides ne sont pas nos ennemis. Même ceux qui suivent le régime paléo en utilisent pendant les courses parce qu'ils en ont besoin. Le cerveau ne peut pas se passer de glucose.

Jason Koop, l'un des meilleurs entraîneurs d'ultra aux États-Unis, est encore plus cinglant :

– Ce truc LCHF ne vaut pas un clou. Depuis que j'exerce en tant qu'entraîneur professionnel, je l'ai vu émerger et disparaître trois fois. Il n'y a rien de neuf et, s'il disparaît, c'est parce qu'il existe des approches plus efficaces.

Si Scott Jurek a prouvé que des vegans peuvent gagner de grandes courses, d'autres ont toutefois démontré qu'on peut aussi y parvenir en mangeant principalement du gras. C'est le cas de Jeff Browning, qui s'est mis au régime LCHF en 2015 à l'âge de 44 ans et qui, quelques mois plus tard, a remporté le terrible Hurt 100 à Hawaï.

Il est absolument convaincu des bienfaits de son régime, comme il le dit dans une récente interview : « Je suis plus léger et plus rapide que jamais. Je me sens rajeuni de dix ans. Je gagne des courses et je bats des records toutes catégories confondues, alors que j'ai 44 ans. »

Elisabet m'explique avoir testé le régime LCHF à plusieurs reprises.

– J'ai même réessayé en janvier, quand j'ai commencé à me sentir fatiguée, dit-elle. J'ai suivi le test Maffetone des deux semaines, mais je me sentais très mal. Les gens disent qu'il faut du temps, mais je pense que mon corps n'est vraiment pas doué pour métaboliser les graisses. Ça me fait seulement grossir.

Dans le monde de l'ultra, la plupart des adeptes du régime LCHF sont des hommes, dit-elle, ajoutant qu'il réussit moins bien aux femmes. Après son passage au véganisme, elle s'est mise à manger davantage de glucides.

– Je sentais que j'avais plus d'énergie. Je peux désormais courir plus tôt après avoir mangé. Avant, j'étais trop fatiguée pour m'entraîner le soir. Maintenant, je peux le faire n'importe quand.

Je lui demande comment elle gère la douleur en course. Est-ce quelque chose qu'elle recherche ?

– Je déteste autant la douleur que le mauvais temps, répond-elle en éclatant de rire. Quand je souffre en course, je me dis toujours que ça pourrait être pire, que je pourrais être coincée à Londres derrière un bureau.

Je hoche la tête mais je ne suis pas sûr que cette idée me mènerait bien loin. Dans les moments les plus sombres, quand mes jambes me trahissent au beau milieu d'une ascension, je donnerais cher pour qu'on m'enferme dans un bureau londonien. Je me demande à nouveau si j'ai vraiment l'âme d'un coureur d'ultra.

– J'ai également appris que la douleur, ça va et ça vient, poursuit Elisabet. Je sais que ça va passer. Il vaut mieux ne pas lutter, la laisser vivre sa vie et ne pas y prêter attention pour la priver de ce qu'elle cherche. La douleur est vraiment demandeuse, comme un chien. Si tu l'ignores, elle te lâche.

* * *

Maintenant que j'ai mes points UTMB, je commence vraiment à prendre l'entraînement au sérieux. Je constate par ailleurs avec joie que, depuis la *Descente de la mort*, je suis beaucoup plus rapide dans cet exercice. Chaque fois que je vais courir dans le Dartmoor ou sur le chemin côtier, je réalise que j'en ai fini avec les appréhensions et les glissades qui me faisaient pester il n'y a pas si longtemps et je me délecte maintenant des descentes effrénées. Lâcher les chevaux est même ce que je préfère. Un jour sur la lande enneigée, je suis pris d'un fou rire après une longue glissade, comme si j'étais à ski.

Maintenant que je sais descendre, je décide de m'offrir un week-end de *fell running* dans le Lake District. C'est le berceau anglais de la course à pied. On le connaît dans le monde entier pour la rusticité de ses habitants, leur bonne humeur et leur pratique ancestrale de la discipline.

Comme je ne peux jamais faire les choses simplement, je rentre tard le vendredi soir au terme d'une longue journée de travail à Londres, puis je prends le volant à 3 heures du matin direction Cumbria après une courte nuit. J'y arrive à 8 heures du matin, une heure avant le départ de la Duddon Valley. C'est une classique des *fell races*, m'a-t-on dit. Il y a deux formules : une longue de 29 kilomètres et une courte de 14.

Je me gare dans un champ défoncé fermé par un mur de pierres et le type en gilet fluo qui m'y a guidé vient à ma rencontre.

– Y a pas le feu, dit-il. L'inscription se fait à la salle des fêtes, au bout de l'allée.

Il voit bien qu'il a affaire à un novice.

– Première fois ici ?

Je réponds que c'est ma toute première *fell race*.

– Eh ben, j'espère que tu fais la courte, alors ?

Je résiste à l'envie de lui dire que je viens de courir 160 kilomètres dans les Pyrénées. En tant que novice et parce que je veux faire une autre course demain, il se trouve que je suis effectivement inscrit à la version courte.

Une heure plus tard, me voilà devant une vague ligne tracée dans le champ avec quatre-vingts autres coureurs. Tout autour, les montagnes qui nous attendent sont nappées de brouillard. Le starter nous conseille de rester sur la droite dans la dernière descente, mais pour le reste, c'est à notre guise.

– Et il n'y a pas d'eau sur le parcours parce que l'agriculteur qui s'en occupe d'habitude est à un mariage, beugle-t-il dans son mégaphone, avant de réaliser qu'il n'en a pas besoin puisqu'il se tient juste devant nous.

– Bon... Prêts ?

Un coup de sifflet et nous voilà partis.

J'ai toujours su que le *fell running* consistait à grimper des pentes incroyablement raides et à les dévaler, mais j'ignorais l'importance de la lecture du terrain et de l'orientation, surtout un jour brumeux comme celui-ci. Alors que le peloton s'étire, je réalise qu'il n'y a pas de balisage et décide de suivre quelqu'un qui a l'air de savoir où il va. J'entends un gars dire que sa première participation remonte à 2007. C'est bon, je reste avec lui.

Sans cesser de courir, il vérifie constamment sa carte, qu'il tient devant lui, et nous progressons péniblement dans la brume, à flanc de montagne. Au bout d'un moment, je me demande si ça ne le dérange pas que je le suive. De temps en temps, je passe devant et j'y reste un moment puis je m'arrête pour le laisser reprendre les commandes en faisant semblant de vérifier ma carte – je ne sais même pas m'y situer. Pour finir, je choisis la franchise.

Je lui dis que c'est ma première *fell race*, que je le suis parce que je ne connais pas le chemin.

– Du moment que tu ne fais pas partie des plus de 50 ans... répond-il, sur un ton grincheux.

Heureusement, ce n'est pas mon cas – je n'en ai que 44. Je dis que c'est la faute de la brume. Il semble s'adoucir quand je lui promets de ne pas sprinter si nous finissons ensemble.

Le choix de la « ligne » sur les pentes escarpées pleines de rochers et de ravins est l'un des principaux enjeux des *fell races*. Suivre quelqu'un n'est pas vraiment dans l'esprit de ces courses.

C'est parfois problématique quand la victoire est en jeu.

– Ça arrive, me dit le gars. On connaît tous des gens qui le font.

J'ai l'impression que ce ne sont pas les coureurs les plus appréciés.

Pour ma part, je finis par le perdre de vue dans la brume et je continue péniblement mon chemin derrière de vagues silhouettes, tout en veillant à garder une distance respectable jusqu'à la dernière descente. Nous sortons alors des nuages pour revenir dans le champ d'où nous sommes partis 2 heures plus tôt. Je suis toujours en un seul morceau.

Le soir même, dans un pub du coin situé au bord d'un lac, Ben Abdelnoor, un coureur local, m'explique que le « suivisme » fait partie intégrante de la stratégie. Certains, dit-il, renouent leurs lacets pour contraindre celui qui les suit à passer devant, avant de changer de direction.

Le *fell runner* Ricky Lightfoot reconnaît avoir gagné récemment une course en devançant au sprint le coureur local qui lui ouvrait la voie.

– Ce n'est pas la meilleure façon de gagner, admet-il, mais est-ce que j'aurais mieux fait de sortir ma carte et de le laisser filer ?

Selon lui, le grand Joss Naylor, un *fell runner* de légende dont j'entendrai parler partout au cours de mon week-end dans le Lake District, choisissait parfois la trajectoire la plus périlleuse pour qu'on ne puisse pas le suivre ou se cachait derrière un rocher pour semer ses poursuivants. Colin Dulson, autre coureur local, l'a beaucoup fréquenté quand il courtisait sa fille, qu'il a fini par épouser.

– Parfois, quand je sortais pour aller déjeuner le dimanche, il me disait : « Si on allait courir avant ? » Et il m'emmenait faire 50 kilomètres dans les collines. Je finissais à moitié mort. Je crois qu'il me testait. Une fois, un type a vu Joss, ce vieux maigrichon, m'aider moi, un solide gaillard, à monter dans sa voiture. Il n'a pas compris ce qui se passait.

La connaissance du terrain est essentielle dans le *fell running*, ce qui favorise les coureurs locaux.

– Une partie du plaisir, explique Ben Abdelnoor – qui vit à Ambleside, au cœur du Lake District –, vient des reconnaissances et de la recherche des bonnes lignes. Il ne suffit pas d'arriver le jour J avec un fichier GPX et de suivre les indications de votre montre.

Le monde du *fell running* est en ébullition depuis la récente interdiction des GPS dans plusieurs épreuves. Pour Ben Abdelnoor, cette interdiction est nécessaire pour préserver l'authenticité de la discipline.

Pendant le week-end, je n'entendrai personne dire le contraire, mais Ricky Lightfoot juge les deux avis recevables, dans la mesure où le GPS rend les courses plus accessibles à ceux qui ne sont pas du coin.

– Il y a des courses en Écosse dont je ne peux absolument pas aller reconnaître le parcours, dit-il. Ce serait beaucoup plus facile si je pouvais le télécharger sur ma montre.

Ce n'est tout simplement pas l'esprit. Le *fell running* est fier de ses racines, de sa rusticité. Quand le paysan du coin est à la noce, il n'y a pas d'eau sur le parcours. Des gadgets sophistiqués tels le GPS avaient peu de chances d'y connaître le succès.

– L'inscription coûte trois livres, et à l'arrivée, on vous donne un jus d'orange ou une part de gâteau. Rien d'autre, poursuit Ricky Lightfoot.

– On n'y vient pas avec la tenue dernier cri, ajoute Abdelnoor. Si je me pointais avec une belle tenue, des bâtons et des manchons de compression, je me ferais lyncher.

Ici, on porte le débardeur du club, un short d'athlétisme et la banane pour y ranger la veste et les gants imperméables de rigueur. Tout le monde a l'air de se connaître, l'ambiance est chaleureuse et fraternelle, et les sourires sont aussi larges que les cuisses sont épaisses. Quand j'explique à un coureur local que j'ai prévu une autre épreuve demain, il me répond en opinant :

– Week-end de *fell running* classique…

Le lendemain, aux Coniston Gullies, je reconnais effectivement beaucoup de ceux que j'ai vus la veille. Cette épreuve-là, qui ne demande aucun effort d'orientation, correspond mieux à l'idée que je me faisais de la discipline. Il faut atteindre un sommet après 300 mètres d'ascension et repartir à fond en sens inverse. Le parcours fait à peine plus d'un mile. Ce sera un bon test de mes nouvelles facultés de descendeur.

Dans la montée, j'ai le nez au ras du sol et c'est tellement raide que je dois m'aider des mains, ce que font aussi tous ceux qui sont autour de moi. J'ai l'impression de déchirer – y compris mon cœur et mes jambes –, mais quand je fais demi-tour au sommet, je réalise que je suis presque le dernier.

La crête en contrebas me donne le tournis. « La vache ! », je me dis en me lançant comme un cabri dans la descente. J'espère doubler au moins quelques-uns des coureurs les plus âgés – il y en a pas mal qui ont la cinquantaine, voire la soixantaine – mais tous ceux qui sont devant moi disparaissent en un instant, dévalant l'éboulis à grandes enjambées et en dérapages plus ou moins contrôlés. Je finis à trois places de la lanterne rouge avec près de dix minutes de retard sur le vainqueur, alors qu'on a fait à peine plus d'un mile. Tout a été merveilleusement bordélique.

La veille, au pub, j'avais parlé à Ben Abdelnoor de mon expérience en France, où j'ai appris à descendre, en gardant de toute évidence une bonne marge de progression. Il m'a dit que ça lui rappelait un entraîneur de la région des lacs qui emmenait ses athlètes un par un dans la montagne, s'attachait à eux avec un tendeur puis descendait à tombeau ouvert, leur but étant de ne pas perdre l'équilibre. Il m'a raconté ça en rigolant, mais je pense que j'ai vécu quelque chose d'assez similaire. Le risque de se casser le cou les forçait probablement à se concentrer à tel point que quelque chose basculait dans leur esprit. Je n'ai pas encore atteint le niveau des *fell runners*, mais ça m'a certainement fait progresser moi aussi.

* * *

Damian Hall, un coureur qui en connaît un rayon sur la course du Mont-Blanc, n'habite pas très loin de chez moi. Quand j'ai entamé ma quête, il était pour moi une bonne source d'inspiration, d'abord parce qu'il est venu à l'ultra à l'approche de la quarantaine en tant que journaliste en mal de sujets. Il a alors découvert qu'il était doué pour ça. Nos temps étaient très proches sur des distances plus courtes et j'imaginais pouvoir devenir aussi fort que lui. Pour le moment, ce n'est pas tout à fait le cas.

Pour sa première participation à l'UTMB, il a fini en 26 heures (moi, il m'en a fallu 39 pour le 100 Miles Sud de France, dont la distance et la difficulté sont comparables). À la deuxième, en 2016, il est passé à 25 heures et a terminé en 19ᵉ position, ce qui était assez impressionnant pour un journaliste.

Puis, en 2017, avec l'un des plateaux les plus relevés de l'histoire de l'ultra trail, il a fini 12ᵉ en 22 heures. J'ai appris qu'il avait l'intention d'y revenir en 2018 avec une meilleure préparation et qu'il visait le top 10. C'était un objectif ambitieux, parce qu'au départ, il ne sera que 50ᵉ au classement des indices de performance, mais il connaît très bien la course. Afin d'obtenir quelques conseils, je me débrouille pour aller faire avec lui l'une de ses balades du vendredi matin, comme il appelle ses sorties de 6 heures dans les Brecon Beacons.

Comme il décolle de chez lui, dans les faubourgs de Bath, à 4 heures du matin, il me propose de le rejoindre la veille et de dormir sur son canapé. À mon arrivée, sa femme et ses enfants dorment déjà. Il parle doucement pour ne pas les réveiller tout en faisant mon lit. Je lui dis que j'ai un peu peur de ne pas pouvoir le suivre mais il me rassure.

– Tout ira bien, dit-il, comme si je n'avais aucune raison de m'en faire, comme s'il ne faisait pas partie de l'élite.

J'ai l'impression qu'il ne se considère toujours pas comme tel, mais qu'il se voit plutôt comme un amateur courageux auquel la chance sourit lors des grands rendez-vous. 12ᵉ à l'UTMB, c'est pourtant quelque chose. Je ferais mieux de dormir un peu.

* * *

J'entends son alarme sonner à l'étage et quelque chose tomber sur le plancher. Je me redresse aussitôt et m'assieds sur le bord du canapé, secouant la tête pour me réveiller. Damian descend les escaliers.

– Salut, lance-t-il sur un ton étonnement enjoué.

Il prépare du thé, me trouve une sous-couche de plus – « il a l'air de faire un peu frais dehors » – et nous voilà partis.

On roule deux heures pour arriver sur un parking désert au pied d'une énorme colline qui se perd dans les nuages. Nous grignotons quelques biscuits, des fruits secs puis démarrons tranquillement, sans forcer.

Nous passerons 6 heures à courir en bavardant dans les collines brumeuses. Au total, nous ferons 37 kilomètres pour 2 500 mètres de dénivelé positif. Une bonne sortie.

Damian a couru son premier ultra trail pour les besoins d'un article et il a tout de suite aimé ça. Je lui dis que j'ai hâte de faire à nouveau une course sur route quand tout ça sera terminé, ce qui le surprend.

– Tu me fais de la peine, dit-il, ne plaisantant qu'à moitié. Je ne connais personne qui soit revenu à la route après s'être mis au trail.

Je lui explique que j'aime les deux, que j'ai parfois envie de retrouver la sensation d'aller vite, sans sac, sans ravitaillement, sans montées et sans devoir marcher. Quatre heures après notre départ, trempés jusqu'aux os, nous arrivons sous une pluie battante au sommet d'une colline et je lui demande s'il court vraiment pour le plaisir ou pour réussir son UTMB.

Il m'observe comme si c'était une question piège, un coup fourré.

– Je crois que j'aime ça, dit-il, mais est-ce que je suis vraiment sincère ? Peut-être que j'essaie juste de m'en convaincre.

Nous repartons. Je tente à nouveau ma chance un peu plus tard :

– Qu'est-ce qui fait que tu y reviens sans cesse ? Qu'est-ce que tu aimes dans l'ultra ?

Sa réponse est aussi évasive. Sa femme trouve qu'il en parle comme un toxicomane, me dit-il. Ce n'est pas le premier *ultra runner* à me le dire. Nous arrivons au sommet du Pen-y-Fan, où notre regard se perd à nouveau dans les étendues brumeuses.

– Je crois que l'idée de passer pour un héros ne me déplaît pas, reprend-il après un silence. Les histoires de Robin des Bois ou du roi Arthur ont marqué mon enfance. Une fois adulte, j'ai aimé celles de Scott et de Shackleton. Ça peut paraître idiot, mais la scène que je préfère dans *Star Wars,* c'est celle où Luke se réfugie dans le ventre d'un animal pour ne pas mourir de froid dans le blizzard.

Je parle à Damian des hallucinations que j'ai eues en France, ce qui nous amène à comparer nos délires respectifs. Damian a entendu pas mal d'histoires d'hallucinations, mais sa préférée est celle du coureur irlandais Gary Dalton. C'était au Tor des Géants, un ultra trail de plus de 320 kilomètres dans les Alpes. Pendant la course, Gary s'est soudain pris pour le responsable du balisage et, convaincu que les fanions n'étaient pas à leur place, il s'est mis à les retirer. Il a fini par en avoir une pleine brassée, puis, sûr de son fait, a commencé à les replanter.

Avec toutes ces histoires, le temps passe vite et nous voilà bientôt de retour à la voiture. C'est la plus longue sortie que j'aie jamais faite. J'ai les jambes en compote, mais j'ai réussi à suivre l'un des meilleurs ultra trailers au monde – quoi qu'il en dise. Je commence à croire que je finirai peut-être par arriver à quelque chose. Il me reste deux courses avant l'UTMB. La première est un 70 kilomètres sur un chemin côtier du Dorset. Depuis que je me suis lancé là-dedans, c'est la première fois que je réduis la distance. Ce devrait être une promenade de santé.

* * *

La course commence au phare de Portland Bill, sur l'île de Portland, pas très loin de Weymouth, sur la Manche. Le soleil brille, et dès le coup de pistolet, je me place aux avant-postes. Je me sens bien. Je donne tout, façon Zach Miller. C'est peut-être un excès de confiance mais je ne peux pas m'empêcher de croire à une place dans les cinq premiers, voire à un podium. Même si je ne me le dis pas ouvertement, j'ai la conviction que c'est mon jour.

J'arrive au premier ravitaillement gonflé à bloc. Juste avant, je double un jeune gars qui m'a dépassé quelques kilomètres après le départ, alors que je grimpais une volée de marches taillées dans la falaise. Je remarque qu'il porte un sac à dos traditionnel, pas un modèle de course. Il ballotte tellement qu'il doit se cramponner aux bretelles. Il a l'air d'avoir chaud et court assez lentement.

– Ça va ? je lui demande.

– Plutôt cassant, non ? dit-il sur un ton indigné.

Je ne sais pas trop quoi dire. À part une grosse bosse au départ, le parcours a été plutôt roulant jusqu'ici. Les difficultés sont toutes devant nous et elles sont énormes.

Je suis à peu près sûr que ce gars-là ne finira pas la course. Dans presque tous les ultra trails que j'ai faits, j'ai vu des gens qui n'avaient rien à y faire. Je ne veux pas dire qu'ils étaient trop lents, mais qu'ils n'étaient manifestement pas prêts pour de telles distances. Ils sont mal équipés, ils partent comme pour un 10 000 mètres, ils ne savent pas qu'il faut s'alimenter, ils ne connaissent pas le parcours, ils ne savent pas qu'il y a des montées... Beaucoup d'ultra trailers débutants en passent probablement par là, comme ça m'est arrivé à Oman. Je ne m'étais pas du tout préparé à courir dans le sable, alors que je savais que c'était le désert.

Certains cas sont toutefois pires que le mien, comme cette concurrente du Marathon des Sables qui, pour six jours de course en autonomie alimentaire, n'avait rien d'autre que des bonbons Werther's Originals. La quantité de calories minimum est précisée dans le règlement et le compte y était, mais on ne peut pas tenir six jours dans le désert en mangeant des bonbons. Elle n'a d'ailleurs même pas fini la première étape.

Un autre coureur m'a raconté qu'il s'était inscrit à l'Amazon Jungle Marathon, une épreuve étalée sur sept jours, sans la moindre expérience de l'ultra. Il n'avait même jamais couru plus de 20 kilomètres.

– Pour le matériel, je me suis trompé sur toute la ligne. Mon sac à dos a rendu l'âme 20 mètres après le départ de la première étape.

J'avais tout faux aussi pour l'alimentation et mes vêtements étaient un pur scandale. J'ai abandonné après avoir miraculeusement bouclé quatre étapes. Je me sentais tellement mal au départ que ça me fait encore grincer des dents aujourd'hui.

Quand je lui ai demandé ce qui l'avait poussé à s'inscrire, il a éclaté de rire et m'a répondu :

– Ça m'a paru être une super idée quand j'ai découvert ça dans un magazine.

Retour dans le Dorset, où j'attaque les collines aussitôt après avoir rattrapé le jeune type avec son sac à dos de randonnée. Mes récents progrès en descente font merveille, mais mes cuisses chauffent encore en montée. Je suis toujours parfaitement dans le coup quand le deuxième ravitaillement se présente, à Lulworth Cove, après 32 kilomètres de course. J'y arrive en trombe au terme d'une descente taillée dans la roche crayeuse. Je fais rapidement le plein d'eau et m'apprête à repartir. Marietta me trouve en forme. On se voit au prochain ravitaillement, je lui dis. *Let's go* !

Le tracé passe ensuite sur une plage de galets. Ce n'est pas tout à fait ce à quoi je m'attendais. Au bout de la plage, quelques marches montent vers le haut de la falaise et, à mi-hauteur, j'ai une crampe à une jambe. Je m'étire et elle semble se dissiper mais c'est assez inquiétant pour les 40 kilomètres qui restent.

Soucieux, je ralentis un peu. Je me suis peut-être un peu enflammé, ce qui m'a fait aller trop vite. Il y a toujours des imprévus et je me raisonne en me disant que c'est inévitable. Cette fois, pourtant, ce sont des crampes et je ne peux pas courir avec des crampes. Je pourrais rester bloqué seul au bord d'une falaise. Ce serait irresponsable de continuer. Je décide donc d'abandonner au prochain ravitaillement. Il n'y a pas de points UTMB à prendre ici. Ce n'est qu'une course de préparation. J'approche des 30 kilomètres. C'est déjà une bonne séance d'entraînement.

Dans la dernière volée de marches menant au parking où se trouve le ravitaillement suivant, mon corps décide d'accepter le marché que je lui propose : les crampes reviennent en force. Aïe, aïe, aïe ! À l'agonie, je suis contraint de m'asseoir dans l'herbe.

Un couple vient à mon secours.

– Vous avez besoin de sel, dit le gars en m'offrant quelques chips.

Je les avale et le remercie.

– Vous avez des pastilles de sel ? demande sa femme.

– Non, je n'en ai pas.

Décidément, il me manque toujours quelque chose. Elle va à sa voiture et revient avec une boîte de pilules.

– Tenez, prenez-en une.

J'obéis sans discuter avant même d'avoir pu distinguer l'étiquette.

– Je les ai achetées dans une boutique spécialisée dans l'ultra, dit-elle. Je les ai toujours avec moi.

Sur le moment, je m'en contrefiche. La crampe disparaît et je me sens mieux. Je décide donc de continuer.

À une quinzaine de kilomètres de l'arrivée, après un portillon, le marquage du chemin côtier indique qu'il faut aller vers l'intérieur des terres. Il n'y a aucun autre coureur en vue. En l'absence de balisage, les organisateurs nous ont dit de suivre le marquage du chemin. Il n'y a aucune balise ici mais ça me paraît bizarre. Un autre coureur passe à son tour le portillon et s'engage sur le sentier qui longe la côte.

– Le marquage indique que c'est par là, je lui dis, en pointant le doigt vers une colline imposante.

Il s'arrête et revient sur ses pas. Nous restons là à observer le marquage.

– T'as raison, dit-il. Ça doit être de ce côté.

On repart ensemble en bavardant mais on arrive très vite à une route. Il n'y a plus le moindre marquage. Nous décidons de prendre à droite pour revenir vers la mer, mais ça ne le fait pas. Nous voilà perdus. Nos téléphones ne sont d'aucun secours. Arrivés dans un champ, nous cherchons une issue, mais la seule est celle par laquelle nous sommes arrivés. L'inquiétude commence à nous gagner.

Au bout d'un moment, nous finissons par atteindre une ville et suivons la promenade du front de mer. Il fait chaud et nous devons nous frayer un chemin parmi les touristes qui mangent gaiement leurs glaces. Nous avons raté un ravitaillement et je n'ai plus d'eau depuis une bonne demi-heure. Nous nous arrêtons dans un magasin pour acheter de quoi boire puis essayons de nous repérer sur la carte. Un autre coureur passe à ce moment-là et nous aperçoit assis par terre.

– L'arrivée est là-haut, dit-il en montrant la falaise, juste devant nous.

– Ah bon ?

Allons-y. Il ne reste qu'un mile mais ça me laisse le temps d'exploiter mes qualités de finisseur dans la dernière montée, où je gagne quelques places. Marietta est là. Elle me prend en photo sur la ligne d'arrivée. Je regarde ma montre. Selon elle, nous avons fait 72 kilomètres. Le compte est bon, malgré notre détour. Le gars qui s'est perdu avec moi arrive quelques minutes plus tard. Je l'applaudis mais il n'a pas l'air très content. Il va voir les officiels et commence à hausser le ton. Il dit qu'on a pris un raccourci, qu'il faut nous disqualifier. Bizarrement, ils n'en ont pas grand-chose à faire. Ils demandent à voir nos montres, constatent que la distance est la bonne et nous disent de ne pas nous en faire, mais mon compagnon n'en démord pas.

– Ce n'est pas juste, leur répète-t-il.

De mon côté, je ne la ramène pas trop. Ça ne me gêne pas qu'on nous disqualifie si l'on a pris un raccourci, mais je préférerais que ce ne soit pas le cas. Nous n'avons pas triché. Nous nous sommes juste égarés. Il se trouve que j'ai fini 5e, ce qui est assez gratifiant. Ce n'est pas une grande course et je l'ai faite en mode préparation mais, puisque les organisateurs sont d'accord, j'aime autant que le classement reste tel qu'il est.

Un peu plus tard, je me demande si mon attitude n'est pas un peu immorale. Mon compagnon aurait-il un sens plus aigu de la moralité, du bien et du mal, ou est-il trop pointilleux ?

Les organisateurs n'ont peut-être tout simplement pas voulu d'embêtements ou ne pas reconnaître une erreur de balisage. Il n'est pas impossible qu'en prenant par l'intérieur des terres, nous ayons échappé à quelques bosses bien raides. Peut-être que j'aurais dû être solidaire de mon ami et demander à être disqualifié ?

La question est intéressante, surtout quand on pense à ceux qui trichent ou se dopent et à l'idée que, s'ils trouvent une raison convaincante pour le justifier, la plupart des gens trichent. Ici, la justification était évidente : nous avions fait la bonne distance, à quelques centaines de mètres près, et je pouvais m'en tirer à bon compte parce que les organisateurs insistaient pour passer l'éponge, mais étais-je irréprochable ? Mon ami était plus en accord avec lui-même, plus respectueux du règlement. Je repense également à la pastille de sel que j'ai acceptée sans la moindre précaution de la part d'un parfait inconnu. Le fait est que j'avais des crampes, que j'avais besoin d'aide, mais les choses peuvent-elles être aussi simples ?

15

Dans ma quête perpétuelle du geste juste, j'entends régulièrement parler d'une thérapie par l'exercice appelée méthode Feldenkrais. Mes tendons d'Achille vont maintenant beaucoup mieux, mais ma technique n'est probablement toujours pas parfaite. Curieux de voir ce que cette méthode peut m'apporter, je prends rendez-vous pour une séance avec Jae Gruenke, une spécialiste de son application à la course à pied.

Je la rencontre à Covent Garden, dans le centre de Londres, par une journée ensoleillée. Elle commence par me faire courir dans la rue, devant la clinique où elle exerce. Après quelques accélérations sans forcer, je ne résiste pas à l'envie de lui dire que j'ai beaucoup travaillé ma technique, ce qui explique qu'elle soit assez au point, au cas où elle aurait du mal à repérer des défauts, mais elle m'adresse un regard entendu, comme pour me dire qu'elle en a vu un paquet.

Une fois à la clinique, elle me donne ce qu'elle appelle une *rolling lesson* : je suis couché sur le dos, genoux fléchis, et elle manipule doucement mes jambes d'un côté et de l'autre avec de légères variations. Une fois la séance terminée, nous retournons dans la rue où elle me fait faire une nouvelle série d'allers-retours en courant. Je dois admettre que les sensations sont très bonnes. Avant la première série, elle m'avait demandé d'être attentif au bruit que faisaient mes pieds. Je pensais qu'ils en faisaient très peu, mais ils n'en font plus du tout maintenant, comme s'ils effleuraient tout juste le sol. Comment un tel résultat est-il possible après des manipulations aussi minimes ?

Jae Gruenke explique qu'avec la méthode Feldenkrais, on ne résout pas les problèmes techniques en se contentant de dire aux gens de faire autrement, parce que le contrôle des mouvements s'effectue de façon inconsciente. Au fil de notre existence, dit-elle, on prend tous des habitudes pour réaliser les mouvements dont on a besoin de la manière la plus efficace et surtout la plus sûre. En essayant de changer brutalement, même pour un mouvement plus efficace, notre système nerveux, dont la priorité est de nous protéger, envoie des signaux d'alarme qui provoquent des tensions et nous contraignent à renoncer à ces changements. Si, par exemple, elle m'avait dit d'être plus léger sur mes appuis, toutes sortes de problèmes auraient pu se produire, parce que je n'aurais pas su comment m'y prendre, ou parce que ces changements auraient été gênants, voire douloureux. La séance Feldenkrais a permis à mon corps de découvrir des mouvements plus efficaces d'une manière sûre et confortable. Ayant pu constater que ce n'était pas dangereux, mon système nerveux a considéré qu'ils pouvaient être adoptés.

Jae Gruenke me dit que, pendant la séance, elle a travaillé sur le mouvement de mon bassin, qui ne bougeait pas de façon optimale. La légèreté de mes appuis n'est, selon elle, que le fruit d'une meilleure rotation du bassin.

– Vous n'atterrissez pas plus légèrement qu'avant. Le contact au sol est juste plus efficace.

Ce blocage du bassin, poursuit-elle, pouvait être dû à une blessure, mais c'était plus probablement la conséquence des nombreuses heures que je passe assis devant un ordinateur ou affalé sur un siège.

Quand je fais mes allers-retours après la séance, elle me conseille aussi de modifier légèrement le mouvement de mes bras, de laisser mes mains monter un peu plus haut. L'essai est concluant. Je me prendrais presque pour Eliud Kipchoge. Dans les semaines et les mois qui suivront, je continuerai à bouger les bras de cette façon, ce qui me paraîtra à la fois simple et naturel.

– Je ne vous aurais pas dit de le faire avant la séance, dit-elle. Si vous aviez essayé avant, ça vous aurait paru bizarre et vous auriez probablement renoncé au bout d'un moment, alors qu'après, tout votre corps bougeait différemment et le mouvement plus ample des bras était parfaitement adapté. Vous avez donc pu l'appliquer dès que je vous l'ai suggéré. C'était logique et agréable.

Avec la guérison de mes tendons d'Achille, mes mouvements de bras à la Kipchoge et toutes ces nouveautés, je vais voir quelques semaines plus tard un spécialiste de la biomécanique pour faire évaluer ma technique. J'ai rencontré Shane Benzie à l'auberge de jeunesse du Berkshire, lors du stage de l'équipe britannique de 24 heures. Il y a donné une conférence qui a enthousiasmé les coureurs. Shane a travaillé avec beaucoup de coureurs britanniques de haut niveau et il a très bonne réputation.

On se retrouve dans un parc de Londres. Il me colle des capteurs sur les jambes, installe son iPad pour me filmer et me fait courir en enregistrant toutes sortes de données, puis nous nous installons pour les examiner. L'iPad affiche tout un tas de chiffres et de schémas, mais la conclusion est que ma technique est plutôt au point. Il me filme aussi en descente et ce n'est pas mal non plus.

– Ton équilibre est mortel, dit-il, en soulignant l'équivalence du temps de contact au sol à gauche et à droite.

L'oscillation verticale et la cadence sont, elles aussi, parfaites et mes bras oscillent exactement comme il le souhaite. Quelques années plus tôt, je suis certain que le film aurait été catastrophique, mais les choses semblent être rentrées dans l'ordre. Tout n'est évidemment pas parfait et, en cherchant un peu, Shane Benzie trouve des choses à améliorer. Bien que ma pose de pied soit excellente, elle a lieu une fraction de seconde trop tard, dit-il, ce qui signifie que je perds un peu de vitesse à chaque appui.

Il me conseille de ramener mes jambes plus vite. Il me filme à nouveau et le résultat est concluant, mais ça me demande un effort à la fois physique et mental.

Je le quitte en me disant que je vais travailler ce point, mais l'effort de concentration que ça me demande m'inquiète un peu. Ce qui me plaît dans la méthode Feldenkrais et l'Anatomie en mouvement, c'est qu'elles proposent d'ajuster la gestuelle de façon plus instinctive, au niveau de mon système nerveux ou de mes fascias.

Essayer de changer les choses consciemment me semble moins efficace. Le mieux est sûrement de le garder à l'esprit et de le tester lors des sorties faciles, sans chercher à changer à tout prix, de façon à ce que le mouvement devienne peu à peu naturel et inconscient. Comme le dit Jae Gruenke, il faut que mon corps comprenne que les changements ne sont pas dangereux. Mon gouverneur central n'est pas seulement surprotecteur et oublieux, il est aussi sensible.

* * *

Ma quête ne m'a pas encore amené à faire l'expérience des grands ramdams de l'Ultra Trail World Tour, le circuit qui culmine chaque année avec l'UTMB. Jusqu'à présent, j'ai appris patiemment dans des épreuves de moindre importance, où on dort dans les gymnases et qui s'achèvent dans des champs, sous des arches gonflables, mais maintenant, je suis prêt à me lancer dans le grand bain, en commençant par le Lavaredo Ultra Trail, au cœur des Dolomites italiennes.

Pendant la semaine qui précède la course, Cortina grouille d'hommes et de femmes filiformes et tatoués, portant casquette de baseball, mini sac à dos et collant de course à pied. J'y croise même un couple avec des tatouages assortis au dos de leurs bras : « Test » sur l'un, « Life » sur l'autre.

Marietta, qui ne se sent pas vraiment à sa place, va travailler un peu dans un café pendant que je m'imprègne de l'ambiance. Je repère Paddy O'Leary, que j'ai rencontré à Cardiac Hill, au 50e kilomètre de la Miwok 100K. Il me dit qu'il se rend sur la place principale pour la présentation des membres de l'élite, dont il fait partie. Il doit jouer des coudes dans la foule pour arriver à la scène, où les coureurs viennent saluer un par un, tout sourire, avant d'aller serrer chaleureusement la main des autres favoris. Je me trouve un coin tranquille sur le côté. Soudain, je reconnais une voix et me retourne. C'est Zach Miller.

Il sort une carotte d'un sac en plastique et la tend à la jeune femme à ses côtés, qui la croque telle quelle. C'est Hillary Allen, son ex… ou son ex-ex.

– On voit comment ça se passe, me dira-t-il plus tard, quand je lui poserai la question.

Zach et Hillary font tous les deux la « petite » course, ici, à Cortina. C'est un « sprint » de 50 kilomètres, alors que la mienne, la principale, en fait 120. Zach vient de participer aux championnats du monde de trail et, fidèle à lui-même, il a mené presque toute la course avant d'exploser sur la fin. Il est encore trop tôt pour qu'il se lance dans un autre gros morceau. Hillary, elle, est déjà bien contente d'être en état de courir.

Trois mois après notre rencontre à Boulder, elle est allée participer à la Tromsø Sky Race en Norvège. Elle était en tête des Sky Race World Series et un bon résultat lui aurait assuré le titre mondial. Le parcours est extrêmement technique et elle a chuté sur une arête exposée lorsqu'un rocher a basculé sous ses pieds.

– J'ai senti mes os se briser. J'avais l'impression qu'on me donnait des coups de pied dans la poitrine, dit-elle.

Elle s'est cassé les deux poignets, trois côtes, des vertèbres et un os du pied, s'est foulé les deux chevilles et a eu besoin de multiples points de suture, notamment à la tête. Elle n'a pas pu marcher pendant plusieurs mois, mais moins d'un an après son accident, elle était à nouveau au départ d'une grande sky race de 53 kilomètres, en Californie. C'était il y a une semaine.

Je lui demande ce que ça lui a fait de prendre à nouveau un départ, alors que les médecins lui avaient dit moins d'un an plus tôt qu'elle ne pourrait plus courir.

– J'étais super nerveuse, dit-elle. À la fois excitée et extrêmement angoissée. Je me disais qu'il fallait juste essayer, que le résultat n'avait pas d'importance.

Elle a finalement pris la 6e place.

Depuis des mois, elle se sentait déprimée. Sans la course, elle était privée d'une partie d'elle-même.

– J'étais comme une coquille vide, mais ça m'a permis de réaliser à nouveau à quel point j'aime la course à pied et tout ce que ça m'apporte.

Pendant sa convalescence, Hillary a tenu un blog intitulé *Qui suis-je si je ne cours pas ?* Très relayé sur les réseaux sociaux, il a fait réfléchir beaucoup d'*ultra runners*.

« Depuis que je ne cours plus, j'ai l'impression d'avoir perdu mon identité, y a-t-elle écrit. J'essaie désespérément [...] de me convaincre que ce vide serait comblé si je pouvais le faire à nouveau.

La conséquence la plus importante de ce processus de reconstruction, c'est que je ne me vois plus à travers un seul prisme. J'ai conscience que je ne suis pas seulement la fille en short et en baskets aux couleurs vives, mais quelqu'un de plus accompli et plus complexe. »

Pour beaucoup, l'ultra trail finit par prendre une telle place qu'ils ne s'imaginent pas vivre sans. C'était tellement important pour Dave Mackey, le coureur amputé d'une jambe que j'ai rencontré dans le Colorado, qu'il a lui-même demandé au médecin de la lui couper[20]. Difficile de résister à l'appel des sentiers, mais comme le dit Hillary, la vie ne peut pas se résumer à cette seule activité.

Sa reconstruction a été suivie de près dans le monde de l'ultra et c'est formidable de la voir à nouveau en forme. En fin de compte, Hillary et Zach gagneront tous deux leur trail italien de 50 kilomètres, malgré le niveau très élevé. Hillary est une véritable star de la discipline. Son portrait est partout sur les murs et dans les vitrines de Cortina.

Une fois la cérémonie terminée, de nombreux favoris viennent les saluer, elle et Zach. Au milieu de tout ce beau monde, je me sens un peu gêné... et aussi un peu en surpoids. Il y a notamment Clare Gallagher, que j'ai manquée à Boulder. Je lui dis bonjour en précisant qu'on s'est parlé par e-mail, que je suis le gars qui écrit un livre.

– Ah ouais ! fait-elle. Il faut parler de l'environnement. C'est le problème numéro 1 de ce sport.

---

20. En août 2018, Dave Mackey a couru les 100 miles du Leadville Trail en un peu plus de 24 heures (NdA).

Clare est une ardente militante, convaincue que les coureurs qui passent leur temps dans la nature doivent être les fers de lance de la campagne pour sa protection.

– On a tendance à penser que les sentiers sont à nous, qu'ils seront toujours préservés, qu'ils ne seront jamais vendus à des compagnies minières, dit-elle, mais ces menaces sont bien réelles et elles se concrétisent en ce moment même en Amérique. On ne peut pas continuer à courir en se voilant la face, sans rien faire pour régler le problème.

Avec toutes les stars qui gravitent par ici, pas étonnant qu'une femme se présente, un t-shirt et un stylo à la main, pour demander un autographe.

– Excusez-moi, dit-elle. Lequel d'entre vous est Zach Miller ?

Tout le monde se tait et se retourne. On lui désigne l'intéressé. Elle sourit.

– Vous voulez bien signer mon t-shirt ?

* * *

La ville est pleine de stars, mais l'une d'elles m'intéresse plus que les autres. Je veux la rencontrer depuis longtemps. Je ne peux pas laisser passer l'occasion. Via son sponsor, je réussis à mettre la main sur son agent, qui organise une interview à son hôtel. Une heure plus tard, je suis assis dans le hall d'entrée. Je peux la voir, au fond du restaurant désert, répondre à un autre journaliste. Je suis le prochain sur la liste, mais elle est bavarde et ne lâche plus mon confrère. Elle veut même faire un selfie avec lui. Au bout d'un moment, son agent va lui expliquer que j'attends mon tour. Ils semblent si bien s'entendre que c'est gênant.

Je m'assieds et elle me sourit comme si j'étais son meilleur ami qu'elle aurait perdu de vue depuis longtemps.

– Salut, dit-elle, radieuse.

Mira Rai est une ancienne enfant-soldat népalaise, qui s'est enfuie de chez elle pour aller s'enrôler dans la guérilla maoïste.

– Je voulais faire quelque chose pour aider ma famille, m'explique-t-elle avec une telle ferveur, une telle sincérité, qu'on pourrait croire que tout ça s'est produit hier.

Elle a sans doute raconté cette histoire mille fois mais sa douleur est toujours vive.

– Au village, c'était très difficile de s'en sortir – pas assez à manger, pas d'argent pour aller à l'école.

Elle a dû arrêter les cours à 12 ans pour travailler et portait de lourds sacs de riz sur des kilomètres de sentiers difficiles pour les amener au marché local. À 14 ans, elle a donc décidé de s'enfuir.

– Maman était très triste quand je suis partie, dit-elle. Elle a envoyé mon père me chercher mais il ne m'a pas trouvée.

La guerre s'est achevée en 2006. Mira voulait rester dans l'armée mais l'accord de paix conclu sous l'égide de l'Onu le lui interdisait à cause de son jeune âge. Elle est donc retournée dans son village. Incapable de se réadapter à cette vie-là, elle est allée s'installer à Katmandou avec le moniteur de karaté de son camp d'entraînement maoïste. Elle allait souvent courir et, un jour, elle est tombée sur d'autres coureurs qu'elle a accompagnés. Ils l'ont invitée à participer le week-end suivant à une course de 50 kilomètres.

– Je ne savais pas que c'était une course. Ils m'ont dit que c'était juste un entraînement. Tout le monde avait un sac à dos, de l'eau et un tas de trucs. Moi, j'y suis allée comme ça... sans rien, juste un short, un t-shirt et une paire de baskets trouées, mais j'ai pris le départ et j'ai gagné.

Cette victoire lui a valu 7 000 roupies, soit une cinquantaine d'euros, et une paire de chaussures Salomon.

– J'étais folle de ces chaussures. Elles étaient trop grandes mais je m'en fichais.

Elle était tellement contente, dit Richard Bull, l'organisateur de la course, qu'il a décidé de l'inviter un mois plus tard à la Mustang Trail Race, une autre épreuve népalaise de 180 kilomètres, qu'elle a également gagnée.

– Et l'Europe, je peux y aller, M'sieur ? lui a-t-elle demandé.

Richard Bull ne savait pas vraiment ce qu'elle valait, mais il l'a aidée à trouver l'argent nécessaire pour aller faire deux courses, en Italie et en France.

– J'étais inquiet pour elle, parce que son anglais était assez limité, dit-il.

Il l'a mise en relation avec une Italienne qui lui a fourni l'équipement et lui a expliqué comment s'alimenter, comment gérer les ravitaillements et Mira a remporté les deux courses.

– C'était phénoménal, fabuleux ! Je peux te dire que j'en avais les larmes aux yeux.

Le monde de l'ultra a été captivé par l'histoire de Mira et Salomon l'a sponsorisée. Un an plus tard, elle a fait l'objet d'un documentaire primé, intitulé tout simplement *Mira*, et en 2017, le *National Geographic* l'a désignée Aventurière de l'année.

– J'ai tellement de chance, dit-elle.

Elle le répète une vingtaine de fois pendant notre courte interview, en évoquant ceux qui l'ont aidée, qui ont financé ses premières courses et lui ont permis de s'organiser.

C'est maintenant une star dans son pays.

– Ouais, tout le monde me reconnaît, dit-elle, les yeux écarquillés, comme si elle n'y croyait toujours pas. Au Népal, personne ne disait jamais aux enfants de faire du sport. On disait plutôt : « On ne gagne pas sa vie comme ça », alors que maintenant, on dit : « Fais comme Mira », mais c'est difficile. Il n'y a pas encore assez d'argent dans le trail.

Mira vit et travaille avec de jeunes coureurs, surtout des filles, à Katmandou. Elle les aide à participer à des courses à l'étranger. Elle organise également quelques trails au Népal.

– J'ai un programme qui permet aux filles de s'entraîner et d'apprendre l'anglais, de leur donner une chance, dit-elle. Beaucoup de coureuses sont très fortes mais on ne leur donne jamais leur chance.

Peut-être a-t-elle des conseils à me donner pour la course que je m'apprête à faire ici, en Italie. Je lui explique que, quand je cours, je finis toujours par me dire à un moment ou à un autre que je ferais mieux d'arrêter, d'abandonner. Je lui demande si c'est la même chose pour elle.

– Non ! dit-elle en s'esclaffant. J'aime vraiment ça, bouger, continuer à avancer. Je m'éclate !

Je lui dis que c'est souvent le cas quand je regarde ma montre et qu'elle m'indique qu'il reste encore un long chemin à parcourir.

– Oh non ! fait-elle, pleine de compassion. Il ne faut pas la regarder. Il faut juste courir. Ne te demande pas pourquoi tu cours. Il faut juste te dire : « Vas-y ! » ou : « Quelle chance j'ai de pouvoir courir ! »

Ce ne sera sans doute pas facile à appliquer mais l'idée me plaît. Je la laisse préparer sa course et rentre à mon hôtel en gardant ses conseils dans un coin de ma tête. Il se pourrait bien qu'ils soient utiles, quand je serai dans la montagne, une fois la course lancée.

* * *

Une semaine avant de prendre l'avion pour l'Italie, j'ai vu un collègue journaliste à Londres qui est aussi coureur d'ultra. Kieran Alger a participé deux fois au Lavaredo, mais n'est jamais allé au bout. Je me disais qu'il pouvait peut-être m'éviter quelques déconvenues.

– Ne t'emballe pas après la première montée, m'a-t-il dit en souriant. Je pensais que c'était un gros morceau, mais ce n'est pas le cas.

Le gros morceau se trouve, selon lui, aux alentours du 90e kilomètre et il n'est jamais allé plus loin.

– Je me souviens que j'étais assis sur un rocher, à mi-pente, la tête entre les mains, complètement vidé. Je souriais aux gens qui passaient, mais j'étais totalement cuit.

Ça ne l'empêche pas de vouloir à tout prix tenter sa chance une troisième fois.

– Je pense que j'aime souffrir, m'a-t-il avoué. Je suis vraiment jaloux de toi. C'est tellement gratifiant de se dire qu'on est allé aussi loin.

Il m'a promis une pinte si je finis en moins de 24 heures. J'aime bien me fixer un objectif arbitraire. Celui-là fera l'affaire.

Mon objectif sera donc de terminer en 24 heures.

* * *

Il est 22 heures et je suis sur la place principale de Cortina, une heure avant le départ. Il est tard mais il y a foule. Outre les mille six cents coureurs, toute la ville est de sortie. La musique est à fond, les gens dansent aux balcons. Dans l'aire de départ d'une course sur route, quand je me fraye un chemin vers la ligne, j'ai souvent l'impression de faire partie des rares clients sérieux. Ici, tout le monde a l'air en forme, déterminé, et dans les regards, quelque chose dit qu'ils en ont vu d'autres. Il est encore tôt et, plutôt que d'essayer d'aller me mettre aux avant-postes, je m'assieds sur un banc, un peu à l'écart. Mieux vaut que je parte à l'arrière du peloton. Ça m'évitera de me prendre pour un coureur de l'élite, de faire comme ces chevaux sans jockey qui se croient encore en course et ne comprennent rien.

Partout, les gens filment, font des directs, tweetent. Oui, à ce stade, les réseaux sociaux sont importants. On veut se montrer. Mais plus tard, beaucoup plus tard, il y aura moins de directs, moins de tweets. C'est drôle que l'essor de ce sport soit au moins en partie dû à l'ego, au désir d'impressionner, parce qu'il n'y en a pas beaucoup d'autres qui le détruisent à ce point.

Plus tard, aux alentours du 90ᵉ kilomètre, à mi-hauteur de l'ascension dont Kieran m'a parlé, je rattraperai un jeune type de moins de 30 ans. Il a tout de l'ultra trailer – la barbe drue, les cheveux longs, des tatouages plein les jambes, la musculature à la fois fine et saillante – mais le cœur n'y est plus. Il marche lentement, l'air abattu... C'est le désespoir incarné. Le soleil cogne et il lui reste 30 kilomètres terriblement durs. J'ignore si c'est parce que je le dépasse un peu vite, parce que j'ai l'air un peu trop vieux, moi, l'écrivain empâté et bien coiffé, mais toujours est-il qu'il en jette ses bâtons et s'assied, dépité. Aucun *kudos*, aucun pouce bleu ne le remotivera maintenant. Pour aller au bout – j'ignore s'il le fera ou pas –, il va devoir puiser très profond. Quand tout s'écroule, qu'on est au trente-sixième dessous, il faut une bonne raison de continuer à avancer. Ce peut être l'amour ou la peine, mais ce doit être bien réel. Les likes Facebook ne sont d'aucune utilité.

Au départ, en revanche, des milliers de téléphones tendus à bout de bras brillent dans le ciel nocturne alors que retentit *The Ecstasy of Gold*, l'hymne de la course. Soudain, c'est le signal et, dans le vacarme des encouragements, des cloches de vache et des sifflets, nous quittons la ville pour nous enfoncer dans l'obscurité.

Nous sommes tellement nombreux et le sentier est si étroit que je dois souvent marcher, voire m'arrêter. En montée comme en descente, on avance silencieusement en file indienne, comme des condamnés qu'on mène à l'échafaud. Ce silence est étonnant, surtout dans un pays où les gens aiment tellement parler, mais c'est un voyage intérieur. Chacun plonge en lui-même à la recherche de son moi véritable. Le silence est nécessaire.

Le jour se lève, révélant d'immenses éboulis, et le peloton commence à s'étirer. L'ambiance se fait moins pesante. Je me délecte de la beauté du monde. Comme me l'a conseillé Mira Rai, je songe à la chance que j'ai d'être là.

Petit à petit, une routine s'installe : ne pas perdre de place en montée – je marche à la moindre pente, comme tout le monde autour de moi – et en gagner en descente. Le terrain est comparable à celui des Pyrénées, mais cette fois, c'est moi qui double tout le monde.

Je suis aussi discret qu'un yack au galop et les gens s'écartent en m'entendant arriver. Ils doivent se dire que c'est un dingue du coin mais c'est bien moi. Tout paraît si facile. Des petits pas rapides et agiles… Me revoilà dans la *Descente de la mort*.

Pour essayer de rester dans l'instant, je n'ai pas démarré ma montre et ça ne marche pas trop mal. Un pas après l'autre. Ne pas se projeter plus loin que le prochain ravitaillement. Bien sûr, je ne suis pas un maître zen et je n'échappe pas au doute, quand une crise commence à se profiler. Dans la toute première descente, une très vive douleur se déclare dans un de mes genoux. Je sais qu'elle n'est pas réelle, mais elle en a tout l'air et, pendant un instant, je me dis que c'est terminé pour moi. Puis elle migre vers le talon et je réalise que c'est mon esprit qui me joue des tours. Je ne suis pas dupe. Il va falloir trouver autre chose.

Globalement, il n'y a cette fois pas de moments de détresse. Enfin, un ultra qui ne m'amène pas au bord du gouffre pour m'y pousser d'un coup de pied. Le temps n'existe plus. Je vis dans le mouvement perpétuel.

Au bout d'un moment, je me rends compte que je peux finir avant la nuit, la redoutable deuxième nuit, ce qui me galvanise. Je passe la vitesse supérieure. Je m'attends à souffrir en descente, à ce que mes quadris se mettent à couiner, mais ce ne sera jamais le cas. En vérifiant mon classement à chaque ravitaillement, je réaliserai plus tard que je gagne une centaine de places à chaque grande descente. Entre le premier et le dernier, je passe de la 900e à la 366e. Je sais très bien ce qu'endurent ceux que je vois assis par terre, la tête entre les mains, mais pour moi, tout se passe sans encombre. Je sais que le moindre faux pas, la moindre faiblesse, peut tout faire capoter. Je dois rester concentré pour échapper à la catastrophe. Et, pour une fois, j'y parviens. Je tiens le coup. Malgré les 110 bornes que j'ai dans les jambes, ma foulée reste fluide dans la dernière descente qui fait 10 kilomètres. Je vois bien que certains m'en veulent quand je les dépasse, qu'ils pensent que je cherche à frimer. « Comment peut-il encore être aussi frais ? » se demandent-ils. Je suis aussi surpris qu'eux.

Après 21 heures de course, me revoilà à Cortina. Il fait encore jour et il y a toujours foule, les enfants me tapent dans la main, je passe la ligne en trombe et tombe dans les bras d'une Marietta radieuse, tout mon corps vibrant de la satisfaction de l'avoir fait, d'être revenu entier sans avoir eu besoin de me faire mal, de me détruire. Ça commence enfin à rentrer. Courir dans la montagne pendant des heures n'est plus un problème. Je suis en train de devenir un ultra terrestre.

Je ne dois toutefois pas me bercer d'illusions. Hayden Hawks, le vainqueur, a fini 9 heures avant moi. Je ne comprends pas comment c'est possible...

Interrogé à son arrivée, sur la place principale de Cortina, il a dit que les 30 premiers kilomètres avaient été horribles.

– Je me disais : « Argh ! Je ne suis pas dans un bon jour », mais ça a été une bonne leçon. Il ne faut jamais rien lâcher. Si tu te sens mal, si tu as l'impression que tu n'y arriveras pas, n'abandonne pas. Tout peut encore changer.

Quel que soit le niveau, on dirait bien que ces courses ne sont faciles pour personne, mais c'est leur dimension épique, le défi qu'elles représentent, la nécessité d'aller puiser au plus profond qui les rend tellement incomparables.

16

Dans le monde de l'ultra trail, il existe un domaine à part, distinct de celui des courses, qu'on appelle les *Fastest Known Times*, ou FKT. Il n'y a ni règlement, ni interdits. Il n'est pas nécessaire de s'inscrire ni de se présenter à une heure ou un jour précis. Pas besoin non plus d'accumuler des points ni de payer quoi que ce soit pour se mesurer à des centaines, voire des milliers d'autres coureurs. Dans un FKT, le monde entier – ou plutôt le sentier – vous appartient. Vous commencez quand vous voulez, vous êtes seul et libre dans la nature. C'est l'esprit *Into the Wild* des débuts du trail : vous face aux montagnes, au désert ou à ce que vous voulez. Ou plutôt, c'était comme ça.

« Les FKT avec leur côté livré-à-soi-même, vaguement subversif et *underground*, sont ce qui m'attire le plus », écrivait l'Américain Anton Krupicka sur son blog en 2011. C'est une façon très primitive et libérée des contraintes d'aller se tester en montagne.

En 2005, les coureurs d'ultra Peter Bakwin et Buzz Burrell ont créé le site fastestknowntime.com (FKT), qui a popularisé le terme. Tout un univers s'est développé depuis aux États-Unis, où des gens s'attaquent chaque année aux records de vitesse établis sur des sentiers mythiques tels que le John Muir Trail, qui traverse la Sierra Nevada, en Californie, sur 358 kilomètres, ou le gigantesque Appalachian Trail, qui en fait 3 500.

Ceux qui revendiquent des records ou disent en avoir établis sur de nouveaux itinéraires doivent en fournir la preuve, mais l'appellation *fastest known time* exprime bien le caractère officieux et désinvolte de l'exercice. Rien ne dit que quelqu'un ne soit pas allé plus vite.

Sur le site FKT, il est toutefois recommandé de respecter quelques règles, qui le sont généralement. On peut y lire : « Pour les itinéraires réputés, qui font l'objet d'une attention particulière, veuillez annoncer votre projet à l'avance et fournir le lien vers le suivi en temps réel [...], des photos et un carnet de voyage immédiatement après la tentative. » Ce sont les procédures habituelles.

– Respecter ces règles ne prouve pas que vous ayez accompli quoi que ce soit. Ça permet juste d'être crédible, dit Peter Bakwin.

Les records sur de longs parcours naturels ne datent évidemment pas de 2005. Le Bob Graham Round, dans le Lake District anglais, qui est l'un des FKT les plus célèbres, existait par exemple bien avant l'apparition du terme. L'itinéraire, devenu depuis le Graal du *fell running* britannique, a été inauguré en 1932 par l'hôtelier Bob Graham, qui a relié quarante-deux sommets de la région en parcourant 106 kilomètres en moins de 24 heures. En 1982, le légendaire Billy Bland a établi sur le même parcours un record quasi imbattable de 13 h 53.

Quand j'étais dans le Lake District, j'ai demandé aux *fell runners* Ben Abdelnoor et Colin Dulson s'ils pensaient que quelqu'un pouvait améliorer ce record vieux de trente-cinq ans, malgré plusieurs milliers de tentatives. Kilian Jornet disait qu'il essaierait peut-être. Beaucoup de grands coureurs d'ultra, comme Scott Jurek, avaient tenté leur chance, mais aucun ne s'en était approché.

– Ça m'énerve quand les gens se pointent et disent : « Tiens, si j'allais battre le record du Bob Graham », s'indigne Ben. C'est un manque de respect.

Comme la plupart des *fell runners*, il a lui-même tenté sa chance et a bouclé le parcours en 18 heures. Ricky Lightfoot, le héros local, est considéré comme un prétendant sérieux. Pour le moment, il n'a essayé qu'une fois. C'était en plein hiver, et non seulement les conditions météo étaient exécrables, mais il était la plupart du temps dans l'obscurité.

– Je pensais qu'en essayant d'abord en hiver, une tentative en été me paraîtrait ensuite plus facile, me dit-il. C'est une drôle de façon de voir les choses, mais c'est comme ça que je fonctionne.

Il a mis 21 heures.

– Jusqu'à une date récente, les gens pensaient qu'il était impossible de battre le record de Billy, explique Colin Dulson. Mais, l'année dernière, Rob Jebb a fait le parcours en 14 heures et Jasmin Paris a pulvérisé le record féminin, en l'amenant à 15 heures.

– Ouais, les gens se sont mis à croire que c'était possible, confirme Ben Abdelnoor.

Le fait est qu'ils n'avaient pas tort. Un mois avant l'UTMB 2018, Kilian Jornet se pointe dans le Lake District pour une tentative-surprise. Les médias n'ont pas été prévenus pour qu'il n'y ait pas trop de monde sur le parcours, mais il a recruté des *pacers* locaux chargés de se relayer pour lui ouvrir la voie, ce qui se fait habituellement. Il n'a qu'à les suivre.

Dès sa première tentative, la superstar catalane bat le record de plus d'une heure. À son arrivée au Moot Hall, après 12 h 52 de course, il est acclamé par une foule immense. Billy Bland lui-même est présent. Après avoir touché comme il se doit la porte de l'édifice historique, Kilian Jornet s'assied pour discuter avec lui sur le perron et pour célébrer l'événement avec quelques lampées de champagne. Kilian Jornet ajoute ainsi, en toute simplicité, un nouveau chapitre à son incroyable histoire. *Impossible* ne fait visiblement pas partie de son vocabulaire.

* * *

Pour grappiller quelques miettes du prestige des FKT, je m'arrange pour m'associer à une tentative de record organisée par le magazine *Runner's World* sur un parcours passant par le point culminant de chacun des quartiers de Londres. L'idée n'est pas vraiment d'accomplir un exploit mais de s'amuser, d'autant qu'une vingtaine de coureurs doivent se relayer. Les points culminants sont évidemment ridicules et correspondent tellement peu à ce que suggère le terme que le mieux qu'on puisse faire (pour essayer d'y croire ?), c'est de se photographier l'air épuisé et à bout de souffle en train de planter un drapeau imaginaire sur un dos-d'âne. Le moins élevé de tous, qui se trouve à Tower

Hamlets, n'est qu'à 16 mètres d'altitude. Les FKT sont à la mode : on dirait qu'ils inspirent même des parodies.

Malgré le côté *fun* du projet, il faut quand même un certain professionnalisme pour faire en sorte que tout le monde soit au bon endroit au bon moment. D'excellents coureurs sont aussi de la partie. Il y a notamment Damian Hall, qui vient d'établir un FKT sur le South West Coast Path d'Angleterre, un parcours de 1 000 kilomètres avec l'équivalent en dénivelé de trois ascensions de l'Everest, qu'il a accompli en dix jours seulement.

Au total, le London Round fait 241 kilomètres et, comme dans le cas du Bob Graham Round, l'objectif est de l'accomplir en moins de 24 heures. Je dois une fois de plus me lever aux aurores pour aller retrouver ma collègue Kate Carter, avec laquelle je fais équipe, à 3 heures du matin au cœur du parc de Wimbledon Common, où nous poireautons comme deux idiots en attendant qu'on nous passe le témoin. Sommes-nous au bon endroit ? Difficile à dire. On en est encore à comparer nos positions sur Google Maps lorsqu'un cri retentit dans l'obscurité :

– Hello ! Vous êtes là ?

Respecter le tableau de marche ne semble pas très difficile, mais aussitôt récupéré le sac avec la balise, on file dans les rues endormies de Londres et sur des quatre-voies désertes, et on se prend malgré nous un peu au sérieux. Le fait d'appartenir à une équipe nous met un peu sous pression pour atteindre le point culminant de Richmond Park sans nous perdre. Kate connaît les lieux mieux que moi. Je me contente donc de la suivre. On court environ une heure avant de remettre la balise aux relayeurs suivants en prenant des poses farfelues devant l'objectif d'un photographe sorti de nulle part.

Bon, ce n'est pas le plus impressionnant des FKT, mais c'est un nouvel itinéraire que les gens pourront répéter en essayant d'établir leur propre record. Notre fine équipe de pionniers, qui vient d'inventer la version urbaine et collective d'un truc imaginé pour se fondre dans la nature et l'affronter seul, se retrouve le soir même au pub pour en rire autour de quelques pintes. Je me demande ce qu'Anton Krupicka en penserait.

La deuxième tentative de record dans laquelle je me retrouve impliqué est plus en accord avec l'esprit originel des FKT. Elle se déroule en Écosse, quelques jours après ma sortie de six heures avec Damian Hall dans les Brecon Beacons. Govinda, mon frère montagnard, s'est mis en tête d'améliorer un FKT qu'il juge accessible, dans les Galloway Hills. C'est un parcours de 72 kilomètres baptisé Ring of Fire[21] et il a besoin d'une assistance.

Govinda n'a encore jamais dépassé la distance du marathon. Le projet est donc assez ambitieux, mais il a reconnu plusieurs portions de l'itinéraire techniquement difficile, plein de collines gorgées d'eau, où les sentiers sont souvent inexistants, où le sol peut se dérober à tout moment sous vos pieds et où tout se ressemble, ce qui ne facilite pas l'orientation. Mon rôle sera de faire les premiers kilomètres avec lui et de le retrouver plus tard pour les 15 derniers, qui sont les plus piégeux. Le problème, c'est que mes quadris ne sont pas encore remis de ma sortie avec Damian. La veille du jour J, j'ai encore du mal à monter et à descendre les escaliers de la maison mais, pour lui épargner un surcroît d'anxiété, je ne lui en dis pas un mot.

Nous nous mettons donc en route à l'aube, comme prévu, après avoir pris une photo et noté l'heure exacte. Dans l'après-midi, je vais l'attendre au bord d'un lac avec nos femmes et nos enfants. C'est une journée étouffante. Le ciel d'un bleu radieux se reflète dans l'eau, où les enfants s'ébrouent joyeusement. Tout ça est tellement agréable et mes jambes sont encore si raides que j'espère secrètement qu'il renoncera une fois arrivé là.

L'heure à laquelle il prévoyait d'arriver passe et mes espoirs grandissent. Deux heures s'écoulent et toujours personne en vue. On tente de l'appeler mais son téléphone ne capte pas. Il voulait terminer avant la nuit, ça semble de moins en moins possible.

21. Rien à voir avec la course du même nom qui se déroule sur l'île d'Anglesey et qui se nomme ainsi parce que c'est le titre de la chanson favorite de Quentin, l'organisateur (NdA).

Il apparaît enfin, le pas lourd mais toujours souriant. Nous lui avons préparé de l'eau et de la nourriture. Il reste là, visiblement heureux comme tout, sans dire ce qu'il a l'intention de faire. Je devrais enfiler mon sac, ne pas lui laisser la possibilité d'arrêter, ni même d'y penser. Je m'en veux encore aujourd'hui, mais au lieu de ça, je lui demande :

– Tu vas continuer ?

C'est le baiser de la mort. Bien sûr qu'il pense à arrêter. Il y pense même depuis des heures. Mon rôle en tant qu'assistant est de le pousser à continuer mais mes jambes m'en empêchent. Je ne suis même pas sûr de pouvoir tenir 15 kilomètres. Je risque d'être un boulet.

Il observe la scène, les enfants qui s'ébattent dans l'eau, les montagnes qui règnent solennellement sur le monde. Tout est calme. Comment continuer ?

– J'en ai assez fait, finit-il par lâcher. C'était génial. J'ai adoré mais je n'en peux plus.

– T'en es sûr ? Si tu veux continuer, je suis prêt à partir.

C'est tout ce que je trouve à dire. Je pourrais aussi bien lui retirer ses chaussures et lui passer sa serviette.

– Non, répond-il. Je sais qui je suis.

Je trouve que ça en dit long. Il sait qui il est. Il a aimé relever ce défi, faire les efforts nécessaires, mais n'a rien à prouver, ni à lui ni aux autres.

* * *

Kilian Jornet était déjà le premier responsable de la vogue des FKT bien avant de pulvériser le record du Bob Graham Round. Dès son lancement en 2010, Summits of My Life, son projet d'ascension des septs sommets les plus emblématiques au monde, était du pain béni pour les magazines et les émissions de télé. Chaque étape a été soigneusement filmée et photographiée pour permettre entre autres la réalisation d'une série de documentaires et la publication de plusieurs livres.

D'autres lui ont ensuite emboîté le pas. Des films qui racontent d'incroyables tentatives, avec des titres aussi évocateurs que *Made to be Broken*[22], se sont multipliés, mais personne n'a encore égalé Kilian Jornet. Les images de son record de 2013 au Cervin ont l'air tout droit sorties d'un James Bond. On le voit dévaler des pentes enneigées, tromper la mort sur une arête à une vitesse ahurissante, sautant de rocher en rocher, bras écartés, comme s'il n'avait que quelques secondes pour sauver le monde.

Ayant entendu parler de ses exploits, le rédacteur en chef d'un magazine m'appelle pour me demander un article sur le phénomène des FKT.

– Il faut absolument que tu obtiennes une interview de Kilian Jornet, souligne-t-il.

Les problèmes commencent dès le premier contact avec ses attachés de presse. Ils m'annoncent qu'il est parti s'entraîner pour sa tentative d'ascension-record du Toit du monde. Impossible de le joindre sur les pentes de l'Everest, me disent-ils. En fouillant un peu, je découvre alors que quelqu'un le suit à la trace et bat ses records un par un. Ce quelqu'un, c'est Karl Egloff, un guide équatorien d'origine suisse qui vit à Quito. Lorsqu'il était chargé d'encadrer les randonneurs qui voulaient faire l'ascension du Kilimandjaro, il profitait de leur sieste de l'après-midi pour aller au sommet en courant.

– Ça a fini par se savoir et mon patron m'a appelé, dit-il. Je pensais qu'il allait me virer, mais il m'a proposé de me sponsoriser.

L'ancien vététiste – et pas coureur – de niveau international a alors décidé de s'entraîner pour tenter de battre le record. Il s'est lancé après deux répétitions générales.

– J'ai fait beaucoup d'erreurs, dit-il. Je n'avais même pas de tenue de course à pied. Je portais mes vêtements de VTT. Mes chaussettes étaient trop épaisses...

Malgré ces erreurs, il a fait l'aller-retour au sommet du Kilimandjaro en 6 h 42, soit 30 minutes de moins que Kilian Jornet, alors qu'il faut en général sept jours aux randonneurs.

22. Destiné à être battu... ou détruit (NdT).

– Je n'avais même jamais entendu parler de Kilian, poursuit-il. Ensuite, on ne me parlait plus que de ça, alors j'ai cherché sur Google et j'ai fait : « Ouah ! »

Nous sommes justement attablés dans le restaurant londonien où j'ai emmené Kilian, un peu moins d'un an plus tôt. Karl Egloff, qui a posé son énorme sac à dos sur la chaise voisine de la sienne, n'est pas plus à l'aise que lui en ville mais il aime parler. Il vient tout juste de donner sa première interview télévisée en Suisse. On a au moins entendu parler de lui là-bas.

Après le battage généré par le record du Kilimandjaro, le patron de Karl lui a proposé de s'attaquer à l'Aconcagua, point culminant des Andes, qui est aussi sur la liste des Summits of My Life de Kilian Jornet. L'Espagnol avait établi un nouveau FKT deux mois plus tôt mais Karl, qui connaît bien ce sommet où il a emmené de nombreux clients, l'a également amélioré, cette fois d'une heure.

« Mais d'où peut bien sortir Karl Egloff ? » a alors titré l'édition américaine d'*Outside*, résumant le sentiment général dans l'univers de la course à pied.

– Kilian a été le premier à tweeter mon record, explique-il. C'était la folie sur mes réseaux sociaux. Les gens de la télé venaient sonner à ma porte. J'avais la trouille. Tout le monde voulait que je fasse la course avec Kilian mais c'est un coureur complet. Moi, je ne cours qu'en montagne.

Après ses deux records, Karl Egloff a décroché un sponsor et en a battu un autre, au mont Elbrouz, en Russie. Il a donc dépossédé Kilian de trois de ses sept FKT, ce qui ne les empêche pas d'être amis. Ils ont même tenté de battre ensemble le record de l'ascension du mont Blanc mais le mauvais temps leur a barré la route. Je demande à Karl Egloff pourquoi il n'est connu que des passionnés, alors que Kilian Jornet est une énorme star partout dans le monde. Je vois à son regard qu'il y a beaucoup réfléchi.

– C'est un gars timide mais il a commencé très jeune – il courait déjà en compétition à 14 ans – et il a une énorme équipe marketing. Salomon, son sponsor, c'est comme sa famille.

Décidé à se faire connaître lui aussi, Karl a engagé un responsable marketing. L'année prochaine, il tentera de battre le record de l'ascension du Denali[23], également détenu par Kilian, et compte aussi s'adjuger l'ultime : celui de l'Everest.

Avec Karl Egloff et Kilian Jornet, la compétition a fait irruption dans l'alpinisme, mais les FKT n'y sont pas une nouveauté. On les appelait juste records de vitesse. En relookant l'exercice, Kilian Jornet et son équipe ont su capter l'attention des médias du monde entier. Quand je l'ai rencontré à Londres, c'était pour l'interviewer au sujet de sa tentative à l'Everest. Le *Financial Times* voulait une pleine page sur lui.

Malgré l'énorme effervescence médiatique qu'elle a suscitée, je me souviens qu'on ne savait pas vraiment s'il avait battu le moindre record. Il en existait apparemment pour l'ascension et la descente seules, pour l'aller-retour, avec des points de départ différents, mais d'après ce que j'en savais, il n'en avait amélioré aucun. Pour les médias et ses sponsors, le grand truc, c'était qu'il était allé deux fois au sommet en six jours. Était-ce un record ? Je n'en savais rien, mais c'était ça qui faisait les gros titres.

Ce n'était toutefois pas du goût de tout le monde. Un grimpeur américain nommé Dan Howitt a commencé à laisser entendre sur Internet que Kilian Jornet n'était peut-être même pas allé au sommet.

J'ai d'abord été surpris qu'on ose mettre sa parole en doute. Si quelqu'un était capable d'exploits surhumains, c'était bien lui. Il avait donné de multiples preuves de ses capacités hors normes. Au moment où nous nous sommes vus, il ne me serait même pas venu à l'idée de lui demander des preuves de ses exploits à l'Everest. Comme tout le monde, j'étais certain qu'il avait atteint le sommet. C'était pour moi quelqu'un d'intègre, une légende vivante. Quand je l'ai rencontré, il s'est montré affable, charmant et modeste, exactement comme je m'y attendais. Il me semblait irréprochable. En entendant parler

23. En juin 2019, Egloff a amélioré le record de Jornet... d'une minute.

de ces doutes, je me suis dit qu'il était la cible d'un de ces redresseurs de torts qui se sont mis à pulluler sur Internet avec l'engouement pour les FKT et la multiplication des exploits, qui sont parfois incroyables.

Quand Dan Howitt m'a contacté pour me présenter son réquisitoire, après avoir lu mon article dans le *Financial Times,* je me suis toutefois dit qu'il fallait au moins y jeter un œil et je dois dire que je l'ai trouvé assez convaincant.

Dans un rapport détaillé de vingt-deux pages, Howitt juge étrange que quelqu'un qui enregistre aussi scrupuleusement ses entraînements, ses courses et ses records, comme il l'a fait pour Summits of my Life, n'ait ni photo ni vidéo le montrant au sommet ou à proximité. La photo était déjà une priorité lorsque Tenzing Norgay et Edmund Hillary ont été les premiers à l'atteindre, en 1953. « La technologie a beaucoup évolué depuis », ironise Howitt.

Qui plus est, les traces GPS de Kilian sont incomplètes et laissent effectivement supposer qu'il n'a pas atteint le sommet. Elles ont été automatiquement téléchargées sur le site web Movescount, comme toutes celles des activités qu'il enregistre.

Kilian a répondu publiquement aux allégations de Dan Howitt pour les réfuter une à une. Si les traces GPS sont incomplètes, a-t-il expliqué, c'est parce que la batterie de sa montre, déchargée par le froid, n'a pas tenu assez longtemps et qu'il était en solo. Howitt se demande aussi pourquoi il n'a pas pris de téléphone satellite. Un appel sur le Toit du monde aurait apporté la preuve qu'il y était bien allé. Kilian a répondu que sa priorité était d'être seul pendant son ascension, de couper le contact avec le reste du monde et de ne compter que sur lui-même pour prendre ses décisions.

« C'est une question de style, a-t-il déclaré. J'aurais pu organiser une grande expédition, avec des Sherpas sur toute la voie (...) et des caméras au sommet pour faire de belles images. J'aurais pu appeler par satellite depuis le sommet pour "l'annoncer", mais ce n'était pas du tout l'objectif de l'expédition. L'objectif était de voir si je pouvais gravir l'Everest sans assistance externe et par mes propres moyens. »

L'intention est louable. Elle est aussi conforme à l'esprit originel des FKT, qui met de côté le grand Barnum des courses pour privilégier l'autonomie. Toujours est-il qu'il n'y a aucune trace de son passage au sommet, pas même une séquence GoPro ni une photo prise au téléphone portable, ce qui est un peu étrange.

– Si je consacre beaucoup de temps et d'efforts à un gros projet, je m'arrange pour avoir de quoi en fournir la preuve quand le grand jour arrivera, m'a dit Robbie Britton.

L'heure à laquelle Kilian Jornet dit avoir atteint le sommet a également éveillé les soupçons et Dan Howitt n'est pas le seul à en douter. C'est le cas d'un autre alpiniste expérimenté qui détient beaucoup de records de vitesse en très haute altitude et qui a souhaité rester anonyme de peur de passer pour un détracteur de Kilian. Le Catalan dit être arrivé au sommet à minuit la première fois et à 21 h 30 la deuxième, or, selon Howitt et l'alpiniste anonyme avec lequel j'en ai parlé, personne n'y monte jamais l'après-midi ni la nuit parce qu'il y fait trop froid et que c'est trop dangereux. Reste que Kilian est un athlète hors normes. Dans sa réponse, il dit qu'il prévoyait d'y arriver plus tôt mais que des nausées l'ont ralenti.

Quelques mois plus tard, Andy Tavin, un enquêteur indépendant, a demandé à avoir accès aux photos et aux vidéos que Kilian avait faites avec sa GoPro, puisqu'il en a bien fait, et il a obtenu gain de cause. Tavin les autopsie dans un rapport de cinquante-six pages et conclut que Kilian Jornet a bien atteint le sommet à sa première tentative, mais à 00 h 32, pas à minuit comme il l'a prétendu. Pour la deuxième, il juge qu'il y a peu de preuves pour étayer sa réussite et que, si réussite il y a eu, c'était probablement deux heures plus tard qu'il ne le dit. L'Espagnol s'est à nouveau fendu d'une réponse pour dire à nouveau qu'il n'avait pensé ni à vérifier l'heure ni à prendre des photos parce qu'il était dans une situation extrême et qu'il avait d'autres priorités.

Ce n'est pas à moi de juger si Kilian Jornet a atteint deux fois le sommet de l'Everest en une semaine ou pas, ni de chercher à savoir pourquoi il prétendrait l'avoir fait si ce n'était pas le cas, mais c'est quelqu'un qui a accumulé suffisamment de succès authentifiés pour assumer l'échec d'une ascension, quelqu'un qui ne perd jamais une occasion de féliciter ceux qui le devancent ou battent ses records. Le monde de l'ultra n'a probablement pas douté de lui et les soupçons n'ont guère entaché sa réputation. Quand j'ai demandé à Buzz Burrell, co-fondateur du site FKT, ce qu'il en pensait, voilà ce qu'il m'a répondu :

– Je crois que son style et son éthique sont à la hauteur de ses capacités et de son volume d'entraînement. C'est le meilleur trailer de sa génération et il est à tout point de vue admirable.

Ce que Kilian Jornet a démontré sans l'ombre d'un doute, c'est qu'avec les enjeux de plus en plus importants de la discipline, mieux vaut prévoir de rapporter des preuves solides quand on prépare un projet d'envergure. Dans le domaine des FKT, il semble bien que la confiance et la bienveillance ne soient plus de mise.

17

La dernière semaine d'août, tout le petit monde l'ultra trail se retrouve donc à Chamonix pour sa communion annuelle au pied du mont Blanc. On se bouscule autour des stands de sacs à dos ultra légers, de vêtements de compression, de chaussures dernier cri à semelle en graphène. Les coureurs récupèrent leurs dossards, retrouvent des amis, vont manger des pizzas. Tout le monde a l'air sec, affûté, prêt à déplacer des montagnes. J'essaie de me fondre dans le décor.

Je suis venu en France avec Marietta et les enfants, ma super équipe d'assistance. Après avoir planté nos tentes dans un camping en bordure de Chamonix, nous prenons la direction du centre-ville pour aller retrouver Tom et Rachel dans un café digne de Byron Bay[24] où on peut manger des falafels, des hamburgers au tofu et autres frites de patates douces. Ils ont passé les derniers mois en Australie, où ils sont allés rejoindre le père de Rachel, à qui on a diagnostiqué un cancer. Ils ont bien failli ne pas revenir pour la course, mais sachant ce qu'elle représente pour sa fille après trois ans d'attente, il ne leur a pas laissé le choix.

– Il n'arrête pas de répéter que le cancer est son UTMB à lui, fait-elle. Il dit que ce doit être un peu comme courir la nuit, sans rien voir de ce qui t'entoure.

Rachel avait beau lui dire qu'elle n'avait pas besoin d'aller faire cette course, qu'elle pouvait très bien rester avec lui en Australie, il ne voulait rien entendre.

24. Spot de surf australien très réputé (NdT).

– Il ne me laissait même pas finir mes phrases.

Les parents de Rachel vivent sur une petite île au large de Brisbane. Il n'y a ni routes ni commerces. Tout fonctionne à l'énergie solaire et ils cultivent leurs propres légumes.

– Il y a beaucoup de kangourous mais pas de montagnes, explique Tom.

Pendant les trois derniers mois, ils n'ont eu qu'un bout de plage tout plat pour s'entraîner. Tom a renoncé à toute ambition et a décidé de faire la course avec Rachel.

À leur arrivée à Chamonix, la mère de Rachel les a appelés pour leur demander d'y retourner parce que son père venait d'être hospitalisé d'urgence pour subir une deuxième opération.

– Je me suis dit que, si j'y retournais, il serait terriblement déçu que je ne coure pas, alors j'ai dit : « Non, je reste. » Je vais le faire pour lui.

En traversant la ville après le déjeuner, j'aperçois çà et là des coureurs de l'élite. Parés de la tête aux pieds des dernières créations de leurs sponsors, ils ont l'air de faire une tête de plus que tout le monde. Là, Hayden Hawks, le vainqueur du Lavaredo. Il serre des mains et fait des selfies avec des inconnus. Pendant quelques semaines, dans cette petite ville de France, les meilleurs ultra trailers sont des rockstars. Tous les fans ne parlent que d'une chose : la nouvelle confrontation entre Kilian Jornet et Jim Walmsley. François D'Haene, qui s'est imposé l'an dernier devant eux (Kilian a pris la 2e place et Jim la 5e), ne court pas. Ces deux-là ont à nouveau tout gagné cette saison et semblent dans la forme de leur vie. Une photo, un autographe, une poignée de main... Tout le monde veut sa part.

– Quand je veux aller quelque part, me dit Jim Walmsley lorsque je le coince à la conférence de presse des favoris, le truc est de ne pas mettre ma tenue Hoka. Les gens se retournent mais ne sont pas certains que c'est moi.

Pour éviter le centre de Chamonix, il fait des détours, prend les petites rues, dit-il.

– Quand il pleut, c'est capuche, évidemment.

Je lui demande s'il est en forme. Il me répond qu'il ne s'est jamais aussi bien préparé. Il vient de passer six semaines sous la tente dans les montagnes autour de Silverton, dans le Colorado.

– Mes préparations ont rarement été parfaites, mais cette fois, ça a été le cas.

Pendant ce mois et demi, il a fait en moyenne 225 kilomètres pour 15 000 mètres de dénivelé positif par semaine, ce qui est énorme.

– Je me sens prêt à faire ma meilleure performance, et quand je suis dans un bon jour, je peux battre n'importe qui.

Walmsley est connu pour ses bravades, qui ne lui ont pas toujours réussi, mais ses résultats les justifient désormais amplement.

– Quand j'ai commencé, dit-il, les gens disaient : « Tu te la racontes grave ! » Maintenant qu'ils me connaissent, ça leur paraît moins fou. Cela dit, je n'ai jamais voulu me la raconter. J'essayais juste d'être franc et honnête, de ne pas dire de conneries.

Quelques mois seulement avant l'UTMB, il a finalement réalisé ce qu'il promettait depuis deux ans : battre le record de la Western States 100 – et non seulement il l'a fait lors d'une des journées les plus chaudes de l'histoire de la course, mais il est tombé nez à nez avec un ours sur la fin du tracé. C'était précisément à l'endroit où il avait commis une erreur de parcours en 2016. En 2017, il n'était pas allé bien loin à cause de problèmes digestifs, alors quand l'ours est apparu après la bifurcation qu'il n'avait cette fois pas manquée, il s'est dit : « Non ! C'est une blague ? »

– J'attendais ça depuis deux ans. Si ça avait été une sortie d'entraînement, j'aurais fait demi-tour. J'aurais pris une autre direction.

L'ours était une femelle avec deux petits. Ils étaient perchés dans un arbre, sur le bord du chemin et elle n'avait aucune intention de bouger. Il s'est mis à hurler, à lui lancer des cailloux, mais rien n'y faisait.

– Au bout d'un moment, son attitude m'a paru un peu moins agressive et je me suis dit : « Et puis merde ! » Je courais depuis 13 heures et je n'avais pas envie de tout foutre en l'air.

Il est donc passé devant l'ourse aussi vite que possible.

– J'ai pensé que, dans le pire des cas, ça ferait une bonne histoire : « Il a fallu un ours pour l'arrêter. »

Pendant que Jim Walmsley vivait sous la tente dans les Rocheuses, Kilian Jornet gagnait des courses un peu partout, alors qu'il s'était cassé une jambe à ski six mois plus tôt. Il y a eu son incroyable record au Bob Graham Round et, cinq jours seulement avant l'UTMB, alors que tout le monde levait le pied pour être frais le jour J, il a couru le Trofeo Kima, une sky race italienne extrêmement technique de 51 kilomètres, qu'il a remportée une fois de plus avec un nouveau record à la clé.

Sa capacité de récupération semble extraordinaire. Une semaine après la dernière édition de l'UTMB, alors que les autres étaient encore le nez dans le pot de glace et les doigts de pied en éventail, il gagnait la terrible Glen Coe Skyline, en Écosse… et la veille de la Glen Coe, il était allé au sommet du Ben Nevis en courant.

Sur la liste des favoris, ici à Chamonix, Zach Miller se classe immédiatement après Walmsley et Jornet. Je m'arrange pour le retrouver un soir chez Buff, l'un de ses sponsors, quelques jours avant la course. Le directeur marketing de la boîte m'accueille dans le luxueux chalet, à la limite du centre-ville. Zach, assis sur un canapé en cuir, révise sa stratégie alimentaire avec le représentant d'un autre sponsor. On dirait un écolier pendant l'heure de soutien, après la classe.

– Je suis nul pour planifier, alors je révise mes leçons, me dit-il. J'essaie d'apprendre mon plan-nutrition par cœur.

Ce que tout le monde aime chez lui, c'est qu'il court sans se poser de questions. Sa seule stratégie, c'est de foncer pied au plancher en comptant sur son cœur et son mental. Cette fois, comme il a bien l'intention de devenir le premier Américain à remporter l'UTMB, il peaufine chaque détail.

– J'aime vraiment bien les courses comme la North Face 50[25], où on peut se pointer juste avec quelques gels. Ici, à l'UTMB, il faut préparer un peu plus.

25. L'épreuve californienne de 50 miles (80 km) qu'il a gagnée deux fois (NdA).

L'équipe Buff est principalement composée d'Espagnols qui travaillent au siège barcelonais de la société. Ils ont préparé un buffet et un barbecue pour le dîner, et je suis invité. Le réalisateur Billy Yang, qui tourne un documentaire sur Zach, est également de la partie. Zach est au centre de toutes les attentions, mais il préfère parler calmement à l'écart, sans se mêler aux rires et aux conversations qui vont bon train partout dans le chalet. Dans la queue pour le buffet, je lui demande s'il a parfois des moments de doute pendant les courses, des moments où son esprit cherche à le convaincre d'arrêter ou de ralentir. J'entends rarement les coureurs de l'élite parler de ce genre de choses et je me demande s'ils restent focalisés en permanence sur les aspects pratiques ou s'ils doivent affronter les mêmes démons que nous tous.

– Bien sûr, dit-il, en remplissant son assiette de viande et de crudités, avant d'aller s'installer en bout de table.

Je me sers à mon tour et vais m'asseoir à côté de lui.

– Mais je suis très dur avec moi-même quand je cours, reprend-il. À la North Face 50, l'année dernière, j'étais devant avec Hayden Hawks et Tim Freriks, et ils ont tous les deux commencé à me lâcher. C'est à cet endroit-là que j'avais attaqué, les années précédentes. Je me suis alors mis à hurler : « Non ! C'est pas possible ! Rattrape-moi ces deux mecs ! » Bien sûr, une partie de moi souffrait, elle voulait juste les laisser partir, lâcher l'affaire, mais une autre, plus importante, voulait rester devant. C'est juste de l'entêtement, je crois.

Il a fini par rattraper Hawks, mais pas Freriks.

Je lui demande un peu crûment pourquoi il tenait tellement à gagner, quelle était sa motivation profonde.

Autour de la table, la bière coule à flots chez les non-coureurs, le niveau sonore monte et les éclats de rire se multiplient.

– L'ego joue un grand rôle, je suppose, répond Zach. La satisfaction de la victoire, l'adulation, l'attention… Tout ça est addictif et on en redemande toujours parce que ça ne dure pas.

Sa réponse est aussi sincère que sa façon de courir. Dans le film de Billy Yang, Zach, plus réfléchi, dit qu'il est motivé par la volonté de faire de son mieux dans tout ce qu'il fait. Il dit que c'est sa nature, qu'il est comme ça depuis l'enfance. Ces deux réponses ne sont évidemment pas contradictoires. Au cours de cette plongée dans l'ultra, j'ai appris entre autres choses qu'il est presque impossible de savoir ce qui nous pousse à faire ce sport de dingues. Les raisons qu'on avance semblent toujours un cran en deçà de la vérité. Bien sûr, on veut gagner, on veut finir, on veut faire de notre mieux, on veut trouver nos limites, on veut que nos proches soient fiers de nous... Tout ça est vrai, mais ça n'explique pas grand-chose. Ce qui nous anime, c'est un besoin irrépressible, un désir profond et primitif d'aller braver la mort et d'en revenir. Et ce qu'on éprouve quand on le fait peut être addictif.

Le temps passe vite quand on parle de ce genre de choses. Je réalise qu'il est déjà 23 heures. Après avoir salué tout le monde, je quitte le confort et la chaleur du chalet Buff pour aller retrouver la fraîcheur de notre camping montagnard, où Marietta et les enfants dorment déjà.

* * *

La veille de la course, après avoir fait contrôler mon sac et récupéré mon dossard, je pars sillonner la ville pour rencontrer autant de monde que possible, puisque tout le monde est là. Pour commencer, je vais retrouver dans un café le Britannique Tom Evans, étoile montante du trail, qui est aussi militaire. Il y a quelques années, dans un pub de Londres, deux de ses amis lui ont raconté les exploits qu'ils avaient accomplis au Marathon des Sables.

– C'est pas mal, mais il y avait quand même 290 personnes devant vous, leur a-t-il fait remarquer un peu naïvement.

Vexés, ils l'ont mis au défi de faire mieux l'année suivante, ce qu'il a accepté.

Il ne prenait pas vraiment la course à pied au sérieux et s'entraînait quand il pouvait.

– Si j'avais une heure, je courais une heure, dit-il. Je n'avais pas de coach ni de plan d'entraînement, ni rien de tout ça.

Malgré sa totale méconnaissance de l'ultra et du désert, il a fini 3e, alors que le podium était exclusivement nord-africain depuis quatre ans. Il a également pris la 3e place des championnats du monde de trail 2018 en devançant certains des plus grands noms de la discipline. Son petit contrat avec Hoka n'est pas à la hauteur de son talent en plein essor, mais il a récemment engagé un agent – celui de David Beckham – et l'armée lui laisse tout le temps nécessaire pour s'entraîner. Il est donc plutôt satisfait de sa situation.

Son agent me dira plus tard qu'en dehors de son immense talent, c'est l'âge de Tom – 26 ans – qui l'a convaincu.

– Tom est incroyablement jeune (pour un coureur d'ultra) et il cartonne sur les réseaux sociaux, dit-il.

Il compte faire avec lui ce qu'il a fait avec Beckham : une marque solide dans la durée.

– On planifie déjà 2020, 2021.

Ça peut paraître ambitieux pour un trailer, mais l'agent est convaincu du potentiel de la discipline.

– Beaucoup de grosses marques y sont venues, dit-il.

Le jour même de ma rencontre avec Tom à Chamonix, Red Bull annonce son intégration dans le team. S'il obtient un bon résultat ici – il est inscrit à la Courmayeur-Champex-Chamonix, 101 kilomètres –, je suis sûr que son agent ira renégocier son contrat avec Hoka.

Tandis que je parle avec Tom, Tim Freriks – celui qui a battu Zach à la North Face 50 – entre dans le café, s'assoit à notre table et commande la même chose que nous : une énorme part de tarte vegan avec de la salade. Il fait partie de la même équipe que Tom et, après le déjeuner, ils doivent aller à une séance de dédicace avec tous les autres coureurs Hoka. Notre repas terminé, nous nous mêlons à la foule pour rejoindre tranquillement l'énorme stand de la marque, où une longue file d'attente s'est formée pour la séance de dédicace. Tom Evans et Tim Freriks me laissent pour aller rejoindre leurs coéquipiers. Beaucoup sont américains. Il y a notamment Jim Walmsley, Hayden Hawks et Magda Boulet, qui m'a ramené en voiture après la Miwok 100K. Le stand est plein à craquer et les gens jouent des coudes pour faire signer une photo ou échanger deux mots avec leurs idoles.

Je les abandonne pour aller rejoindre un groupe un peu plus modeste et beaucoup plus britannique au stand Inov-8. La marque, dont le siège se trouve dans le Lake District, est très enracinée dans le *fell running*, très attachée à l'approche britannique, sans fioritures et à l'épreuve du mauvais temps. Une fine bruine toute britannique se met d'ailleurs à tomber à mon arrivée. Difficile de reconnaître la moindre star dans le groupe qui se prépare à aller faire un petit tour en courant. Elles sont un peu plus discrètes que leurs homologues de chez Hoka. Parmi elles, il y a Nicky Spinks, une légende du *fell running*, qui détient le record toutes catégories du double Bob Graham Round. Elle ne participe pas à l'UTMB mais elle est venue faire l'assistance de la star numéro 1 de la marque, qui n'est autre que mon ami Damian Hall.

– Comment va ? me lance-t-il avec un grand sourire.

Une équipe de tournage le suit dans sa quête d'un top 10. Vu le plateau cette année, l'objectif paraît très ambitieux. Il est 50e au classement ITRA, mais c'est beaucoup mieux que l'année dernière, quand il avait pris la 12e place. Le film s'intitule *Underdog*[26].

Toujours souriant, Damian me dit qu'il n'a aucune chance face aux *fast guys*.

– Sauf s'ils font n'importe quoi, ce que j'espère, bien sûr, dit-il.

Il répète à qui veut l'entendre qu'il n'est pas professionnel, qu'il a la quarantaine passée, qu'il a des enfants, et qu'il ne vit pas à la montagne.

– J'aime bien voir les choses comme ça, dit-il, laissant entendre qu'il y a un peu de fausse modestie. C'est un moyen d'alléger la pression.

On le présente à la trentaine de personnes qui sont venues pour courir avec lui et Nicky, et pour essayer les nouveautés Inov-8. Tom Payn est là, lui aussi. Il appartient également au team Inov-8. C'est sans doute un coureur plus rapide, plus accompli que Damian, mais il n'a jamais eu de résultats aussi éclatants que les siens ici, bien qu'il y vive.

26. Sous-fifre.

En 2016, il a pris la 24e place de l'Orsières-Champex-Chamonix (OCC), la plus courte des épreuves de l'UTMB – après avoir fait la première moitié avec Xavier Thévenard, le vainqueur. C'est un peu une fatalité. Dans toutes les grandes courses auxquelles il a participé, il était en tête au début et a calé vers la fin. Pour moi, c'est dû au fait qu'il se sait aussi rapide que n'importe lequel de ses adversaires sur marathon. Mais en montagne, ce n'est pas la même histoire.

Cette année, avec son manque d'entraînement, Tom n'a aucune chance d'améliorer son statut de trailer. Il reste donc dans l'ombre, avec le commun des mortels, ce qui semble le chagriner, mais il n'a pas encore 40 ans. Sa carrière est loin d'être terminée. Après l'UTMB, il a l'intention de revenir à la route, pour tenter à terme de battre les records britanniques du marathon et des 50 kilomètres dans la catégorie vétérans. Ce sont des objectifs ambitieux, qui lui vaudraient une belle reconnaissance, mais j'espère de tout cœur qu'il finira par briller ici, à Chamonix, et qu'il trouvera légitimement sa place parmi les stars du trail.

Après les présentations, Damian nous emmène tous faire un petit tour sous la pluie. Dans une montée bien raide, où Tom bondit comme un cabri, Damian me parle de sa playlist pour l'UTMB, les morceaux qu'il aime écouter quand il entre dans le dur.

– Qu'est-ce qu'il y a dedans ? je demande.

– Surtout Phil Collins et Kate Bush, évidemment[27], dit-il avec son désarmant sourire en coin.

* * *

Avant de retourner dans mon coin comme tout le monde pour me préparer à la course, j'ai encore le temps de replonger dans la foule chamoniarde pour aller voir quelqu'un. Il est tard et le café où j'ai rencontré Tom Evans est fermé. Elisabet Barnes et son compagnon Sondre

27. Phil Collins et Kate Bush sont tous deux britanniques (NdT).

Amdahl m'attendent devant, comme deux géants. Il y a un autre café juste à côté. Nous nous y installons. Elisabet commande du thé et des framboises, un accord délicat.

Elle m'explique qu'elle croisait souvent Sondre lors de ses courses. Elle l'a notamment vu à Oman où elle est retournée l'année qui a suivi notre rencontre. Ils ont ensuite traversé la Suède ensemble.

– Nous étions juste amis, souligne-t-elle, ce qui fait sourire Sondre. Bon, il avait peut-être une idée derrière la tête, mais quelque chose a *matché* entre nous.

Elisabet est toujours en phase de récupération. Elle est ici pour faire l'assistance de Sondre, dont l'objectif est de finir la course en moins de 24 heures. Il espère que ça lui permettra d'entrer dans le top 20.

Je lui souhaite bonne chance et, comme j'en ai fini avec les interviews, je rentre au camping, où c'est soirée-pizzas. Nous les mangeons assis sur un banc dans la fraîcheur du soir, entourés de parois vertigineuses. Les enfants sont tout excités à l'idée d'aller faire une balade à cheval, demain matin. Ma course est encore quelque chose d'assez abstrait pour eux.

Il faut que j'aille dormir. Il n'y a heureusement pas grand-chose à faire au camping, une fois la nuit tombée. Je vais donc m'allonger sur mon tapis de sol pour ma dernière nuit et m'offre 8 heures d'un profond sommeil. À mon réveil, le vendredi matin, jour de la course, mes jambes me paraissent d'une fraîcheur que je n'avais pas connue depuis longtemps. Toujours ça de pris. Je suis prêt. Et mon téléphone bipe.

18

Bip ! J'attrape mon téléphone et lis le massage qui s'affiche : « UTMB - Détérioration du temps : mauvais temps jusqu'à samedi après-midi, très froid, venteux, -10 °C ressenti. Kit temps froid obligatoire. »

Dans toute la vallée, un frisson parcourt au même moment l'échine des coureurs. Le défi qui se profile s'annonçait déjà énorme sans les nuages noirs qui se sont amoncelés ces derniers jours sur les sommets. Maintenant c'est pire. Bien pire. La pluie, ça veut dire des descentes boueuses et glissantes, des vêtements trempés par -10 °C la nuit.

Je me murmure : « Je suis la tempête » en essayant de m'en convaincre

– Tu as reçu le SMS ? me demande Rachel, quand j'arrive dans l'après-midi au minuscule studio où elle vit avec Tom, dans le centre de Chamonix.

Ils m'ont proposé de passer avant la course, qui commence à 18 heures, pour qu'on prenne le départ ensemble. C'est une bonne idée. Ça m'empêchera de partir trop vite. Cela dit, je suis beaucoup plus fort aujourd'hui que lors du 100 Miles Sud de France, qu'on a couru ensemble. J'ai l'intention d'aller beaucoup plus vite. J'étais encore novice à l'époque. Maintenant, je suis un ultra trailer. Cent miles, ce n'est pas la mer à boire si j'arrive à rester dans l'instant, à garder la tête froide. J'ai bien appris mes leçons. Il faut juste y aller tranquille dans les descentes, rester constant dans les montées, ne pas traîner aux ravitaillements.

– Moins de trente, m'a suggéré Damian Hall quand je lui ai dit que je ne savais pas vraiment quel temps viser.

– Tu dois en être capable, a-t-il ajouté, comme si c'était facile.

J'ai maintenant ce chiffre en tête.

Je le vois comme un équivalent des 3 heures au marathon. Difficile, impressionnant, mais à ma portée. J'ai l'expérience du Lavaredo, où je suis resté solide pendant 21 heures sur 125 kilomètres en pleine montagne. Ici, il n'y a que 45 kilomètres de plus, à peine plus qu'un marathon. Je peux les faire en 9 heures.

Rachel est sur les nerfs. Elle se tortille sur son lit et vérifie les prévisions météo toutes les cinq minutes sur son ordinateur portable. Après l'hypothermie qu'elle a eue dans les Pyrénées et les deux mois suffocants qu'elle vient de passer sur une île australienne, ses craintes sont compréhensibles. Ce froid humide est tout sauf idéal. Tom, lui, reste guilleret. Il dit que les prévisions sont meilleures pour samedi soir, mais lui aussi semble un peu tendu. Il se demande combien de couches porter au départ et ne cesse de changer d'avis.

Dehors, il pleut déjà. Après un énième passage aux toilettes, nous enfilons nos vestes imperméables et traversons le couloir comme trois bruyants explorateurs en route vers l'inconnu. Nous prenons l'ascenseur et sortons dans la rue pour gagner l'aire de départ.

Une foule remuante y est déjà massée. Chacun manœuvre et se faufile pour trouver une place au plus près de l'arche de départ. Tom, lui, s'engouffre au beau milieu. En tant que membre de l'élite, il a l'habitude d'aller se placer à l'avant. Nous le suivons tous les deux. Une fois placés, il ne nous reste qu'à attendre.

L'hôtel de ville domine la place. Il y a un balcon à chacune des fenêtres et des spectateurs sont postés sur chacun d'eux.

– C'est là que nous nous sommes mariés, dit Tom.

Chamonix et la course à pied font partie de leur histoire. Rachel me raconte leur rencontre, lors de la course par élimination, à Londres.

– On nous a divisés en plusieurs groupes et j'étais dégoûtée parce que je n'étais avec aucun de mes amis, mais il y avait ce mec qui avait l'air tout excité, dit-elle, en lui souriant. Je n'avais pas fait le rapprochement. Je n'arrêtais pas de demander à ma copine : « C'est qui, ce Tom Payn ? Il me bombarde de messages sur Facebook. »

Tom en rigole. C'est quelque chose pour eux, d'être ensemble au départ de l'UTMB. Ils attendaient ça depuis si longtemps. Ils se serrent l'un contre l'autre et j'essaye de me faire discret, mais Tom m'attire à lui pour nous prendre tous les trois en photo. Après tout, je fais moi aussi partie de leur histoire. Me voilà déjà au bord des larmes.

Sur les écrans géants qui bordent la place, on peut voir les favoris qui viennent se mettre en première ligne. On dirait des divinités se mêlant à leurs adorateurs. Jim Walmsley a l'air serein. Entre ses mains, les bâtons ressemblent déjà à des lances. La caméra s'attarde sur un Kilian Jornet souriant et détendu. L'Américain Tim Tollefson blague avec Xavier Thévenard. Zach, qui a la moustache bien fournie, ne porte qu'un short et un t-shirt malgré la pluie. Il a l'air tendu, gonflé à bloc. Je repère Sondre juste derrière lui. Le dieu nordique dépasse tout le monde d'une tête. Chacun a l'air de représenter sa planète à un concours intergalactique. Tom devrait être parmi eux. Il fait partie de l'élite, mais il est derrière, avec nous, les anonymes, la chair à canon que la montagne s'apprête à tailler en pièces. Pourtant, nous avons tous une histoire à écrire. Tom, lui, est là pour Rachel. Son père la suivra pas à pas sur Internet de son lit d'hôpital.

Au cœur de cette foule, je commence à sentir la confiance monter en moi. Tout semble tellement simple. Je dois juste rester dans l'instant présent, comme un moine. Savoir que ça marche, comme je l'ai constaté en Italie, me donne le sentiment de posséder l'arme absolue. Seul mon esprit peut me terrasser et j'ai appris à le contrôler. C'est le moment de le faire.

À point nommé, un type apparaît au sommet de l'arche de départ et reprend à la guitare électrique les premières envolées lyriques du *Conquest of Paradise* de Vangelis, l'hymne de la course. Tandis que les riffs de guitare se superposent aux lancinants accords classiques, les aiguilles disparaissent dans d'épais nuages noirs. Perdu dans la foule, face à la montagne, à la pluie, je sens l'adrénaline se déverser dans mes veines.

Je suis la tempête.

Pan ! Le son s'est perdu dans ce tintamarre mais le coup de pistolet a retenti. C'est parti. À l'avant, ils sont un peu surpris. On les voit hésiter un instant sur les écrans géants, avant de s'élancer.

Derrière, ça ne bouge pas. Il faut un moment pour que le flux s'écoule. Tom s'en amuse. Il n'a jamais pris de départ si loin du premier rang. D'abord, on bouscule ceux qui nous précèdent et on leur tape dans le dos pour s'excuser, puis la masse se met lentement en mouvement. Au pas, puis au petit trot, on s'engouffre dans les rues de Chamonix, direction : la montagne.

* * *

Je distance très vite Tom et Rachel. Sur les 8 premiers kilomètres, on descend la vallée de Chamonix au bord de la rivière. Je profite de quelques courtes descentes pour doubler dès que c'est possible, mais la plupart du temps, il y a trop de monde. Je dois parfois freiner brusquement. Ces changements de rythme font travailler mes quadris et c'est assez frustrant parce que je pourrais aller plus vite, mais je me dis qu'il est encore tôt, que je dois prendre mon mal en patience.

Dans les villes et les villages, les clarines sonnent à toute volée et les spectateurs éméchés nous acclament dans toutes langues. « Allez ! Allez ! Vamos ! Gambate ! Go on, Finn ! »

Mon nom est inscrit sur mon dossard. C'est sympa d'être personnellement encouragé. Je souris et je dis merci. Je ne suis pas fatigué. Je m'amuse.

La première montée n'avait l'air de rien sur le papier mais elle traîne en longueur. Je sors mes bâtons et me cale dans la file qui grimpe à un rythme régulier, en veillant à ne pas perdre de places. J'ai finalement opté pour les bâtons et je comprends pourquoi la plupart des coureurs en ont. C'est comme un ancrage sur lequel on peut tirer dans les pentes les plus raides. Je les plie en revanche dans les descentes où je les trouve gênants. Je descends comme un *fell runner*, en quasi-chute libre, sautillant et relâché. Je n'ai pas besoin de bâtons.

De temps en temps, un passage en forêt qui masque le sommet ou un replat laisse supposer que l'ascension touche à sa fin, alors qu'elle continue, parfois même encore plus raide, interminable. C'est à chaque fois comme si mon sac devenait plus lourd, ce qui raccourcit ma foulée.

Je me répète : « Que la force soit avec toi », comme si Obi-Wan Kenobi me parlait. J'ai l'impression que ça m'aide. Je grimpe.

Enfin le col. Maintenant, il y a 4 kilomètres de descente jusqu'au prochain ravitaillement. Le jour commence à décliner mais j'attendais ça avec impatience pour donner libre cours à mes talents de descendeur. Cela dit, c'est plus raide et plus périlleux que je ne le pensais, surtout avec la pluie. La pente abrupte est pleine de boue et d'herbe détrempée. J'essaye d'alterner grands bonds et petits pas, mais je dois constamment freiner. En fin de compte, je ne suis pas plus rapide que les autres et l'arrivée au bas de la descente est un soulagement pour mes quadris.

Les heures défilent, brefs laps de temps jalonnés à ce stade par l'alimentation, les ravitaillements et les passages aux toilettes portatives. Des problèmes de digestion m'obligent à m'arrêter chaque fois que j'en trouve, ce qui m'inquiète un peu. Je me demande si Tom et Rachel m'ont dépassé lors d'un de ces arrêts, ou s'ils sont toujours derrière moi, mais bien décidé à rester dans le présent, je ne suis personne – pas même moi – avec mon téléphone. Je suis seul face à l'impitoyable chemin rocailleux qui monte dans l'obscurité.

Cette deuxième ascension est la plus longue de la course. Pendant 2 h 30, nous grimpons sous la pluie et dans le noir. Plusieurs fois, je crois arriver au sommet mais ça n'en finit pas. Au bout d'un moment, je m'arrête pour jeter un coup d'œil derrière moi. La guirlande lumineuse des frontales zigzague à flanc de montagne sur des kilomètres. On dirait une armée de fantassins courant vers leur perte. Conscients de ce qui nous attend, nous marchons sans dire un mot. Seuls le bruit des pas et le cliquetis des bâtons troublent ce silence étrange.

J'ai hâte que le jour se lève pour y voir plus clair. Je pourrai alors exprimer tout mon talent dans les descentes. Dans celle qui se présente maintenant, j'essaie juste de ne pas tomber, malmenant mes cuisses à freiner des quatre fers. De toute façon, il y a trop de monde. Patience. Pas d'imprudence. Préserve tes forces.

Devant, la course est partie à un train d'enfer. Sur les 8 premiers kilomètres de plat, Jim Walmsley prend la tête à l'allure d'un coureur de 5 000 mètres, laissant les autres à une minute. En haut de la première grande ascension, Kilian Jornet et Zach Miller reviennent sur lui et les trois hommes de tête continuent à creuser l'écart sur leurs poursuivants. Sur les vidéos de la course, on peut voir Kilian, détendu, plaisanter avec les spectateurs, alors que les deux Américains restent concentrés sur leur effort.

C'était intéressant de leur demander ce qu'ils pensaient de lui, leur grand rival, avant la course. À la différence de Jim Walmsley, qui est réputé pour sa rage de vaincre, si possible en laissant les autres loin derrière, Kilian est connu pour son détachement. Quand il ne gagne pas, comme l'année dernière (il était 2e), il n'a pas l'air de s'en soucier et semble heureux de célébrer la victoire de celui ou ceux qui l'ont devancé. Cette année, lors de la conférence de presse d'avant-course, plutôt que de parler d'une possible quatrième victoire à l'UTMB, ce qui serait un record, il a insisté sur le fait qu'il aime varier les distances et les plaisirs, disant que ce serait une journée de plus en montagne.

Jim Walmsley n'y a pas vraiment cru.

– Je pense qu'il est plus impliqué qu'il ne le dit, m'a-t-il confié. Il faut être hyper compétiteur pour continuer à faire ce genre de courses et les gagner.

Zach, lui, a une théorie pour expliquer les prouesses de Kilian.

– La forme et la force physiques, c'est comme grimper à l'échelle, dit-il. Plus on en fait, plus notre corps s'y adapte, plus on récupère vite, et ainsi de suite. Mais il y a des échelons. On ne peut pas en sauter, sauf par le dopage, ce qui est exclu. Alors je cours de plus en plus en montagne et je deviens de plus en plus fort, mais Kilian grimpe à l'échelle depuis ses 16 ans.

Quoi qu'il en soit, Kilian Jornet semble survoler le début de course. À Courmayeur, en Italie, où les premiers arrivent avant l'aube, très,

très longtemps avant moi, c'est Jim Walmsley qui semble le plus marqué. Il recule au classement. Zach me dira plus tard que, dans l'ascension du col de la Seigne, qui marque l'arrivée en Italie, il a soudain réalisé qu'il avait lâché prise.

– J'ai demandé à Kilian : « Où est Jim ? » Il m'a répondu : « J'en sais rien », en regardant autour de lui.

Dans la descente, Jim Walmsley a beaucoup ralenti et perdu beaucoup de places. Arrivé à Courmayeur, il passe pas moins de 20 minutes au ravitaillement pour essayer de récupérer.

– J'espérais qu'un peu de caféine me ferait du bien, mais ça ne revenait pas, dira-t-il à *Runner's World*.

Il finit par repartir aux alentours de la 20e place mais abandonnera quelques heures plus tard.

Tim Tollefson, un autre Américain qui a pris la 3e place lors des deux précédentes éditions, est lui aussi à la peine. Il s'est ouvert un genou lors d'une chute, mais reste dans la course, grimaçant de douleur derrière les deux hommes de tête.

L'air serein, le Français Xavier Thévenard, double vainqueur de l'épreuve, comble peu à peu son retard. Quelques semaines plus tôt, alors qu'il était en tête de la Hardrock 100, il a été disqualifié au 46e kilomètre pour avoir accepté de l'eau en dehors d'un ravitaillement, ce qui paraît très sévère. Beaucoup disent qu'il est d'autant plus décidé à bien faire ici. Peut-être même s'est-il juré de battre les Américains. Il n'a pas voulu s'étendre sur le sujet avant la course, mais il était clair qu'il n'avait toujours pas digéré cette disqualification.

* * *

Le jour se lève pour moi dans la descente vers le lac Combal, 13 kilomètres avant Courmayeur. Il a cessé de pleuvoir et le sentier semble plus sec, ce qui me permet enfin d'accélérer dans les descentes. Relâché, je dépasse en sautillant, ce qui me galvanise. Quand j'arrive au ravitaillement, j'ai l'impression qu'une nouvelle course commence.

Je ne suis plus coincé dans une longue procession. Les coureurs sont maintenant moins nombreux et semblent plus rapides. Personne ne traîne au ravitaillement. On attrape juste quelques trucs qu'on se fourre dans la bouche comme des hamsters affamés. Je ne le sais pas encore, mais je fais désormais partie des 1 000 premiers sur un total de 2 500 et je remonte rapidement au classement avec la multiplication des abandons.

Pour arriver à Courmayeur, qui se trouve à la mi-course, il reste une montée relativement courte et une très longue descente. Tom et Rachel, qui comptent mettre quelque chose comme 34 heures au total, ont prévu d'y arriver vers midi. Il n'est pas encore 7 heures du matin. Je me mets à faire des calculs. Bon sang, mais je suis sacrément en avance sur mon plan de marche. J'empoigne mes bâtons. Objectif : moins de 30 heures. Je me lance bille en tête dans la montée. Dans mon dos, le mont Blanc apparaît dans la lumière froide du matin, cerné d'immenses glaciers suspendus, avec ses éperons rocheux qui sont comme les pignons d'un château fort géant, mais la montagne n'est pas de taille à me résister. Je l'avale littéralement.

L'un de mes bâtons refuse toutefois de se déplier. Il faut faire le geste d'un coup sec, ça ne marche pas. J'ai beau tirer dessus, rien n'y fait, mais je suis en mode héros de film d'action. Ça n'a pas d'importance, un seul suffira. Je range le bâton cassé dans mon sac et je repars. Rien ne peut m'arrêter.

Un seul bâton suffit effectivement. C'est toujours une aide supplémentaire et je trouve ça pas mal. Je me sens un peu comme un berger arpentant la montagne. C'est bel et bien ce que je fais. En observant tous ces ultra trailers s'échiner dans la pente avec leurs deux bâtons pour atteindre un objectif illusoire, je me sens d'ailleurs un peu à part. Je les trouve à plaindre avec leur étrange comportement.

Ce petit jeu m'aide à avancer, mais il me fait aussi réaliser que je ne suis toujours pas complètement à l'aise avec l'ultra trail et tout son attirail. J'ai encore le sentiment que tout ça est trop compliqué, trop éloigné de la pureté simple de la course, de la liberté qu'on ressent quand on n'a pas à se soucier d'autre chose que du mouvement, quand on n'a qu'à aller d'un point A à un point B aussi vite que nos jambes nous le permettent.

Je vis mon fantasme pastoral jusqu'au sommet, puis, avec les chauds rayons du soleil dans le dos et le vent dans mes voiles, je dévale vers Courmayeur sur le sentier bien sec.

Au ravitaillement qui se trouve juste avant la dernière portion de la descente, la plus raide, un groupe de rock donne tout ce qu'il a, alors qu'il est 8 heures du matin. Marietta doit me retrouver avec les enfants à 17 heures à Champex-Lac. C'est seulement à 35 kilomètres. Je l'appelle.

– Eh, je pète le feu ! J'ai 3 heures d'avance sur mon programme. Vous feriez mieux de venir un peu plus tôt à Champex-Lac, sinon vous allez me rater.

Ma voix trahit mon enthousiasme. Elle déborde d'énergie.

– Tu as l'air super bien, dit-elle. J'espère que tu ne forces pas trop.

– Non, tout va bien. J'arrive à une descente. C'est ma spécialité. Je ferais mieux d'y aller. À tout' !

Je repars aussitôt. La dernière portion, juste avant d'arriver à Courmayeur, est l'une des plus raides et des plus techniques du parcours. Le chemin sinueux, sec et poussiéreux est envahi de racines qui forment de grosses marches mais je suis dans mon film, en pleine course-poursuite, survolant les obstacles en hurlant. Je me demande si je n'en fais pas un peu trop mais ralentir, ne serait-ce qu'un peu, me fait beaucoup plus mal aux jambes. Les muscles qui me permettent de freiner ont été mis à mal dès le début de la course. Du coup, laisser aller pleine balle me paraît plus facile. Les gens disent qu'on se détruit les quadris dans une course comme celle-là.

– Si tu fais bien, m'a dit Joe Kelly, tes quadris ne sont même pas impliqués. On ne les détruit qu'en freinant.

Alors, je laisse aller, je cours et je bondis. « *Brakes off, brain off*[28] », disent les *fell runners* du Lake District. Ils ont raison, c'est plus rapide et plus facile.

---

28. Freins lâchés, cerveau débranché.

Et donc, je déboule à Courmayeur – la mi-course – 15 heures après le départ. Un sac d'allègement m'y attend. T-shirt, chaussettes et chaussures propres. Je n'ai pas l'intention de m'attarder. Juste un arrêt aux toilettes. Mon appareil digestif semble aller mieux. J'ai le sourire aux lèvres et je tape dans les mains des spectateurs. Jusqu'ici tout va sacrément bien.

* * *

À l'avant, un coup de théâtre vient de se produire. Kilian Jornet a abandonné. À ce qu'on dit, une abeille l'a piqué quelques heures avant le départ et il a été victime d'une allergie. Pour ne pas courir le risque de lui administrer une substance prohibée, le médecin de son équipe a eu recours à un produit qu'il n'avait jamais pris. Il s'est senti parfaitement bien jusqu'à Courmayeur, dira-t-il après la course, mais dans l'ascension qui suit le ravitaillement, une violente réaction allergique s'est produite. Il avait du mal à respirer, souffrait de douleurs thoraciques et de nausées. Jugeant dangereux de continuer dans cet état, il a donc décidé d'abandonner.

Avec les deux grands favoris hors course, Zach reste seul aux commandes, cravachant sans relâche dans son style inimitable. Après le passage au point culminant du tracé, il est pourtant repris par Thévenard. Du ravitaillement de La Fouly à Champex-Lac, ils font course commune, relançant à tour de rôle.

– Avec le recul, je peux dire que je me suis emballé, que j'ai trop donné, me dira Zach, le dimanche soir, dans un bar de Chamonix.

C'était sa troisième tentative à l'UTMB et sans doute la meilleure, quoi qu'il en dise, mais sur les images tournées dans la montée vers Champex-Lac, le contraste entre les deux hommes est saisissant. Zach a l'air à la peine alors que Xavier semble glisser sans effort. Attendant son heure, il le laisse prendre les commandes sans résister.

Arrivé au ravitaillement, Zach, assis, paraît dévasté alors que Xavier, imperturbable et efficace, se change et boit tranquillement, debout face à la table voisine. Zach, visiblement déconcerté, n'arrête pas de se retourner pour l'observer. Une fois Xavier reparti seul en tête, il quitte le ravitaillement en titubant. Quelques heures plus tard, une blessure au mollet jusque-là gérable s'aggrave, puis le contraint à l'arrêt. Il finira par être héliporté.

– Je ne voulais pas redescendre en hélicoptère, me dira-t-il. Ça me semblait inutile. Je veux dire que je pouvais encore marcher. Tim ne le voulait pas non plus.

Tim Tollefson est donc évacué de la même façon après une nouvelle chute. C'est l'hécatombe à l'avant. Parmi les grands favoris, seul Xavier Thévenard est encore en course.

D'après Hillary Allen, qui faisait l'assistance de Zach, il croyait vraiment qu'il allait gagner.

– Et je pensais aussi qu'il allait le faire, surtout après la façon dont la première moitié s'était passée. Il court avec tellement de cœur et de générosité que ça l'a vidé... Il a trop donné.

À son arrivée au ravitaillement de Champex-Lac, dit-elle, il était désorienté, il avait des crampes, il ne pouvait rien avaler et n'était pratiquement plus capable de courir.

– Je pense qu'il savait que sa course était terminée.

Cette hécatombe fait les affaires de Damian Hall qui, comme à son habitude, remonte lentement mais sûrement au classement. À 9 heures, il est 7e et en pleine forme. Il plaisante avec ceux qui le filment, leur offre des chips, boit le thé en disant adorer cette météo très britannique, avec Phil Collins et Kate Bush en boucle dans les oreilles.

* * *

En quittant Courmayeur, je me sens fourbu et raide. Je suis resté assis trop longtemps. Il restait peu de places sur les longs bancs et je me suis retrouvé face à Martin, un Anglais qui m'a reconnu. Il avait assisté à une conférence sur l'ekiden au Japon que j'avais donnée à Londres. Il m'explique qu'il a abandonné à Champex-Lac, l'année dernière, après s'être ouvert une cheville. La plaie s'était ensuite infectée. Il est revenu cette année pour achever ce qu'il a commencé, ce qui est assez courant. Beaucoup de ceux qui ne terminent pas se sentent obligés de revenir. Ils refusent de s'avouer vaincus. Une fois la poussière retombée, les regrets remontent à la surface. « J'aurais dû partir plus lentement, manger plus... » Avec le recul, les causes de l'abandon sautent aux yeux et paraissent faciles à régler. La douleur, la souffrance, les tourments, les doutes, le désespoir... Tout est oublié. « La prochaine fois, je boirai plus, je partirai moins vite. » Dans le cas de Martin, le problème venait de sa lampe frontale. L'année dernière, elle n'éclairait pas suffisamment et il est tombé. Cette fois, il semble serein. Il est assis là depuis une heure, me dit-il.

– Je devrais y aller. Je ne sais pas pourquoi je suis toujours là.

– Ben, tu prends du bon temps. C'est déjà la mi-course.

– Non, pas tout à fait, corrige-t-il en me regardant droit dans les yeux. Je veux dire, ils appellent ça la mi-course, mais on n'a fait que 80 kilomètres.

Je prends ça comme un direct au foie. J'essaie de ne pas le montrer, mais l'inquiétude m'envahit soudain. Je reste assis là, dans ce gymnase, alors que les minutes défilent. J'ai un bol de soupe devant moi, mais elle est trop chaude. Autour de moi, des tas de gens s'affairent, changent de chaussettes, fouillent dans leurs sacs... Il faut que je me remue. La mi-course est donc 5 kilomètres plus loin, et d'ici là, il n'y a que de la montée. Il se pourrait bien que je n'y arrive pas avant midi, ce qui est l'objectif de Tom et Rachel.

À la sortie de Courmayeur, la pente est raide et, pour la première fois depuis le départ, je ressens une fatigue accablante. J'essaie de me souvenir du Lavaredo et du 100 Miles Sud de France, mais seuls les pires moments, les portions qui n'en finissaient pas, me reviennent en mémoire. Mes pensées s'éparpillent, mon recueillement de moine s'est volatilisé. Je me souviens de ce qu'a dit Sondre quand nous étions au café, à Chamonix : son gros problème, c'est qu'il pense trop tôt à l'arrivée. Je lui ai demandé pourquoi c'était un problème, si penser à l'arrivée ne le galvanisait pas. Il n'a pas su s'expliquer, mais je sais maintenant pourquoi c'est un problème. J'y pense moi aussi sans arrêt, mais ce n'est pas une bonne chose parce qu'elle est encore loin. La distance semble de plus en plus menaçante, comme une tempête insurmontable. Repoussé par ses vents, on n'a plus qu'une envie : se mettre en boule dans son manteau.

En fin de compte, c'est toujours le même problème : se projeter, c'est quitter le moment présent. Il faut que j'y revienne. J'essaye d'écouter de la musique, mais c'est un truc de plus à gérer, alors je range mes écouteurs et me contente de marcher.

Après quelques heures pénibles, j'arrive au ravitaillement d'Arnouvaz, qui se trouve au 95e kilomètre, au pied de la terrible ascension qui mène au point culminant du tracé, le légendaire Grand col Ferret. Quand j'entre dans la grande tente blanche pour aller faire ma moisson périodique de caloris, un officiel me barre la route, main levée.

– Finn, le collant est obligatoire à partir d'ici. Il fait -10 °C au sommet.

En descendant à Arnouvaz, je n'ai pas cessé de regarder les montagnes imposantes qui se dressaient devant moi, leurs sommets masqués par de tumultueux nuages noirs et menaçants, lancés à l'assaut de leurs contreforts. Je n'en mène pas large à l'idée d'aller là-haut par -10 °C, mais je dois l'accepter et continuer à avancer.

Sous la tente bourdonnante comme une ruche, tout le monde enfile collants, vestes imperméables, bonnets. Après avoir mis tout ce que j'ai sur moi, je sors pour aller prendre ma place dans la longue file qui monte en pointillés colorés vers le col et disparaît dans les nuages. J'ai du mal à croire que mes jambes puissent m'amener là-haut, mais je commence lentement, régulièrement, d'un pas lourd. C'est interminable.

Parfois, un regain d'énergie me permet d'accélérer et j'en profite pour doubler en coupant par la partie la plus raide et la moins empruntée du sentier, mais ça ne dure pas.

Plus haut, nous pénétrons dans les nuages qui déferlent tout autour de nous. Le vent semble vouloir me pousser vers l'abîme qui s'ouvre devant moi. Je suis content de ne pas passer ici de nuit. Le vide, qui promet une mort certaine, serait moins visible. Je dois lutter contre le vent pour passer la crête et atteindre le col, où un type est bizarrement assis dans une boîte en verre. Je lui fais comprendre par gestes que j'ai soif et il sort, une bouteille d'eau à la main. Je le remercie avant d'entamer la descente sur l'autre versant.

J'ai les jambes trop lourdes pour me laisser aller, mais je gagne quand même quelques places. Il me faut toutefois une bonne heure pour arriver à La Fouly, dans le fond de la vallée. Il est 18 heures. Je suis en mouvement depuis 24 heures. J'essaie de courir sur la route plate qui mène au ravitaillement mais il n'y a pas moyen. Un fusible a sauté. Mes jambes sont hors service. Je peux à peine marcher. Le ravitaillement se trouve dans une petite grange surpeuplée avec quelques bancs et des tables. Je me glisse péniblement à l'intérieur et me trouve une place.

– Hello !

Je me redresse. C'est Martin. Je suis à nouveau assis à côté de lui.

– Je n'arrive pas à partir d'ici, dit-il.

Il a l'air un peu sonné. Je m'affale sur mon siège. La hâte qui m'animait aux précédents ravitaillements a disparu. Je veux juste m'arrêter, m'allonger.

– Ce qui est positif, reprend Martin, c'est qu'on a beaucoup d'avance sur la barrière horaire.

Je jette un œil au panneau accroché au mur. Dans 5 heures, la course s'arrêtera ici et tous ceux qui ne seront pas passés seront disqualifiés. Je n'avais pas encore pensé aux barrières horaires. Le temps limite pour terminer la course est de 46 h 30. Ça devrait me laisser le temps de dormir, de récupérer, de faire une partie d'échecs avec mon fils Ossian et d'acheter une douzaine de glaces. Pourquoi parle-t-il de barrière horaire ? Mais plus j'y pense et mieux je réalise à quel point mon objectif de 30 heures est devenu inaccessible.

– Tiens, il se remet à pleuvoir, dit Martin.

Dehors, le ciel est uniformément gris. Un frisson me parcourt l'échine. Il me reste plus de 70 kilomètres à parcourir et trois grands cols à franchir, d'après le profil. Je demande à Martin à quoi ils ressemblent.

– Mouais… Pas bon. Assez durs. Sûrement les pires. Je ferais mieux d'y aller.

Et, là-dessus, il se lève.

– Allez ! Finis-moi ça ! je lui dis, en tâchant d'y mettre un peu d'enthousiasme.

Il part. Je me sens vidé. Un grand écran a été installé dans la grange et des messages d'encouragement y passent à plein volume. Des mères et des enfants sur des canapés blancs braillent et gloussent en français ou en italien. J'ai besoin de sommeil. Je me souviens de ce que m'a dit Gary Gellin : « Ce qui tue, c'est le manque de sommeil. Même une sieste de deux minutes peut faire du bien. » Quelques Japonais dorment sur la table, la tête posée sur le sac. J'essaie de faire comme eux mais le bruit est assourdissant. J'ouvre les yeux. Impossible de dormir, et je ne peux pas bouger non plus. À côté de moi, un coureur et sa femme parlent très fort, en russe. Elle a l'air agacée. Un bénévole arrive – il n'a pas plus de 16 ans – et lui explique qu'elle ne peut pas rester là.

– C'est fini. J'arrête, dit le Russe.

Son épouse se renfrogne.

– Vous voulez abandonner ? demande le garçon, un peu confus.

J'observe la scène comme un enfant trop fatigué pour détourner le regard, mais l'idée s'incruste solidement dans mon esprit. Je vais abandonner, moi aussi. Quelle idée délicieuse. Rien ne m'empêche de mettre fin à tout ça, d'actionner l'arrêt d'urgence. C'est si facile.

Le Russe a décroché son dossard et l'a donné au garçon. Sa femme a l'air dégoûtée. Lui se contente de hausser les épaules. Je sais ce qu'il ressent, mais qu'est-ce que ça peut faire ? Arrivé à un certain stade, personne ne peut décider pour vous. Ça me rappelle ce que dit Lazarus Lake dans le film sur la Barkley, après l'abandon de la plupart des coureurs : « Passé un certain seuil, chacun a sa propre définition du succès et de l'échec. »

J'ai couru huit ultras en dix-huit mois et je les ai tous finis. Je peux me permettre un abandon. Pas de problème. Je réalise que je suis là depuis près d'une heure. Je sors mon téléphone pour appeler Marietta.

Elle doit attendre depuis des heures avec les enfants à Champex-Lac. Je me demande s'ils y sont encore. J'imagine que les enfants en ont eu marre, qu'ils sont devenus intenables et qu'elle a dû les ramener à Chamonix. Dire que je l'ai appelée ce matin pour lui demander de venir plus tôt que prévu… Je devrais être là vers 13 heures, je lui ai dit. Il est presque 19 heures et il me reste 14 kilomètres à faire. L'appel ne passe pas. Ici, c'est la Suisse, qui ne fait pas partie de l'UE ni du système d'itinérance gratuit. Mon téléphone me dit qu'il faut télécharger une application, puis modifier mes paramètres. Je le remets dans ma poche. J'essaye de réfléchir. Il reste 14 kilomètres pour arriver à Champex-Lac mais l'essentiel est en descente et en pente douce. En marchant, je peux y arriver en 3 heures. Je pourrai m'arrêter là, mettre fin à mon aventure dans l'ultra au crépuscule, sur le bord du lac avec ma magnifique famille. Ce sera une fin plus digne qu'ici. Cent vingt kilomètres, c'est déjà un bel effort. Je ne peux pas toujours être un héros. Ça ne me ressemble pas. Je n'ai pas besoin de prouver quoi que ce soit. Je me souviens de ce qu'a dit Govinda quand il a renoncé à sa tentative de record du Ring of Fire : « Je sais qui je suis. » Non, je ne me résumerai pas à ça. C'est juste une course. La finir ou pas ne change rien à ce que je suis.

Alors je me lève et remets mon sac sur mon dos. C'est juste 14 kilomètres. *Let's go !*

Me remettre en mouvement me donne l'impression d'accomplir un acte héroïque. Quelques spectateurs m'applaudissent.

– Bravo !

Ils ne savent pas qu'il ne me reste que 14 kilomètres.

Deux minutes plus tard, je suis sur le point de faire demi-tour. Même en marchant, la distance me paraît insurmontable. Je me dis qu'on me conduira bien à Champex-Lac. Je trouverai bien quelqu'un pour m'y emmener.

Mais la pluie a cessé. D'autres spectateurs m'encouragent. Malgré moi, je me remets dans le sens de la marche.

Je sais que Marietta va essayer de me convaincre de continuer. Elle me rappellera ma résurrection aux 24 heures de Tooting. À la fin, je sprintais après avoir été au plus mal. Je me suis juré ce jour-là de ne plus jamais dire : « C'est impossible. Ça ne reviendra pas. » Mais... J'ai tellement de *mais* à dire, à elle comme à moi-même. Ici, ça n'a rien à voir avec une piste londonienne, ou avec l'île d'Anglesey, où ça m'est aussi arrivé, ni même avec les collines de Californie. Il me reste 70 kilomètres à faire, d'immenses montagnes à franchir et une deuxième nuit sans sommeil par des températures glaciales. Je me souviens de mes hallucinations pendant la deuxième nuit, dans le sud de la France. Je suis déjà passé par là. Je n'ai pas besoin d'y retourner. Cette perspective m'effraie. Et si je tombais d'une falaise ?

J'essaie de ne pas y penser mais j'ai lu le livre d'un gars qui s'était entraîné pour un ultra prestigieux et qui avait abandonné. Il n'était pas blessé, mais n'avait pas trouvé la force de continuer. J'avais été tellement déçu... Comment peut-on écrire un livre là-dessus ? C'était comme s'il m'avait laissé en plan après m'avoir promis un beau voyage. Ça m'avait rendu fou. Je ne voulais surtout pas que mon livre finisse comme ça. Chers lecteurs, je suis navré mais je suis épuisé. Je n'ai plus de jambes. J'espère que vous comprenez. Soixante-dix kilomètres de nuit, en montagne, dans cet état, ce n'est pas raisonnable. Maintenant, j'en suis désolé, je n'en ai plus rien à faire. C'est juste un bouquin à la con. Navré, ma sécurité est bien plus importante.

Alors que je poursuis mon chemin dans le splendide val Ferret, une racine me fait trébucher et j'ai à peine la force de me rattraper. C'est une confirmation. L'état de mes quadris se détériore un peu plus à chaque pas, alors qu'il s'agit d'une descente en pente douce. J'imagine ce que ce serait de nuit en pente raide... Ce n'est pas raisonnable. Je dois abandonner.

Soudain, je me demande si je ne suis pas trop pessimiste, si je ne suis pas en train de laisser mon esprit prendre le dessus, mes doutes m'affaiblir. Je me remets à courir en me disant : « Trouve la force ! Oublie les 70 kilomètres. Oublie la nuit. Reste ici et maintenant. » Pendant quelques instants, mes jambes vont mieux. Je cours. En tous cas, j'en ai l'illusion mais la fatigue est accablante. La douleur n'est pas une illusion. Je suis vraiment épuisé. Certaines limites sont certainement des inventions de notre esprit, mais au bout d'un moment, on doit bien finir par en atteindre de réelles. Cette fois, j'ai atteint les limites de l'endurance. Je suis au bord du gouffre, au bout de la route. Ce fut un fabuleux voyage, mais c'est ici qu'il s'achève.

Voilà, ma décision est prise. J'en suis sûr à 100 %. J'arrête à Champex-Lac. Je ne vois pas ce que Marietta pourrait trouver à me dire. Elle ne veut pas que je risque ma vie. Ça n'en vaut pas la peine. Je fais les derniers kilomètres jusqu'au ravitaillement, qui est perché sur un promontoire, avec un petit groupe où tout le monde a l'air aussi épuisé que moi. Sachant que j'en ai pratiquement terminé, je trouve la force de presser le pas, mais j'ai de la peine pour ceux qui sont autour de moi. Tous vont sûrement abandonner ici aussi. S'ils continuent, ils n'arriveront pas avant la fin de la matinée. Je ne vois pas comment ils pourraient accepter ça. Je suis convaincu qu'ils vont tous arrêter. C'est de la folie de continuer. Je trébuche à nouveau sur une racine. « Tu vois bien... », je me dis.

Comme toutes les ascensions de cette foutue course, celle-ci est plus longue que je ne le pensais. J'aperçois régulièrement des bâtiments entre les arbres, dans la lumière déclinante, mais ce ne sont pas des bâtiments. Il n'y a rien d'autre que des arbres et des rochers.

On débouche finalement sur une route goudronnée. Les voilà, sur le bord de la route : Marietta, ma fille Uma et Ossian. Je lève les bras au ciel. C'est mon arrivée. Je crie :

– Ouais ! Enfin !

Ils m'observent en silence. Qu'est-ce qui ne va pas ?

Je me suis trompé. Ce sont trois femmes qui se demandent ce que je fabrique.

– Désolé, je vous ai pris pour d'autres, je dis en m'efforçant de ne pas éclater en sanglots.

Puis un cri retentit :

- Adharanand !

J'ai bien entendu ?

Oui, c'est Marietta et Ossian. Je me traîne jusqu'à eux. Ils me prennent par la main, chacun d'un côté.

– Je m'arrête ici, je dis en m'étranglant. Je ne peux pas continuer.

– C'est super, ce que tu fais, Papa ! répond Ossian.

Je le regarde. C'est le genre de chose qu'il faut dire.

– Non, ce n'est pas terrible. Je suis trop fatigué. Je n'ai plus de jambes.

– Allons au ravitaillement, dit Marietta, en me cajolant. Il faut manger quelque chose.

– Non, tu ne comprends pas. Ce n'est pas la même chose.

Ça n'a rien à voir avec ce qui s'est passé sur la piste de Londres. Cette fois, c'est dangereux. Elle m'emmène malgré tout au ravitaillement, me fait asseoir et va chercher les filles.

Je me tourne vers le gars assis à côté de moi. C'est Martin.

– Salut !

– Eh, comment va ?

– Je vais arrêter. Je peux à peine marcher...

– Tu es blessé ?

– Non, mais j'ai les quadris explosés. Complètement explosés. Je ne peux plus descendre.

Ce n'est pas tout à fait vrai, mais presque. Il a l'air encore plus sonné qu'avant.

– Ouais. C'est dur, dit-il.

Il hésite, m'observe.

– Mais... quand tu vas te réveiller demain, tu te diras : « J'aurais pu continuer » et ce n'est pas ce que tu veux.

– Non, honnêtement, ce n'est pas ce que je me dirai. Je ne crois pas que je pourrai oublier la douleur. Je suis complètement vidé.

Il hoche la tête, plein d'empathie.

– Bon, si c'est comme ça...

Marietta est de retour.

– Viens voir les enfants, dit-elle en me prenant par la main.

* * *

Le ravitaillement de Champex-Lac est installé sous un immense chapiteau avec d'innombrables rangées de bancs. Il y règne une agitation et une tension postapocalyptique, mais là, en plein milieu, dans la zone réservée aux familles, se trouvent les trois lumières de ma vie.

Je me traîne jusqu'à eux et ils me serrent tous très fort dans leurs bras en me répétant que ce que je fais est super. On trouve un endroit pour s'asseoir. Uma me caresse le bras. Elle ne peut plus me lâcher. Ossian me serre à nouveau dans ses bras.

– Tu peux le faire, papa, dit Uma.

– Non, je ne peux pas, je dis en secouant la tête et en retenant mes larmes.

– Si tu peux, dit Ossian. On sait que tu peux.

Cette fois, je fonds en larmes.

– Parfois, c'est bien d'arrêter. Parfois, on ne peut pas y arriver, mais ce n'est pas grave.

Les gens qui sont à côté de nous nous observent. L'affection d'Uma et d'Ossian les bouleverse. Uma me serre encore plus fort.

– C'est bien, dit-elle, tâchant de me réconforter. C'est super, ce que tu fais.

Marietta me propose un café, de la soupe, mais ce n'est pas la peine. Il n'y a plus rien à faire.

– Tu peux dormir un peu et voir comment tu te sens après. Il y a des lits ici.

Il est déjà tellement tard.

– Je vais me réveiller encore plus raide si je dors. La seule chose qui pourrait éventuellement me faire du bien, c'est un massage.

Au moment où je le dis, je réalise que je leur donne un faux espoir. Marietta va aussitôt voir s'il y a des masseurs, mais il me reste encore 63 kilomètres à faire dans la nuit glaciale, seul en pleine montagne, avec des hallucinations. J'ai peur et un massage n'y changera rien.

Ce n'est pas la peine.

C'est terminé.

Lila, mon aînée, qui a 14 ans, est restée assise sans rien dire depuis mon arrivée. J'imagine qu'elle est de mon côté, qu'elle trouve tout ça insensé et qu'elle veut juste rentrer à Chamonix.

– Qu'est que tu en penses, Lila ?

Elle me regarde, pèse ses mots.

– Et Tom et Rachel ? dit-elle. Ils devraient arriver bientôt. Tu pourrais courir avec eux.

Tom et Rachel... Je les avais complètement oubliés. Sont-ils toujours en course ? Une lueur scintille au loin. Je respire. Je n'avais pas pensé à ça. On peut faire confiance à Lila pour voir les choses différemment. Avec Tom et Rachel, ce serait plus sûr, mais sont-ils toujours en course ? Marietta est de retour. Elle a trouvé des masseurs. Elle dit que Tom et Rachel avaient une demi-heure de retard sur moi la dernière fois qu'elle a vérifié. Ils devraient arriver d'une minute à l'autre. Elle me tire par le bras et m'emmène à la tente de massage. À l'intérieur, je m'allonge avec précaution sur une civière et le kiné malaxe mes quadris dévastés. Il appelle un deuxième kiné pour qu'il s'occupe de l'autre jambe. Les lumières blanches de la tente dansent autour de moi, même quand je ferme les yeux.

Quand je les rouvre, Tom Payn est penché sur moi. Il a l'air d'un lion déchaîné.

– On va y arriver ! dit-il en attrapant ma main.

Sa poigne me communique une puissance, une énergie folles.

– Tu vas courir avec nous. On va y arriver ensemble.

Tom connaît ce parcours. Il sait ce qu'il fait. Je serai en sécurité avec lui. Mon Dieu... Je n'y crois pas... Est-ce que je vais vraiment repartir, sauter à nouveau par-dessus bord ?

Tom est parti. Marietta est revenue. Elle m'observe tendrement, en attendant que je le dise. Le massage est terminé. Je me lève. Mes jambes vont vraiment mieux.

– Ok. Je vais continuer.

* * *

Quand je suis arrivé à Champex-Lac, les premiers avaient déjà eu largement le temps de rentrer, de se doucher et d'aller manger un morceau à Chamonix. Après l'abandon de Zach, Xavier Thévenard fait une course sans faute et s'offre un troisième titre à l'UTMB. Juste avant la ligne d'arrivée, il se retourne et se verse un peu d'eau sur la tête, pour rappeler sa disqualification de la Hardrock. C'est quelqu'un de discret auquel on donnerait tout au plus 14 ans, mais c'est aussi un compétiteur acharné qui a tout fait pour gagner.

« Comme si un peu d'eau pouvait changer quoi que ce soit à un 100 miles », dit-il après la course. Mais tout est oublié. C'est le héros du jour à Chamonix.

Retour en arrière de quelques heures. L'irrésistible Damian Hall avec sa petite foulée rasante poursuit sa remontée pour terminer 5e en 22 heures. Le sous-fifre a réalisé son rêve. L'ancien journaliste, qui a commencé l'ultra à près de 40 ans pour les besoins d'un article, évolue désormais dans les plus hautes sphères de la discipline. J'ai peut-être rêvé mais le lendemain, pendant les interviews d'après-course, il me semble que son humilité très anglaise se teinte d'un peu de l'arrogance propre à certaines stars de l'ultra. Sa casquette de baseball lui va mieux que jamais.

* * *

Pendant ce temps, notre petite troupe s'apprête à passer sa deuxième nuit dehors. On plaisante, on rit, on oublie ce qui nous attend, on met nos forces en commun.

Ensemble, nous nous dirigeons vers les montagnes plongées dans l'obscurité. Quand l'un ralentit ou s'arrête, les deux autres l'attendent. Rachel doit même dormir cinq minutes sur le bord du chemin, la tête sur une roche plate. Tom règle son alarme et nous attendons assis là.

Le chemin est encore plus long et plus raide que je le craignais. Chaque pas est une torture pour mes jambes mais Tom prend soin de nous et nous encourage, bien qu'il souffre lui aussi du manque de sommeil.

Lui et moi avons les mêmes hallucinations. On voit tous les deux des bâtiments partout – de petites cabanes, des chalets, des tentes et même des cabines téléphoniques. À chaque fois, je me demande ce que ça fait là. C'est assez improbable, ici en pleine montagne, mais tout ça a l'air tellement vrai.

À mesure que j'approche, je comprends petit à petit que ce n'est pas réellement là ; le plus étrange, c'est qu'après avoir réalisé qu'il s'agit d'une hallucination, que ce n'est pas un bâtiment, j'ai toujours du mal à savoir ce que c'est. À chaque fois, ça se transforme d'abord en une espèce de ruine chaotique et c'est seulement quand je peux toucher que je réalise qu'il s'agit d'un rocher ou d'un arbre, mais son aspect reste étrange.

Quelques heures plus tard, dans la descente vers la base-vie suivante, je me laisse de plus en plus distancer. Je suis de plus en plus lent. J'ai l'impression d'empêcher Tom et Rachel d'aller à leur rythme. Je leur propose donc de continuer sans moi. Maintenant qu'ils m'ont sauvé, je peux m'en sortir sans eux. La crise est passée. Mes envies d'abandon ont disparu. Je suis sûr que le pas lourd auquel je me suis résigné finira par m'amener à bon port. Je sais qu'en Australie, le père de Rachel la suit en ligne et qu'elle tient à ce qu'il soit fier d'elle.

Mes parents à moi, qui sont à une soirée à Brighton, me suivent eux aussi et tous les invités font comme eux avec leur téléphone portable. Des gens qui n'ont jamais entendu parler de l'UTMB ni d'ultra trail sont soudain obsédés par un petit point sur un écran. Je les entends applaudir, m'acclamer et trinquer à ma santé chaque fois que je passe un point de contrôle.

Tom et Rachel sont d'accord pour continuer sans moi. Je les regarde disparaître. Me voilà à nouveau seul face à la pente et à l'obscurité. C'est incroyablement raide. Cette ascension est l'une des plus difficiles de la course, mais il n'est plus question de m'avouer vaincu. Tout mon être est focalisé sur l'idée d'avancer. Je puise au plus profond de mes ressources. C'est ce que cherchent les coureurs d'ultra : fouiller de plus en plus profond pour aller voir de quoi ils sont faits. Moi, je ne suis plus qu'un mouvement lent et grinçant, inerte et machinal. Le temps n'existe plus. Il ne compte plus. Je creuse lentement, sans rien chercher, seulement résigné à avancer. C'est étrangement paisible.

Je monte à n'en plus finir en plantant mes bâtons – j'ai pu débloquer celui qui était coincé. Je suis comme un animal blessé à l'agonie, mais je continue. Quelque chose en moi refuse de s'effondrer et de mourir.

Arrivé à peu près à mi-pente, je décide de m'asseoir un moment sur un rocher pour reprendre mon souffle. Je sais que je ne dois pas m'attarder. La fatigue, le froid, la raideur... C'est le mouvement qui les tient à distance.

Rompant le silence, un crissement me parvient du fin fond de l'obscurité. Je vois des lumières approcher, des jambes aller lentement d'avant en arrière, l'une après l'autre. Comme des morts-vivants en file indienne, cinq gars arrivent pas à pas à ma hauteur. L'un d'eux me fait signe de les suivre. Son geste est bref, à peine esquissé. Il n'a pas la force de faire plus. Il signifie : « Viens avec nous, si tu veux t'en sortir. »

Je me lève et leur emboîte le pas. Au sommet, à la sortie de la forêt, l'aube du troisième jour se lève. Les montagnes apparaissent, immenses et majestueuses dans la lumière bleutée. À leur pied, des bancs de brume serpentent dans les vallées. Leurs formes semblent plus douces aujourd'hui. Le ciel est clair et calme. Il semble que le mauvais temps soit passé.

Dans la descente, je ne vais pas très vite mais je ne suis pas totalement démoli non plus. Je progresse par petits bonds douloureux, en essayant de mettre un maximum de poids sur mes bâtons pour épargner mes jambes. Une piste rocailleuse. Encore de la forêt. Alors que je descends avec précaution entre les arbres, j'aperçois la silhouette découragée d'un coureur penché sur ses bâtons, adossé à un rocher. C'est Martin.

- Eh !

Il m'observe, perplexe.

- Ah, mais tu es toujours en course ! dit-il.

Il peut à peine avancer tant son tibia le fait souffrir. Si j'ai réussi à le rattraper, c'est sûrement qu'il déguste, mais je ne vois pas comment l'aider.

– Vas-y, ajoute-t-il. Je vais y arriver.

L'air se réchauffe au fil de la descente. Le son des cloches et des applaudissements nous parvient à travers les arbres. Le ravitaillement est proche, mais c'est toujours plus loin qu'on ne le pense. Encore un bout de descente, une nouvelle portion de route... Il en reste toujours et c'est quand on a perdu tout espoir d'y arriver qu'il apparaît.

Vallorcine, c'est la dernière base-vie. Elle se trouve à 19 kilomètres de l'arrivée. J'entre et balaye la pièce du regard, comme un zombie. Il est presque 8 heures du matin et je cours depuis 38 heures. Tom et Rachel sont là, assis par terre devant un radiateur soufflant. Ils ont l'air frigorifiés et désorientés.

– Cette route... c'était la pire portion, non ? Horrible ! dit Rachel.

Je ne sais pas de quelle portion elle parle. Montée, descente... Pour moi, tout se vaut. Ses jambes à elle sont mortes, explosées. C'est ce que je ressentais à La Fouly, mais ici, il ne reste plus qu'une montée. Elle va y arriver. Son père la suit. À nouveau réunis, nous repartons ensemble.

Il nous faut encore 5 heures pour arriver à la route qui mène à Chamonix. Rachel est encore plus anéantie que moi maintenant mais pas question d'arrêter si près du but. On forme une équipe. On va y arriver ensemble. Côte à côte, nous traversons la ville en courant pour de bon. Ça me paraît étrangement facile. Je ne vais pas vite mais je cours sans efforts, tout en bavardant. C'est comme si je m'observais pendant mon jogging. Dans la dernière portion, les rues sont noires de monde, les gens nous applaudissent. Je suis un peu déçu d'avoir mis si longtemps mais ce bain de foule est une bénédiction. Plus on approche de l'arrivée et plus la clameur monte. Nous nous sourions de toutes nos dents. Plus de 22 heures après l'arrivée du vainqueur, la foule est toujours là. C'est bouleversant.

Et puis je les repère. Uma et Ossian sont là.

– Venez ! Venez !

Ossian attrape ma main et Uma celle de Tom. Tous les cinq, main dans la main, nous nous engouffrons dans un tunnel assourdissant, comme si c'était nous les vainqueurs.

Et la voilà, l'arrivée. Les bras levés, nous franchissons la ligne. On l'a fait ! Nous sommes remontés vivants du fin fond de l'abîme. Marietta est là. Lila aussi. Il y a les amis de Tom et Rachel. Place aux embrassades, aux sourires, aux photos.

Voilà... C'est fini. Plus besoin de courir. Pas besoin d'aller plus loin. Nous y sommes.

19

Un peu plus tard dans l'après-midi, nous rentrons au camping. Entre-temps, j'ai bu une bière avec Tom et Rachel, assis dans l'herbe derrière l'aire d'arrivée. Nous sommes restés là, sans dire grand-chose, à apprécier la compagnie, alors que les coureurs continuaient à arriver, acclamés tour à tour par la foule.

Je marche comme dans un rêve, toujours victime d'hallucinations qui amusent beaucoup Ossian. En sortant des sanitaires du camping, je le retiens doucement pour qu'il cède le passage à une vache.

– Quelle vache ? dit-il, en cherchant à savoir si je plaisante ou pas.

– Hé ! Papa a encore des hallucinations ! hurle-t-il à ses sœurs, à l'autre bout du camping.

– Et maintenant, tu vois quoi ? ajoute-t-il en m'observant attentivement.

Dans les douches, j'ai entendu quelqu'un entrer dans une cabine et allumer une radio. Je suis resté là à écouter, grelottant sous le jet bien moins chaud et réconfortant que je l'espérais. J'ai trouvé bizarre que quelqu'un amène sa radio sous la douche, au camping. Elle diffusait un morceau des Bee Gees. Au bout d'un moment, j'ai remarqué non seulement que le morceau passait en boucle, mais qu'il s'agissait toujours du même extrait. J'ai écouté plus attentivement, en essayant de distinguer les paroles. De plus en plus concentré, j'ai fini par réaliser que ce n'était pas du tout les Bee Gees mais juste le son de l'eau s'écoulant dans la douche.

Kieran Alger m'a dit qu'en se brossant les dents, à son hôtel, immédiatement après son abandon au Lavaredo, il s'était dit qu'il aurait pu finir, s'il avait continué. Le souvenir de la douleur se dissipe tellement vite.

Marietta me l'a dit à la dernière base-vie de Champex-Lac, où ils étaient tous là :

– Tu le regretteras si tu abandonnes.

Je me disais : « Non, ce n'est pas possible. Je n'oublierai pas à quel point j'étais détruit. » À ce moment-là, je me sentais complètement au bout du rouleau.

Mais oui, je l'aurais regretté presque instantanément. En allant me coucher ce soir-là, j'aurais su au fond de moi que je pouvais continuer. Je n'étais pas blessé, pas malade. Je me serais senti terriblement mal, allongé là, sachant que d'autres étaient encore dans la montagne, que Tom et Rachel continuaient à avancer, que Martin, sonné et confus, se battait toujours, qu'il était encore en course, même s'il avait du mal à quitter les ravitaillements. Il lui a fallu 45 h 30 mais il a terminé.

Avec le recul, je me rends compte que ma défaillance a été brutale. À La Fouly, où le Russe a abandonné et m'en a donné l'idée, je gagnais encore des places et c'est là que mon classement – aux alentours de la 800e place – a été le meilleur, mais c'est là aussi que tout a basculé. Mon esprit a profité d'un moment d'inadvertance. Il s'est engouffré dans la brèche. À cause des multiples coups de frein du début de course, dans les embouteillages, mes quadris étaient morts. Au Lavaredo, j'ai pu courir sans entraves, ce qui m'a permis d'y échapper. Cette fois, je n'ai pas eu cette chance et il me restait plus de 70 kilomètres à faire. C'était trop pour mes jambes bousillées.

La discussion sur les barrières horaires m'a elle aussi déstabilisé. Une fois de plus, c'était la montre qui me jouait des tours. Elle m'arrachait à l'instant présent. Mais le coup de grâce est venu de la nuit, du danger de mort. Tout ça semble un peu exagéré aujourd'hui, mais mon esprit savait que j'étais devenu trop résistant pour succomber à des coups plus subtils, moins appuyés. Il savait qu'il devait donner l'estocade, tuer.

Quelques semaines plus tard, nous en plaisantons. Les enfants se moquent gentiment de la façon dont je me lamentais, sur le mode : « Je vais mourir ! » Ils savent aussi que ce n'était pas facile de continuer. Il allait me falloir une éternité pour venir à bout des 70 kilomètres qui restaient.

C'est seulement quand Tom et Rachel m'ont proposé de m'embarquer dans leur galère que ça m'a paru envisageable. Je ne m'attendais pas à en apprendre autant sur le pouvoir de l'amitié, de la compagnie des autres. De La Fouly, où j'étais au trente-sixième dessous, j'ai envoyé un SMS à ma famille : « Les gars, j'en ai encore au moins pour 3 heures. Peux à peine bouger. Suis à un ravitaillement appelé La Fouly. Je crois que je vais dormir cinq minutes. Presque plus de batterie. Aidez-moi ! »

Il n'a jamais été envoyé.

En le relisant, je réalise que c'est le message d'un homme seul aux abois, de quelqu'un qui a besoin d'être secouru. Je l'ai heureusement été au ravitaillement suivant, alors qu'au Ring O 'Fire, j'avais dû me débrouiller seul. Il me semble que le moment le plus difficile de tout mon périple dans le monde de l'ultra a été la fin de la deuxième étape à Anglesey, quand je me suis glissé tout habillé dans mon sac de couchage où j'ai grelotté toute la nuit, perclus de douleurs, entre les tables de la salle des fêtes. Ce qui le rendait si dur, ce n'était pas mon état, mais le fait de devoir l'affronter seul.

L'être humain est un animal social et la solitude suscitait chez moi une peur instinctive que l'amour de ma famille, puis l'arrivée de Tom et Rachel m'ont donné la force de surmonter. « Tu peux courir avec nous. On va le faire ensemble », m'a dit Tom. Voilà ce qui m'a permis de sortir du gouffre, ce qui m'a donné la force. J'étais en sécurité. Les loups n'attaqueraient pas tant que nous serions ensemble.

* * *

Quelques semaines après l'UTMB, je retrouve Damian Hall tout auréolé de sa 5e place. Je lui demande si la vie a changé, maintenant qu'il est officiellement l'un des meilleurs ultra trailers au monde, ce qui le fait rire.

– Eh ben, j'ai été interviewé par la *Wiltshire Gazette,* dit-il.

Quelques sponsors l'ont bien contacté, mais il ne s'attend à aucune offre mirobolante et son statut d'amateur valeureux lui convient parfaitement.

Je lui demande s'il a traversé des moments difficiles, si lui aussi, il a dû se battre pendant la course. Je ne sais pas pourquoi mais j'ai le sentiment qu'il a couru sereinement de jour comme de nuit, que tout s'est passé comme sur des roulettes et dans la bonne humeur. Après tout, il n'a couru que 22 heures. Évidemment, une course de 100 miles ne se déroule jamais comme sur des roulettes.

Parti plus vite que lors de ses trois précédentes participations, me dit-il, il pensait être bien classé, jusqu'à ce qu'un spectateur lui annonce qu'il était 30e.

– Mon français n'est pas très bon. Il était possible que j'aie mal compris, mais je pensais être aux alentours de la 15e position et ça m'a mis un coup au moral. Il m'a fallu une bonne heure pour m'en remettre.

Un peu plus tard, une fois requinqué, il a rattrapé Jim Walmsley qui était en difficulté dans la descente vers Courmayeur, juste avant la mi-course.

– Il s'est même écarté pour me laisser passer, dit Damian, laissant transparaître son admiration pour l'Américain. C'était stimulant. Ça m'a vraiment galvanisé.

Vers la fin de la course, il a aussi rattrapé Zach Miller, une autre de ses idoles.

– J'avais croisé Zach quelques jours plus tôt, dans un téléphérique. C'était drôle, parce qu'on était tous les deux suivis par des équipes de tournage.

Je ne pense pas qu'il m'ait reconnu, dit-il, précisant l'avoir doublé dans une montée.

– Ses yeux étaient vitreux et il parlait d'abandonner. D'habitude, j'encourage tout le monde, même mes adversaires directs, mais il avait l'air tellement mal que je me suis dit : « Ouais, tu fais bien. Tu n'es pas en sécurité ici. »

J'interroge Damian sur sa progression : 31e, 19e, 12e et maintenant 5e. Pense-il pouvoir faire mieux ? A-t-il envie de revenir ?

Il ne sait pas encore, mais une chose est sûre, ce ne sera pas l'année prochaine, parce qu'il l'a promis à sa femme.

– Cette année a été difficile pour ma famille. J'ai fait beaucoup de sacrifices. J'ai raté des mariages, le soixante-dixième anniversaire de mon père, mais c'est devenu moins impératif aujourd'hui. Je pourrais m'arrêter sans regrets et me contenter de ce que j'ai accompli. Ça montre en tous cas que, si on tient vraiment à quelque chose, qu'on s'y consacre entièrement et qu'on fait tout ce qu'il faut pour ça, on peut y arriver. Il y a quelque chose de très satisfaisant là-dedans.

Parmi ceux que je connais, Sondre Amdahl, le compagnon d'Elisabet, et la Californienne Magda Boulet ont tous les deux abandonné. Même les meilleurs peuvent se faire bouffer tout crus, pendant cette course.

Rien ne semble en revanche arrêter le soldat Tom Evans. Il courait la CCC, qui est plus courte mais le plateau était extrêmement relevé, et il s'est imposé après avoir doublé le Chinois Min Qi dans la dernière descente. Je suis sûr que Hoka ne va pas tarder à revoir son contrat.

* * *

Me voilà donc de retour chez moi, dans le Devon, au terme d'un voyage de deux ans dans le monde de l'ultra. On me demande souvent si je vais continuer, si je compte y retourner. Juste après l'UTMB, ou plutôt quelque part entre La Fouly et Champex-Lac, j'aurais préféré perdre un bras plutôt que de courir un autre ultra, mais de la même manière que les femmes oublient la douleur de l'accouchement, le souvenir de celle qu'on ressent en course se dissipe vite. C'est même le cas au sommet de chaque ascension. Tous les grands cols semblent interminables. C'est tellement dur, tellement long, qu'on finit par trouver ça dingue, stupide, mais dès qu'on bascule sur l'autre versant, on se dit que ce n'était pas si difficile.

Il a donc suffi d'un jour ou deux, après l'UTMB, pour que j'envisage de faire un autre ultra, peut-être un peu plus court. Certains oublient encore plus vite. Rachel, elle, cherche déjà un autre 100 miles, pour décrocher les points nécessaires pour la prochaine édition de l'UTMB.

– Et la douleur ? Tu veux vraiment repasser par là ?

– Je ne vois pas ça comme une souffrance, dit-elle. Pour moi, l'ultra ne commence vraiment qu'aux alentours du 80e kilomètre. Au début, j'ai trop d'énergie, mais quand je suis fatigué, tout le reste disparaît. Il n'y a plus rien d'autre que moi et la course. C'est ce que j'aime dans l'ultra – sentir ma respiration, le mouvement, faire corps avec le monde… C'est stimulant.

Ça me rappelle les moines japonais du mont Hiei, qui courent mille marathons à raison d'un par jour.

– Avec le mouvement perpétuel, m'a dit l'un d'eux, l'idée est d'épuiser l'esprit, l'ego, le corps, tout, jusqu'à ce qu'il ne reste plus rien. Quelque chose émerge alors (il mimait une bulle qui éclate), quelque chose vient combler le vide.

Ce quelque chose, c'était selon lui la conviction profonde qu'au-delà du quotidien et de nos routines, nous ne faisons qu'un avec l'univers.

À l'aube du deuxième jour, j'ai effectivement commencé à éprouver un sentiment de paix, une unité avec le monde. J'ai alors eu le sentiment que je pouvais continuer perpétuellement. L'appel pressant de la montre, la nécessité d'arriver à Chamonix avant une certaine heure n'existaient plus. Il ne restait que le moment présent, le bruit de mes pas, le murmure imperceptible de la montagne. Au cours de ce dernier jour, une fois certain que j'allais y arriver, je me suis détendu et les 20 derniers kilomètres furent merveilleux et gais.

L'ultra, ce n'est pas seulement courir sur de longues distances. D'une certaine façon, ça dépasse même la course à pied. Quelques jours après l'UTMB, je vois les images montrant Zach Miller et Xavier Thévenard, assis côte à côte au ravitaillement de Champex-Lac, après 120 kilomètres de course. L'intensité de leurs regards est incroyable. Des gens leur parlent, les aident avec leurs sacs, mais ils sont manifestement ailleurs. J'étais comme eux à cet endroit. Les ultras, et en particulier les 100 miles, nous mettent dans des états qu'on ne peut pas atteindre dans la vie de tous les jours. La fatigue est tellement extrême que ce n'est plus que de la survie. Rester en vie est la seule préoccupation.

Bien sûr, il y a toujours une échappatoire. On peut tout arrêter n'importe quand, mais pour continuer, il faut affronter une réalité extrême.

Nous passons le plus clair de notre temps dans un univers conçu pour nous être agréable, qui nous tient à distance de la brutalité de la vie. Au fil de notre évolution, nous nous sommes pourtant adaptés à un environnement souvent dur, cruel, dangereux et je suis convaincu qu'au fond, nous aspirons à retrouver ce mode de vie ancestral. Dans son livre intitulé *Feral*[29], George Monbiot souligne à quel point le monde moderne nous a coupés de la nature, alors que la vie sauvage est un besoin profondément ancré en nous. Chasser au harpon ou ramener un cerf mort sur ses épaules, dit-il, éveille en lui une « mémoire génétique », des instincts sauvages qui lui donnent envie de rugir.

L'être humain est fait pour ça et c'est ce qui lui procure l'intense sentiment d'exister qu'il n'éprouve que rarement dans la vie de tous les jours. Nous sommes absorbés par les contingences du monde que nous avons bâti, par les rôles, les relations, les divertissements et les spectacles que nous avons conçus, mais après 24 heures en montagne, rien de tout ça n'existe plus. La vie ne se résume plus qu'à une chose : rallier l'arrivée, continuer à avancer. Plus rien d'autre ne compte. La montre devient alors le seul élément perturbateur. Elle n'est d'aucune aide. Voilà pourquoi il ne l'utilise pas.

Quand j'ai commencé à réfléchir à l'ultra, à chercher à quelles courses participer, je voulais le résultat, pas le cheminement. Je voulais lever les bras à l'arrivée, montrer que j'en étais capable, mais l'implication nécessaire m'effrayait. C'était encore le cas quand je suis arrivé à Champex-Lac, mais c'est dans ces moments-là que le meilleur se produit. Comme Kartik me l'a dit sur la piste à Tooting, c'est à ce moment-là que ça devient intéressant. Quand tout est terminé, on ressent une grande satisfaction, un profond sentiment d'accomplissement mais aussi une forme de déception, parce que ce n'est jamais aussi fort que

29. « Sauvage » (non traduit).

le sentiment d'être pleinement vivant qu'on éprouve en plein cœur de la tourmente.

Rachel raconte qu'en approchant de Chamonix, à la fin de la TDS [30] – sa première course sous le label UTMB, qui est un peu plus courte que l'originale –, elle a éprouvé le besoin de ralentir et s'est même assise un moment, avant de repartir en marchant.

– Je ne voulais pas que ça s'arrête, dit-elle.

Ce n'est pas réellement un plaisir, mais au plus fort de la crise, tout devient vraiment réel. On est pleinement conscient de sa vulnérabilité comme de ses propres forces et c'est là, arrivé au stade de la survie, qu'on éprouve réellement le sentiment d'exister. C'est là, au comble de la souffrance, que ça devient vraiment marrant.

30. Sur la Trace des Ducs de Savoie.

Remerciements

Tout d'abord, un grand merci à Marietta pour avoir tenu le fort pendant que je m'entraînais, que je courais et que je sillonnais le monde en avion pour mes recherches. Merci aussi pour sa merveilleuse compagnie et son soutien infaillible. C'est la personne dont j'avais le plus besoin à la fin de chaque course.

Merci aussi à mes enfants, Lila, Uma et Ossian, pour avoir été si gentils et aimants quand j'étais en pleine crise.

Merci à ma mère et à mon père pour leurs attentions et leur prévenance infinie.

À mes frères, Jiva et Govinda, pour leurs encouragements. C'est juste dommage que Govinda ait tout gâché en me battant lors de mon premier long trail.

À Betty et Robin pour leur soutien et leur gentillesse qui n'ont, semble-t-il, pas de limite. Je leur serai éternellement reconnaissant.

À Tom Payn, un brillant athlète et quelqu'un de précieux qui m'a aidé de mille façons, et à Rachel pour ses conseils et pour m'avoir permis d'accrocher mon wagon à Champex-Lac.

À Elisabet Barnes pour m'avoir montré les ficelles au début.

À Damian Hall pour des balades de 6 heures sous la pluie dans les collines.

À Tia Boddington et à tous les Californiens de la Miwok 100K, en particulier Gary et Holly Gellin pour avoir pris soin de moi dans leur magnifique maison de Mill Valley. Merci également à Hal Rosenberg de m'avoir conduit au départ et à Magda Boulet de m'avoir ramené.

À Craig Dennill de Durban pour son hospitalité et pour m'avoir fait découvrir le marathon des Comrades de l'intérieur, à Bob de la Motte pour ses histoires et ses contacts.

À Conyers Davis pour s'être embarqué dans l'aventure africaine de l'ultra – elle n'aurait pas vu le jour sans son énergie et son dynamisme.

Merci à Joe Kelly d'avoir été une telle source d'informations et de s'être intéressé à mes projets, à Gary Ward et David Weinstock d'avoir soigné ma blessure au tendon d'Achille, à Jae Gruenke de m'avoir fait découvrir la méthode Feldenkrais, améliorer ma technique, et à Shane Benzie d'avoir pris le temps de la peaufiner.

À Tom Craggs pour avoir été un coach brillant et compréhensif, dont les séances et les encouragements m'ont aidé tout au long de ce périple.

À Zach Miller, sa sœur Ashley et son mari Nathan pour les quelques jours merveilleux que j'ai passés à Barr Camp, dans le Colorado.

À Quentin et Bing de la Ring O 'Fire, à Anglesey.

À Lowri Morgan pour ses histoires, qui ont fait défiler les kilomètres sans que je m'en aperçoive.

À Shankara Smith et aux merveilleux compteurs de tours des 24 heures Self-Transcendence de Tooting, au sud de Londres.

À Kate Carter d'avoir été une partenaire d'entraînement et de m'avoir commandé les récits de plusieurs de ces ultras.

À Robbie Britton, merci de m'avoir mis en contact avec un tas de monde et d'avoir été assez courageux pour exprimer ses opinions sur les aspects les plus sombres de ce sport.

À mon agent Oli Munson pour son infaillible génie, à Laura Hassan et Fred Baty de chez Faber pour avoir accepté de publier ça et l'avoir mis en forme.

Merci également à tous ceux qui ont pris le temps de parler d'ultra avec moi ou de m'aider d'une manière ou d'une autre : Charlotte Etridge, Jason Koop, Francis Bowen, Risper Kimayo, James Elson chez Centurion Running, Eric Schranz, Michaela O'Sullivan et Andrew Venning, AnkeEsser, Kirsty Reade et Pete Aylward, Lee Procter chez Inov-8, Ben Abdelnoor, Deborah Vincent, Juan Esteban Usubillaga à Boulder, Andy Nuttall du magazine *Ultra* , Malcolm Anderson, Jessica Vinluan et Jonathan Litchfield.

DANS LA MÊME COLLECTION

TERRA NOVA

Petits désastres
Sam Beaugey, 2021

Le Joker
François Suchel, 2020

Les Hallucinés
Thomas Vennin, 2020

Impatiente
Sylvie Samycia, 2020

Bêtes de course
Bernd Heinrich, 2020

Lénine à Chamonix
François Garde, 2020

On ne m'a pas volé l'Everest
Lydia Bradey, 2020

Raide vivant
Paul Bonhomme, 2020

Le gel ne me fermera pas les yeux
Adam Bielecki, 2019

Le Tigre de Katmandou
Michel Peissel, 2019

Solo intégral - Nouvelle édition
Alex Honnold, 2019

Patrick Berhault
M. Bricola et D. Potard, 2019

Vol au-dessus de l'Himalaya
Jean-Yves Fredriksen, 2018

Everest 1978
Pierre Mazeaud, 2018

Voyage au bout de l'endurance
Lizzy Hawker, 2018

L'Arête de l'éternité
Sandy Allan, 2017

Les Fantômes du Denali
Simon McCartney, 2017

Sales gosses
Sam Beaugey, 2017

Achevé d'imprimer par Ermes Graphics
à Turin (Italie) en mars 2023
Dépôt légal : mars 2021
ISBN : 978-2-35221-338-3